rowohlt
BERLIN

Christian Bommarius

Das Grundgesetz
Eine Biographie

Rowohlt · Berlin

2. Auflage Juni 2009

Abbildungen Tafelteil Ullstein Bilderdienst
Register Julia Eckhoff, Berlin
Satz aus der Haarlemmer PostScript (InDesign)
bei KCS GmbH, Buchholz bei Hamburg
Druck und Bindung CPI – Clausen & Bosse, Leck
Printed in Germany
ISBN 978 3 87134 563 0

«Die Freiheit schenkt sich nicht.»
Oskar Maria Graf, *Kleines Stoßgebet*

Den Mitgliedern des Parlamentarischen Rates 1948/1949:

Dr. h. c. Konrad Adenauer, Hannsheinz Bauer, Dr. Max Becker, Dr. Ludwig Bergsträßer, Dr. Paul Binder, Adolf Blomeyer, Dr. Heinrich von Brentano, Johannes Brockmann, Dr. Paul de Chapeaurouge, Dr. Thomas Dehler, Dr. Georg Diederichs, Dr. Fritz Eberhard, Adolf Ehlers, Dr. Hermann Fecht, Dr. Albert Finck, Andreas Gayk, Dr. Otto Heinrich Greve, Rudolf Heiland, Wilhelm Heile, Hubert Hermans, Dr. Theodor Heuss, Anton Hilbert, Dr. Fritz Hoch, Dr. Dr. Hermann Höpker Aschoff, Dr. Werner Hofmeister, Jakob Kaiser (beratend), Dr. Rudolf Katz, Theophil Kaufmann, Dr. Ferdinand Kleindinst, Dr. Gerhard Kroll, Adolf Kühn, Karl Kuhn, Dr. Wilhelm Laforet, Dr. Robert Lehr, Lambert Lensing, Paul Löbe (beratend), Dr. Fritz Löwenthal, Friedrich Maier, Dr. Hermann von Mangoldt, Karl Sigmund Mayr, Dr. Walter Menzel, Dr. Willibald Mücke, Friederike Nadig, Erich Ollenhauer, Hugo Paul, Dr. Anton Pfeiffer, Dr. Hans Reif (beratend), Max Reimann, Heinz Renner, Ernst Reuter (beratend), Heinrich Rönneburg, Albert Roßhaupter, Hermann Runge, Dr. Hermann Schäfer, Kaspar Gottfried Schlör, Dr. Carlo Schmid, Adolph Schönfelder, Josef Schrage, Carl Schröter, Dr. Josef Schwalber, Dr. Hans-Christoph Seebohm, Dr. Kaspar Seibold, Josef Seifried, Dr. Elisabeth Selbert, Jean Stock, Dr. Walter Strauß, Dr. Otto Suhr (beratend), Dr. Adolf Süsterhenn, Friedrich Wilhelm Wagner, Felix Walter, Dr. h. c. Helene Weber, Helene Wessel, Ernst Wirmer, Dr. Friedrich Wolff, Hans Wunderlich, Gustav Zimmermann, Dr. Georg August Zinn

Inhalt

Bonner Botschaften

Martin L., Medizinstudent in Bonn, 27 Jahre alt, sechs Jahre Panzersoldat auf dem Balkan und in Russland, 7. Semester, bemerkte im Sommer 1948 zur Lage: «Entschuldigen Sie bitte, ich verdrücke gerade einen Salzhering, er ist ein bisschen salzig. Diesmal brauchte ich nur eine Dreiviertelstunde anzustehen. Hier im Bunker kann man keine Lebensmittel stehenlassen, alles wird schlecht und schimmelig. Ich habe den ganzen Tag Hunger.» Kommilitone Hans-Joachim G., Jurastudent, 27 Jahre, im Krieg Beobachter und Flugzeugkommandant in einer Fernaufklärerstaffel, Hüftgelenkschuss, schwerbeschädigt, 5. Semester: «Ich verkaufe meine Raucherkarte für 100 Mark. Das Rauchen habe ich mir abgewöhnt. Und dann mache ich noch ein bisschen nebenher, Sie verstehen. Suchen Sie mal einen, der das nicht tut. Wir wären längst verhungert. In meiner Zelle kann ich ganz gut arbeiten.» Kommilitonin Magdalene Z., Medizinstudentin, 29 Jahre, Studium zunächst in Breslau und Leipzig, von Westpreußen in die Tschechoslowakei geflüchtet, von dort ausgewiesen: «Ich besitze noch dieses Paar Schuhe, und die Kleider, die ich am Leibe trage. Und Hunger? Hunger ist wohl nicht mehr das richtige Wort.»[1]

Die drei lebten im Sommer 1948 zusammen mit 121 Kommilitonen im Studentenbunker in Bonn-Poppelsdorf, einem früheren Luftschutzbunker, als dreistöckige Kasematte stollenartig in den Berg getrieben. Ihre Betonzellen, zwei Meter im Quadrat, ungefähr ebenso hoch, hatten weder Licht noch Fenster. Geschlafen wurde auf Holzpritschen mit Strohsäcken, pro Zelle zwei Studenten, außer Examenskandidaten, Schwerkriegsbeschädigten und älteren Semestern, die Anspruch auf eine Einzelzelle hatten. 33 Prozent der Bonner Studenten waren tuberkuloseverdächtig.[2]

Einige Monate später beurteilten Studenten des Weilheimer Pädagogischen Instituts (Hessen) im Gespräch mit einem amerikanischen Journalisten die jüngste deutsche Vergangenheit. Der erste: «Wir dürfen die deutsche Jugend nicht dazu erziehen, pessimistisch über Hitler zu denken. Angenommen, es käme einmal ein anständiger Hitler?» Der zweite: «Es gab manches Gute in Hitlers Programm. Was Hitler wollte, waren genau die Wünsche des deutschen Volkes.» Der dritte: «Wir können noch nicht sagen, wer für den Krieg verantwortlich war. Ich habe gerade neulich einen Artikel gelesen, der nachwies, dass Polen den Krieg angefangen hat. Es war ein sehr objektiver Artikel.» Die Erwartungen an die künftige Demokratie in Deutschland fasste ein Student für die Gruppe zusammen: «Wir warten auf eine Partei, die alle übrigen Parteien, die jetzt so viel reden, bekämpfen, oder eine Partei, die alle übrigen zu einer einzigen verschmelzen wird.» Der amerikanische Journalist versicherte, er habe auch an anderen deutschen Hochschulen kaum abweichende Stimmen gehört. Und in den ausdrücklich als freie Diskussion angesetzten Gesprächen habe kein Student das Wort ergriffen, «ohne sich zunächst vom Rektor durch Erheben der Hand die Sprecherlaubnis zu holen».[3]

Der Parlamentarische Rat hatte gerade erst ein paar Wochen zuvor seine Beratungen über das Grundgesetz in Bonn begonnen, da beklagte Ende September 1948 der liberale Politiker Thomas Dehler bereits die fehlende Resonanz «in unserem müde und skeptisch gewordenen Volke» und schilderte eine Szene vor dem Tagungsgebäude am Ufer des Rheins. Er habe gehört, «wie eine vorbeigehende Dame einem etwa zehnjährigen Mädchen auf seine Frage nach der Bedeutung der schwarz-rot-goldenen Fahne auf dem Turme erklärte, hier praßten die Parlamentarier auf Kosten des Volkes». Von da aus, bemerkte Dehler zornig, sei es kein weiter Schritt zu der in der sowjetischen Presse beliebten Qualifizierung der Ratsmitglieder als «Landesverräter» und «Verbrecherbande».[4]

Eine Verfassung ist nur so stark wie der Glaube der Bürger an die Grundsätze, die sie formuliert. Kraftloser als das Grundgesetz, das der Parlamentarische Rat genau vier Jahre nach der bedingungslosen Kapitulation des Dritten Reiches am 8. Mai 1949 beschloss, hat kaum je eine demokratische Verfassung begonnen. Das Gefühl, das sie bei den Westdeutschen hervorrief, war weder Begeisterung noch Ablehnung, sondern Teilnahmslosigkeit. Nicht nur in den neun Monaten seiner Entstehung, auch lange danach wurde das Grundgesetz von den wenigen, die es zur Kenntnis nahmen, lediglich als Gründungsdokument des Staatsgebildes «Bundesrepublik Deutschland» betrachtet, zwar von Deutschen im Parlamentarischen Rat geschrieben und von gewählten Landtagen bestätigt, in Wahrheit aber, wenn nicht Wort für Wort, so doch Satz für Satz von den Siegermächten USA, Großbritannien und Frankreich diktiert und genehmigt. Das war falsch. Diktiert wurde weniges, eingeflüstert manches, zum großen Wurf allerdings, als der sich das Grundgesetz später erwies, haben es die Ratsmitglieder geformt.

Der Irrtum, in Bonn hätten sie bloß ins Deutsche übersetzt, was zuvor in Washington, London und Paris beschlossen und verkündet worden sei, war verständlich, vielleicht unvermeidlich. Seit der bedingungslosen Kapitulation war Deutschland als souveräner Staat von der politischen Weltkarte verschwunden, besetzt, in vier Zonen geteilt und dem Willen der Siegermächte unterworfen. Die Entmündigung war für die Deutschen keine neue Erfahrung, neu war nur der Vormund. Bereits 1933 hatten die Deutschen sich selbst entmündigt. Erst hatten sie sich, dann Europa die Freiheit geraubt, und am Ende hatten sie eine Ruine zu ihrem Gefängnis gemacht. Dort gilt das Wort der Wärter.

Die Deutschen hatten nichts zu sagen, nicht nur, weil die Siegermächte den Alltag für sie regelten, vom Ausgehverbot bis zur Zuteilung rationierter Lebensmittel. Auch im Wortsinn hatten die Deutschen nichts zu sagen: Als hätte ihm die Katastrophe, die es verursacht hatte und die schließlich über es selbst hereingebrochen war, den Mund versiegelt, fiel fast ein ganzes Volk in Schweigen. Wer hungernd in feuchten Kellern sitzt, wie damals Millionen Deutsche, der diskutiert nicht über Scham und Schande, schon gar nicht über die eigene. Wer morgens nicht weiß, wo er in der nächsten Nacht schlafen wird, dem ist die Zukunft im Großen und Ganzen vermutlich egal. Aber die politische Apathie verließ die Deutschen nicht, als sie aus den Kellern allmählich wieder in die Wohnungen zogen, sie mit der neuen D-Mark mehr als bloß Brot und Kartoffeln kaufen konnten. Es schien, als hätte sich das deutsche Volk nach den Erfahrungen des 20. Jahrhunderts, nach 8,5 Millionen Gefallenen im Ersten und 66 Millionen Toten im Zweiten Weltkrieg die Politik buchstäblich und ein für alle Mal aus dem Kopf geschlagen. Die Demokratie der Weimarer Republik war im Desaster geendet, der Nationalsozialismus, dem man sich – die einen jauchzend, zögernd die anderen – ergeben hatte, im totalen politischen, militärischen, wirtschaftlichen und vor allem im moralischen Bankrott.

Das Grundgesetz war das Fundament eines bizarren Konstrukts. Formal war die Bundesrepublik Deutschland ohne Probleme als Staat zu bezeichnen, es gab eine Staatsgewalt, ein Staatsgebiet und ein Staatsvolk. Doch ihr fehlte die Souveränität – noch für Jahre, bis 1955, gab nicht das Wort der Bundesregierung den Ausschlag, sondern der Wortlaut des Besatzungsstatuts der drei westlichen Alliierten. Ihr fehlte die Einheit – bis zur Vereinigung der Bundesrepublik und der DDR sollten gut 40 Jahre vergehen. Vor allem aber fehlten ihr die Bürger: Nur wenige Westdeutsche empfanden sich 1949 als Adressaten der Maximen, die das Grundgesetz in ihrem Namen formulierte. Im März 1949 beteuerten 40 Prozent der künftigen Bundesdeutschen, das entstehende Grundgesetz sei ihnen gleichgültig, 33 Prozent zeigten sich mäßig interessiert, nur 21 Prozent versicherten, sie seien «sehr interessiert». Sechs Jahre später, nachdem das Besatzungsstatut erloschen und die Bundesrepublik zumindest teilweise souverän geworden war, befanden nur 30 Prozent der Bundesbürger das Grundgesetz für gut, fünf Prozent hielten es für nicht gut, 14 Prozent waren unentschieden, aber 51 Prozent gestanden: «Kenne die Verfassung nicht.»

Ihre Zurückhaltung war durchaus verständlich. Wer ist schon neugierig auf ein Geschenk, das mit der Ankündigung überreicht wird, es werde bald wieder verschwinden und – wer weiß? – gegen ein schöneres, besseres, dauerhafteres ersetzt? Das Grundgesetz, das der Parlamentarische Rat nach 265-tägiger Arbeit den Deutschen übergab, eröffnete mit dem Versprechen, dem staatlichen Leben lediglich «für eine Übergangszeit eine neue Ordnung zu geben», so lange, bis das «gesamte Deutsche Volk» in der Lage sei, «in freier Selbstbestimmung die Einheit und Freiheit Deutschlands zu vollenden», und schloss mit der Versicherung, es verliere «seine Gültigkeit an dem Tag, an dem eine Verfassung in Kraft tritt, die von dem deutschen Volke in freier Entscheidung beschlossen worden ist». Bescheidener hat sich noch keine Verfassung einem Volk vorgestellt. Und lag nicht sogar in dieser Bescheidenheit noch eine fürchterliche Übertreibung? In Bonn wurde, wenn auch nur für eine Übergangszeit, eine neue Ordnung versprochen, aber in Deutschland, in Europa, weltweit wurde damals ein neuer Krieg erwartet.

Als der Parlamentarische Rat am 1. September 1948, auf den Tag genau neun Jahre nach dem Überfall auf Polen, in der Pädagogischen Akademie in Bonn seine Arbeit aufnahm, wurde das in vier Sektoren zerlegte Berlin seit mehr als zwei Monaten von der sowjetischen Besatzungsmacht blockiert. Am 24. Juni waren alle Land- und Wasserwege zwischen Westberlin und Westdeutschland gesperrt worden, die 2,2 Millionen Westberliner wurden über eine «Luftbrücke» mit Kohle und Lebensmitteln versorgt. Mit am Ende mehr als 270 000 Flügen wurde sie zum Symbol westlicher Selbstbehauptung gegen die Sowjetunion. Die Blockade dauerte bis zum 12. Mai 1949, sie endete für die sowjetische Besatzungsmacht nicht nur mit einem Misserfolg, sondern im Desaster. Sie hatte ihr Ziel verfehlt, die westlichen Siegermächte aus Berlin zu vertreiben. Das war ein Misserfolg. Mit ihrem weltweit beachteten Widerstand gegen die Blockade und ihrem Bekenntnis zur westlichen Demokratie aber war den Westberlinern gelungen, was wenige Jahre nach dem Holocaust aus guten Gründen unmöglich erschien. Berlin – genauer: Westberlin – wurde nicht mehr als zertrümmerte Machtzentrale des Bösen wahrgenommen, sondern als östlichster Außenposten der freien Welt. Das war das Desaster.

Aber solange die Blockade dauerte und den Machtanspruch der Sowjetunion martialisch zu untermauern schien, so lange galt sie im Westen als Fanal des heraufziehenden dritten Weltkriegs. Am 13. September 1948 notierte US-Präsident Harry S. Truman in seinem Tagebuch: «Ein furchtbarer Tag. Forrestal, Bradley, Vandenberg und Symington informierten mich kurz über Luftstützpunkte, Bomben, Moskau, Leningrad usw. Habe hinterher das unheimliche Gefühl, dass wir ganz dicht vorm Krieg stehen. Ich will es nicht hoffen. Bespreche die Lage beim Mittagessen mit Marshall. Berlin ist ein Pulverfass.»[5] Zwei Tage später stand der Präsident des Parlamentarischen Rates, Konrad Adenauer (CDU), vor seiner Fraktion und stimmte die Kollegen auf die Katastrophe ein: «Die internationale Lage stellt sich so dar: Die Russen wollen schon losschlagen, die Amerikaner wollen es noch hinziehen. Spätestens 1950 muß eine Entscheidung fallen. Den Russen wird man ein Ultimatum stellen, nicht nur Deutschland, sondern auch Polen, Ungarn und die ganzen Satellitenstaaten zu räumen.»[6] Damit folgte er der Einschätzung des Leiters der Politischen Abteilung im französischen Außenministerium, Maurice Couve de Murville, «ein Krieg mit der Sowjetunion (sei) in den nächsten zwei oder drei Jahren unvermeidlich … – und das kann schon nächstes Jahr heißen».[7]

Die Männer und Frauen des Parlamentarischen Rates waren die Väter und Mütter des Grundgesetzes, aber der Dritte Weltkrieg stand an seiner Wiege Pate. Es wurde überschattet von der Berliner Blockade und der Luftbrücke, geschrieben wurde es im Bewusstsein, vier Jahre nach dem Untergang des 1000-jährigen Reiches drohe ganz Deutschland wenn schon nicht im Dunkel der Geschichte, dann doch hinter dem Eisernen Vorhang als Satellitenstaat der Sowjetunion zu verschwinden. Ob die Kriegsgefahr real war oder nicht – real war jedenfalls die Angst der Parlamentarischen Räte, der zweite Aufbruch der Deutschen in die Demokratie könnte beendet sein, noch ehe er begonnen hatte. Die Angst saß in ihren Köpfen, aber sie hat ihnen nicht die Hand geführt. Was war das Gemeinsame, das Nationalsozialismus und Kommunismus verband? Der totalitäre Anspruch des Staates, seine Indienstnahme des Individuums, die Knebelung des Subjekts zwecks freier Entfaltung der staatlichen Persönlichkeit.

Die Antwort, die der Verfassungskonvent von Herrenchiemsee darauf gegeben hat, lautete: «Der Staat ist um des Menschen willen da, nicht der Mensch um des Staates willen.» Dieser Satz sollte der erste Artikel des Grundgesetzes sein. Er wurde – nicht zuletzt wegen ästhetischer Bedenken des liberalen Abgeordneten Theodor Heuss («Meine Herren, was für ein Deutsch!») – im Parlamentarischen Rat gestrichen und durch die Garantie ersetzt: «Die Würde des Menschen ist unantastbar.» Die Formulierung war nicht nur schöner, sie traf es auch genauer. Mit ihr wurde die «banale Staatsphilosophie» (Heuss) von Herrenchiemsee durch «Rechtsverbindlichkeit» ersetzt. Aber im Kern meint sie dasselbe, wie der entschieden konservative Abgeordnete Adolf Süsterhenn (CDU) gleich zu Beginn der Beratungen erläutert hat: «Höchstwert ist für uns die Freiheit und die Würde der menschlichen Persönlichkeit. Ihnen hat der Staat zu dienen, indem er die äußeren Voraussetzungen und Einrichtungen schafft, die es dem Menschen ermöglichen, seine körperlichen und geistigen Anlagen zu entwickeln, seine Persönlichkeit innerhalb der durch die natürlichen Sittengesetze gegebenen Schranken frei zu entfalten.»

Das Menschenbild des Grundgesetzes – die Deutschen haben es damals nicht näher betrachtet. Befangen im Groll auf die Besatzer, im Groll auf die wirtschaftlichen Verhältnisse, im Groll auf die politische Lage, im Groll auf sich selbst, hatten sie keinen Blick für das verfassungsrechtliche Mauerblümchen, das so bescheiden, so demütig daherkam, als müsse es sich für seine Existenz entschuldigen. Darum übersahen sie nicht nur, dass die Mitglieder des Parlamentarischen Rates die den Siegermächten abgerungene Zusage, keine vollwertige Verfassung schreiben zu müssen, selber gebrochen hatten. Hätten sie dem Grundgesetz ein wenig Beachtung geschenkt, dann wäre ihnen auch die eigentümliche Handschrift seiner Autoren aufgefallen. Bis heute wird behauptet, hier seien notorische Skeptiker am Werk gewesen, gleichermaßen ernüchtert durch die Erfahrungen mit dem totalitären Staat des Dritten Reichs und mit dem selbstzerstörerischen Parlamentarismus der Weimarer Republik. Tatsächlich haben diese Erfahrungen im Grundgesetz ihre Spuren hinterlassen. Die Konsequenzen, die der Parlamentarische Rat daraus zog – beispielsweise die Entmachtung des Staatsoberhaupts, also des Bundespräsidenten, die Stabilisierung der Regierung und die Beseitigung aller Ausdrucksformen direkter Demokratie wie Volksbegehren und Volksentscheid – sind unübersehbar. Doch die Handschrift des Grundgesetzes lässt nicht nur Skeptiker als seine Autoren vermuten.

«Die Würde des Menschen ist unantastbar.» Das war mehr als nur die Absage an den totalitären Staat. Auch sollte der Satz mehr zum Ausdruck bringen als den Vorrang der Freiheit des Einzelnen. In diesem Satz lag ein Versprechen. Es war das Versprechen, selbst die größte Schuld, die einer auf sich geladen, selbst das furchtbarste Verbrechen, das einer begangen habe, könnten ihm nicht die Würde nehmen. Wer ermordet wird, verliert sein Leben, wer mordet, büßt dafür mit dem Verlust der Freiheit – aber weder der eine noch der andere verliert im Tod wie im Leben die Würde. Diese Botschaft versteht nur, wer seine eigene Würde respektiert; die Achtung des anderen setzt Selbstachtung voraus. Darum hat die Botschaft einige Zeit gebraucht, bis sie von den Deutschen verstanden worden ist. Am Vorabend des Dritten Reichs, im Februar 1932, hatte der 36 Jahre alte SPD-Abgeordnete Kurt Schumacher im Reichstag dem Nationalsozialismus bescheinigt, er sei «ein dauernder Appell an den inneren Schweinehund im Menschen». Die große Mehrheit der Deutschen war diesem Appell widerstandslos bis zum Untergang gefolgt. Ein Volk kann seine Würde verlieren. Der Mensch kann es nicht.

Aber er kann sie vergessen. Gravierender als der Mangel an Nahrung und Wohnraum in Deutschland war damals der Mangel an Selbstwertgefühl der Deutschen, eine Folge ihrer Selbst-Vergessenheit, durch die sie ihrer jüngsten Vergangenheit zu entkommen suchten. Das Versprechen, das das Grundgesetz damals den Deutschen gegeben hat, konnte nur von ihnen selber eingelöst werden. Sie waren dazu erst in der Lage, nachdem sie sich wieder ihrer selbst bewusst geworden waren, in ihrer Schuld und ihrer Würde. Damals waren sie es nicht. Sie haben die Sprache nicht verstanden, in der das Grundgesetz zu ihnen sprach. Das war kein Wunder, denn seine Sprache ist zuvor in Deutschland nicht gesprochen worden. Es sprach von der Einheit für Deutschland – das hatte auch schon die Verfassung der Paulskirche von 1848 getan. Es sprach von der Freiheit für die Deutschen – die hatte bereits die Weimarer Verfassung verheißen. Vor allem aber und vom ersten Artikel an sprach es von der Würde des Menschen als Fundament von Staat und Gesellschaft. Das war fremd und in Deutschland unerhört.

Von der deutschen Öffentlichkeit lange unbemerkt, haben die Parlamentarischen Räte den deutschen Obrigkeitsstaat im Grundgesetz beseitigt, überhaupt den Staat zur Abdankung gezwungen, soweit er der Wertordnung des Grundgesetzes im Wege steht. Was keine Revolution in Deutschland jemals zustande brachte, nicht in der Frankfurter Paulskirche 1848 und nicht auf den Straßen Kiels oder Berlins 1918, ist den Männern und Frauen in der Aula und den Klassenzimmern der Pädagogischen Akademie in Bonn gelungen. Die westlichen Siegermächte hatten den Deutschen die Demokratie befohlen, aber entstanden ist damals sehr viel mehr. Die Parlamentarischen Räte haben nicht nur den «Obrigkeitsstaat» im Lehrplan der Nation gestrichen und Staat und Gesellschaft auf die höhere Schule der Demokratie geschickt. Zugleich haben sie die Legitimation des Staates an eine sittliche Idee gebunden. Die Würde der Bundesrepublik, ihr Selbstverständnis, liegt, so haben es die Parlamentarischen Räte bestimmt, in einem Satz beschlossen: «Die Würde des Menschen ist unantastbar.» Das war die unerhörte Botschaft von Bonn.

So befremdlich wie die Botschaft waren den Deutschen die Verfasser. Für die Arbeit am Grundgesetz zeigte die Öffentlichkeit damals nur geringes Interesse, aber über seine Autoren wollte man gar nichts wissen. Von wenigen Ausnahmen abgesehen, waren – und sind bis heute – die meisten der insgesamt 72 stimmberechtigten und die fünf Berliner Gast-Mitglieder anonyme Gestalten der deutschen Nachkriegsgeschichte. Sofern die Zeitungen überhaupt über sie berichteten, beschränkten sie sich darauf, Parteizugehörigkeit, Alter und Beruf zu erwähnen. So entstand das Bild einer Versammlung ergrauter Figuren, die im Auftrag der Alliierten und ihrer Parteien über ein verfassungsähnliches Gebilde stritten. Das Durchschnittsalter der Ratsmitglieder lag in der Tat bei Mitte 50. Jeder dritte Abgeordnete war sogar älter als 60 Jahre, hatte also seine Jugend im Kaiserreich verlebt. Nur sieben Abgeordnete hatten die 40 noch nicht überschritten. Zumindest darin war der Parlamentarische Rat durchaus repräsentativ für das politische Leben im Nachkriegsdeutschland. Denn überall – in den Landesregierungen, den Landtagen, den Gemeindeparlamenten – hatte die ältere Generation nach dem Krieg die Führungspositionen besetzt. Die Generation der 35- bis 50-Jährigen fiel weitgehend aus. Ein großer Teil war entweder tot oder in Kriegsgefangenschaft oder durch die Nähe zum NS-Regime diskreditiert. Illusionslos bemerkte Theodor Heuss anlässlich seines 65. Geburtstags Anfang 1949: «Ist der ‹Nachwuchs› schon da, der innerlich frei u. gefestigt genug ist zur gemäßen Ablösung? Also bleibt man im Betrieb.»[8]

Zum Spott über den «Seniorenkonvent» gesellte sich das Zerrbild eines Minister- und Beamtenparlaments, in dem wohlversorgte Politiker und Bürokraten das knappe Geld des Steuerzahlers in behaglicher Runde verzehrten. Richtig ist, dass jedes Bundesland außer Hamburg mindestens ein Regierungsmitglied oder wenigstens einen Staatssekretär in den Parlamentarischen Rat entsandt hatte und dass 60 Prozent der Abgeordneten im öffentlichen Dienst standen.[9] Das Übergewicht der Beamten in Parlamenten ist schlechte gute Tradition in Deutschland, war also am Parlamentarischen Rat nicht weiter bemerkenswert. Und die Regierungs- und Parlamentspraxis etlicher Abgeordneter bot für die Beratungen einen beträchtlichen Vorteil. Wer Minister war, hatte die Unterstützung seiner Bürokratie, und wer schon einmal Minister oder Abgeordneter gewesen war, dem kam die Erfahrung zugute. Allein elf Ratsmitglieder hatten vor 1933 dem Reichstag angehört, der Sozialdemokrat Paul Löbe, die Christdemokratin Helene Weber und Wilhelm Heile von der Deutschen Partei sogar schon der Weimarer Nationalversammlung 1919.

Aber weder das Lebensalter noch die Berufe der Mitglieder waren charakteristisch für den Parlamentarischen Rat. Wäre einige Jahre früher, bis Mai 1945, die Frage gestellt worden, wer da in Bonn zusammengekommen sei, hätte die Antwort der Mehrheit der Deutschen gelautet: Ehemalige Zuchthäusler und KZ-Häftlinge, Volks- und Staatsverräter, politisch Unzuverlässige, Defätisten und andere «Charakterschweine». In keinem anderen westdeutschen Nachkriegsparlament waren so viele Gegner des Nationalsozialismus versammelt wie im Parlamentarischen Rat. Einige hatten unter dem NS-Regime ihre Freiheit verloren, etliche ihre Heimat, die meisten ihren Beruf.

Die Abgeordneten haben in Bonn zwar ein Parlament gebildet, repräsentativ jedoch waren sie und war der Parlamentarische Rat ganz sicher nicht. Im Gegenteil. Repräsentativ durfte er nicht sein, denn das hätte bedeutet, dass etliche vormalige Nazis über das Grundgesetz beraten hätten; dabei wäre vielleicht eine Verfassung herausgekommen, aber gewiss keine Gründungsurkunde für eine rechtsstaatliche Demokratie und schon gar nicht die Garantie der Menschenwürde als höchstem Wert der Verfassung. Nicht obwohl, sondern weil die Abgeordneten des Parlamentarischen Rates – von den Ausnahmen soll allerdings nicht abgesehen werden – die Mehrheit der Westdeutschen keineswegs repräsentierten, waren sie als Autoren des Grundgesetzes legitimiert. Und nicht obwohl, sondern weil die allermeisten den Nationalsozialismus und den Zweiten Weltkrieg als Katastrophe, Kapitulation und Besatzung hingegen als Befreiung empfunden hatten, stießen sie und das Menschenbild des Grundgesetzes bei den meisten Westdeutschen zunächst auf stärkstes Befremden.

Eine Verfassung ist ein Vertrag, den eine Gesellschaft mit sich selber schließt; eine Vereinbarung darüber, wie ein Gemeinwesen sich definiert, nach welchen Grundsätzen es seine politische, soziale und geistige Wirklichkeit gestalten will. Sie ist also gewissermaßen eine Hausordnung, auf die sich die Bewohner für alle verbindlich verständigen. Es gab nicht viel, was den Westdeutschen 1949 an dem entstehenden Haus «Bundesrepublik Deutschland» gefallen hätte. Es war geteilt, es war besetzt, es war – angesichts der Kriegsgefahr – jederzeit vom Einsturz bedroht, und mit seinen zerbombten Städten und der daniederliegenden Wirtschaft erinnerte es mehr an eine Ruine als an ein bewohnbares Haus. Zudem drängten immer mehr Bewohner in die schon überfüllten Zimmer. Von den mehr als 12 Millionen Deutschen, die nach 1945 aus Polen, der Tschechoslowakei, aus Ungarn, Rumänien, Jugoslawien und anderen ehemaligen deutschen Siedlungsgebieten vertrieben worden waren, kamen 7,5 Millionen nach Westdeutschland. Trotz der zahllosen Kriegstoten war die Bevölkerung in den Westzonen von 43 Millionen (1939) auf 49,2 Millionen im Jahr 1949 angewachsen. Diese Millionen bildeten die Bevölkerung der entstehenden Bundesrepublik, aber ein Volk waren sie nicht. Wie sollten sie sich da eine Hausordnung geben und einen Vertrag mit sich selber schließen?

Mit den Deutschen des Jahres 1949 war zwar ein Staat zu machen. Aber ob das eine Demokratie sein würde, ob das Grundgesetz am Ende mehr wäre als ein Stück Papier und mehr als nur die Gründungsurkunde eines Staatsfragments, nämlich das Fundament einer demokratischen Gesellschafts- und Lebensform, war eine offene Frage. Dass es so kommen würde, hat niemand vorausgesehen. Die Deutschen haben es lange Zeit selbst nicht geglaubt und die neue, die bundesdeutsche Zeitrechnung mit dem Wirtschaftswunder oder mit dem «Wunder von Bern» 1954 beginnen lassen. Doch das deutsche Wunder hat sich nicht in der Wirtschaft ereignet und nicht in Fußballstadien, sondern – sehr langsam zunächst, aber stetig – in den Köpfen der Bewohner dieses Landes. Wann hat es begonnen? Es begann mit der Erkenntnis, dass die sogenannte Stunde Null – zwischen dem Ende der NS-Diktatur und der Gründung der Bundesrepublik – den Deutschen nie geschlagen hat.

1. Die Stunde Null?

Die Geschichte des Reichstagsstenographen Dr. Vinzenz Koppert hat, soweit sie für die Entstehung des Grundgesetzes von Bedeutung ist, am 20. Juli 1944 um kurz nach 12.40 Uhr begonnen. Seine Kollegen Heinrich Berger und Heinz Buchholz waren an diesem Tag pünktlich zur ersten Lagebesprechung in der «Wolfsschanze», Adolf Hitlers Hauptquartier beim ostpreußischen Rastenburg, erschienen. Sie waren zwei von neun Reichstagsstenographen, die auf Befehl des «Führers» seit September 1942 jedes Wort zwischen ihm und den Generälen aufzuzeichnen hatten. Seit sein Vernichtungskriegsglück sank, war Hitlers Misstrauen gegenüber der militärischen Führung gewachsen. Die Stenographen hatten nicht nur jeweils zu zweit alle Wortmeldungen der täglichen Morgenlage zwischen 12.00 und 15.00 Uhr und der täglichen Abendlage aufzunehmen, auch alle «Sonderbesprechungen» Hitlers über Kampfhandlungen, operative Planungen, Kriegswirtschaftsfragen, selbst wichtige militärische Ferngespräche Adolf Hitlers mussten mitgeschrieben werden – täglich zwischen 90 und 150 Seiten.

Erschwert wurde ihre Arbeit durch einen anhaltenden Schulenstreit, der auch die Stenographengruppe im Führerhauptquartier in zwei Lager teilte. Nach dem System Gabelsberger stenographierten Dr. Ewald Reynitz, Karl Thöt, Dr. Fritz Dörr und Ludwig Krieger, dem System Stolze-Schrey hingen Dr. Kurt Peschel, Dr. Hans Jonuschat, Dr. Kurt Haagen, Heinz Buchholz und Heinrich Berger an. Zwar hatte der liberale Abgeordnete Theodor Heuss im Mai 1925 im Reichstag die Stenographen aufgerufen, ihren «verkappten Religionen» abzuschwören und sich auf eine Einheitskurzschrift zu verständigen (die Stenographen verzeichneten im Protokoll achtmal «Heiterkeit», «große Heiterkeit», «erneute Heiterkeit»), aber niemand wusste besser als Heuss selbst, dass er damit für jeden echten Stenographen die Systemfrage stellte. Heuss hatte als Schüler Stenographie nach dem System Stolze-Schrey gelernt und den Anhängern des Systems Gabelsberger einen «Charakterfehler» attestiert, solange zumindest, bis sich sein Bruder Hermann dem feindlichen Lager angeschlossen hatte.[1]

Es war kein Zufall, sondern eine Folge des Schulenstreits, dass Buchholz und Berger als Vertreter der Methode Stolze-Schrey ihren Dienst am 20. Juli gemeinsam in der Besprechungsbaracke verrichteten. Heinrich Berger saß in unmittelbarer Nähe des stehenden «Führers» an der rechten Querseite des Lagetischs, Heinz Buchholz ein wenig entfernt, Hitler schräg gegenüber, als Oberst i. G. Claus Schenk Graf von Stauffenberg verspätet zur Morgenlage erschien. General Adolf Heusinger, der Chef der Operationsabteilung des Heeres, referierte über die Situation an der Ostfront, General Wilhelm Keitel, der Chef des Oberkommandos der Wehrmacht, meldete Oberst Stauffenberg zum Vortrag, Hitler reichte ihm wortlos die Hand, Keitels Adjutant Major Ernst John von Freyend stellte ahnungslos die mit einer Sprengladung gefüllte Aktentasche Stauffenbergs neben Heusinger, Stauffenberg entfernte sich aus dem Besprechungsraum unter einem genuschelten Vorwand, Hitler beugte sich weit über den Tisch, um eine von Heusinger erwähnte Stellung auf der Karte näher zu betrachten, als um kurz nach 12.40 Uhr die Bombe detonierte. Alle 24 Personen in der Baracke wurden zu Boden geschleudert, einigen standen die Haare in Flammen, Fensterkreuze, Kartenfetzen, Glassplitter und Strohpappe flogen umher, eine gelbe und blaue Stichflamme schoss über der Baracke auf. Heinz Buchholz flüchtete aus einem zersplitterten Fenster ins Freie. Als er durch ein anderes Fenster in den verwüsteten Raum zurückkehrte und durch die langsam sich verziehende Rauchwolke zu Boden starrte, sah er am Boden seinen tödlich verletzten Kollegen. Die Bombe, die Adolf Hitler beseitigen sollte, hatte Heinrich Berger zerfetzt.[2] Wenige Wochen später begann für den Reichtagsstenographen Dr. Vinzenz Koppert die Arbeit am Volksgerichtshof.

Seit dem Ermächtigungsgesetz vom 23. März 1933 war der Parlamentarismus in Deutschland beseitigt, der Reichstag ein Akklamationsorgan der Diktatur. Am 24. April 1942 hatte er seine Tätigkeit ganz eingestellt, aber die zehn Reichstagsstenographen, die elf Maschinenschreiberinnen und der Direktor des Stenographenbüros arbeiteten weiter. Schon 1933 hatte Hermann Göring den Stenographen die Weisung erteilt, Aufgaben bei Gerichten und in Reichs- und Parteistellen zu übernehmen. Sie hatten den Reichstagsbrand-Prozess stenographiert, den Prozess gegen den evangelischen Theologen Martin Niemöller, Gauleiterbesprechungen, geheime Sitzungen von Sondersenaten des Reichskriegsgerichts und Unterredungen im Reichtsluftfahrtministerium. Nach dem Anschlag vom 20. Juli waren sie zu den Verfahren gegen die Verschwörer und ihre Hintermänner am Volksgerichthof befohlen worden.

Die Prozesse begannen am 7. August 1944 im Gebäude des Berliner Kammergerichts. Den Vorsitz führte Roland Freisler, seit zwei Jahren Präsident des Volksgerichtshofs. Was Hitler von der justizförmigen Erledigung des versuchten Staatsstreichs erwartete, hatte er in einer Lagebesprechung verdeutlicht: «Diese Verbrecher ... sollen nicht die ehrliche Kugel bekommen, sie sollen hängen wie gemeine Verräter. Ein Ehrengericht soll sie aus der Wehrmacht ausstoßen, dann kann ihnen als Zivilisten der Prozeß gemacht werden ... Und innerhalb von zwei Stunden nach der Verkündung des Urteils muß es vollstreckt werden! Die müssen sofort hängen ohne jedes Erbarmen! Und das wichtigste ist, daß sie keine Zeit zu langen Reden erhalten dürfen. Aber der Freisler wird das schon machen.»[3] Entsprechend verstand sich Freisler nicht als Straf-, sondern als Scharfrichter des Regimes. In den von ihm geleiteten Schauprozessen war Freisler der einzige Akteur, alle anderen dienten als Staffage: die Vertreter der Staatsanwaltschaft, die Verteidiger, die beisitzenden Richter und natürlich die Verschwörer selbst. Sie standen – in abgerissenem Zivil, schwer gezeichnet von den in der Untersuchungshaft erlittenen Qualen – nicht als Angeklagte vor Gericht, sondern als «Charakterschweine», als «Lumpen» und «Mordbuben». Freislers Bemühungen, sie auf jede Weise zu demütigen, seine Beleidigungen und scheinbar ungezügelten Wutausbrüche folgten einem Kalkül, ebenso nüchtern wie brutal. Der Vernichtung ihres Körpers am Galgen in der Hinrichtungsstätte Plötzensee sollte die Auslöschung ihrer Person im Gerichtssaal vorausgehen.

Und das deutsche Volk sollte Zeuge sein. So hatte es Hitler gewünscht und Reichspropagandaminister Joseph Goebbels veranlasst. Im mit Hakenkreuzfahnen ausgehängten Saal hatte er Kameras installieren lassen, eine über dem Eingang, vis-à-vis der Richterbank, eine andere im Rücken Freislers, hinter einer Fahne. Die Dokumentation sollte in Kinos gezeigt werden und der Bevölkerung nicht allein die Schändlichkeit des Attentats, vielmehr noch den Kleinmut der Attentäter und ihre ängstliche Verlogenheit vor Augen führen. Aber mit jedem Prozess wurde klarer, dass nicht das Gericht die Angeklagten, sondern die Angeklagten Freisler und das gesamte NS-Regime kompromittierten. Mit jedem Wortwechsel zwischen Freisler und den angeklagten Militärs und Zivilisten, den die Tonspuren der Kameras aufnahmen, entstand unter der Hand ein Propagandafilm des deutschen Widerstands: Hans-Bernd von Haeften, Mitglied der Bekennenden Kirche und seit 1940 stellvertretender Leiter der Kulturpolitischen Abteilung im Auswärtigen Amt, der in den Redeschwall Freislers hinein Hitler als «großen Vollstrecker des Bösen» bezeichnet; Ulrich Wilhelm Graf Schwerin von Schwanenfeld, einer der wichtigsten Vermittler zwischen militärischem und zivilem Widerstand, der auf die Frage Freislers, ob er unter der «Gemeinheit» seiner Taten nicht zusammenbreche, ungerührt erwidert: «Nein!»; Cäsar von Hofacker, ein Vetter Stauffenbergs, der dem Vorsitzenden ins Wort fällt: «Sie schweigen jetzt, Herr Freisler! Denn heute geht es um meinen Kopf. In einem Jahr geht es um Ihren Kopf!»

Am 8. September wurde gegen Josef Wirmer verhandelt. Sein Haus in Berlin war einer der zentralen Treffpunkte der Opposition, vor allem von Gewerkschaftern, gewesen. Der Rechtsanwalt hätte im Falle eines gelingenden Staatsstreichs Justizminister werden sollen. Auf die Äußerung Freislers, Wirmer werde sich in Kürze in der Hölle wiederfinden, verbeugte der sich knapp und erwiderte kühl: «Es wird mir ein Vergnügen sein, wenn Sie bald nachkommen, Herr Präsident.»

Vinzenz Koppert und seine Kollegen schrieben, mal seitlich zu Füßen des Gerichts, mal schräg hinter Freisler über ihre Stenoblöcke gebeugt, Wort für Wort, Satz für Satz die Reden Freislers und die Gegenreden der Verschwörer mit. Wer den Film sieht, kann die unauffälligen Herren in Zivil leicht erkennen. Aber der Film ist nie in die Kinos gekommen. Auf Goebbels' Befehl verschwand er in den Archiven.

An einem unbestimmten Tag Anfang 1949 gehen in der Aula der Pädagogischen Akademie in Bonn die Lichter aus. Im Plenarsaal des Parlamentarischen Rates haben auf den Holzstühlen die Ratsmitglieder, die Beamten, die Angestellten und Journalisten Platz genommen, starren ins Dunkel und warten auf den Beginn einer Filmvorführung. Der Projektor setzt sich mit lautem Surren in Bewegung, und an der Kopfwand der Aula flimmern die verwackelten Zeilen: «Auf Grund einer Sondergenehmigung des Herrn Reichsministers für Volksaufklärung und Propaganda wird Ihnen der folgende Film gezeigt, der eine Geheimsache im Sinne des § 88, Reichsstrafgesetzbuch vom 24. 4. 1934, ist. Es ist unter allen Umständen untersagt, Außenstehenden von dem Inhalt des Films und der Aufführung Kenntnis zu geben.» Vermutlich ist es das erste Mal nach dem Ende des Weltkriegs, dass der Film über die «Verräter vor dem Volksgerichtshof» einer ausgewählten deutschen Öffentlichkeit gezeigt wird. Für etliche Mitglieder des Parlamentarischen Rates kommt es zu einer bedrückenden Wiederbegegnung.

Elisabeth Selbert, hessische SPD-Landtagsabgeordnete und eine von vier Frauen im Parlamentarischen Rat, war nicht emigriert, hatte in keinem Konzentrationslager gesessen, sie hatte sogar ihren Beruf als Rechtsanwältin während der NS-Zeit ausüben dürfen. Nicht die Diktatur hatte sie verfolgt, aber ein Wort und eine Stimme, die ihr jetzt im Plenarsaal des Parlamentarischen Rates entgegenbrüllt. Es ist die Stimme ihres früheren Kasseler Anwaltskollegen Roland Freisler, der ihr einst vor seinem Aufstieg zum «Blutrichter», als damals ortsbekannter Rechtsextremist und Stadtverordneter gedroht hatte, sie liquidieren zu lassen.[4]

Der Christdemokrat Jakob Kaiser aus Berlin, bis 1933 Reichstagsabgeordneter des Zentrums und führender Funktionär der Christlichen Gewerkschaften, hatte sich nach dem 20. Juli 1944 bis Kriegsende in einem Keller in Potsdam-Babelsberg versteckt gehalten. Er hatte zum gewerkschaftlichen Widerstand gehört und sich regelmäßig mit Carl Friedrich Goerdeler und führenden Männern der Militäropposition beraten, seit Herbst 1943 hatte ihn Oberstleutnant Claus Schenk Graf von Stauffenberg häufig in seiner Wohnung in Berlin besucht. Nun sieht und hört er zwei seiner engsten Vertrauten vor ihrer Ermordung durch den Volksgerichtshof: Wilhelm Leuschner, ehemaliger hessischer Innenminister und bis 1933 stellvertretender Vorsitzender des Allgemeinen Deutschen Gewerkschaftsbundes, zwei Jahre Gefangener in Zuchthaus und KZ, von Goerdeler nach dem Staatstreich als Vizekanzler vorgesehen, und Josef Wirmer, den Berliner Rechtsanwalt, Mitglied des linken Flügels des Zentrums, der, aufrecht stehend, mit den Händen die Rückenlehne eines Stuhls umklammernd, Freisler auf die Fahrt in die Hölle einstimmt.

Paul Löbe, Jahrgang 1875, ist nicht nur das zweitälteste Ratsmitglied, unter den würdigen Herren des Parlamentarischen Rates ist er der ehrwürdige. 1919 hatte er als Vizepräsident der Nationalversammlung die Weimarer Verfassung mitberaten. Und seit 1920 hatte er fast ununterbrochen bis 1932 dem Reichstag präsidiert. Hermann Göring hatte seinem Vorgänger 1938 zwar eine kleine Staatsrente ausgesetzt, diese Geste hatte den Sozialdemokraten nach dem 20. Juli jedoch nicht vor dem KZ Groß-Rosen bewahrt: Löbe waren wie Kaiser seine Kontakte zu Leuschner und Goerdeler zum Verhängnis geworden.[5]

Im Dunkel des Plenarsaals sitzt auch Carlo Schmid, Chef der SPD-Fraktion im Parlamentarischen Rat. Zu Beginn des Jahres 1949 – die wesentlichen Arbeiten am Grundgesetz sind bereits abgeschlossen – gilt der Vorsitzende des Hauptausschusses längst als die überragende Figur in Bonn. Der umfassend gebildete Staats- und Völkerrechtler,

Sohn eines deutschen Vaters und einer französischen Mutter, hat sich erst nach dem Krieg den Sozialdemokraten angeschlossen. Die Nationalsozialisten hatten die wissenschaftliche Laufbahn des als unzuverlässig eingestuften Tübinger Privatdozenten blockiert. 1940 war er zum Kriegsverwaltungsrat in Lille gemacht worden und hatte dort Kontakte zur französischen Resistance und zum deutschen Widerstand aufgebaut. Schmids wichtigste Verbindungsmänner zu deutschen Widerstandskreisen waren Helmuth James Graf von Moltke, die Zentralfigur des Kreisauer Kreises, und Oberleutnant Werner von Haeften, der zusammen mit Stauffenberg noch am 20. Juli 1944 erschossen worden war, wenige Wochen bevor sein Bruder Hans-Bernd auf Geheiß Roland Freislers nach kurzem Prozess in Berlin-Plötzensee ermordet wurde.

Es war ein Glück für Konrad Adenauer, dass Carl Friedrich Goerdeler in seinem Leben keine besondere Rolle gespielt hatte. Der 73-jährige Präsident des Parlamentarischen Rates war schon 1914 für den Militärdienst zu alt gewesen, so wurde der Jurist 1917 der jüngste Bürgermeister Preußens in seiner Heimatstadt Köln. Als die Nazis den unbotmäßigen Zentrum-Politiker 1933 – mit Abfindung und Pension – aus dem Amt jagten, war Goerdeler seit drei Jahren Oberbürgermeister Leipzigs und sollte es noch drei weitere Jahre bleiben. Anders als sein acht Jahre jüngerer Amtskollege hatte Adenauer sich nie mit dem NS-Regime zu arrangieren versucht, aber anders als Goerdeler war er auch zu vorsichtig gewesen, um seinen Kopf im Widerstand aufs Spiel zu setzen. Nachdem Goerdeler zu einer Zentralfigur der Widerstandsbewegung aufgestiegen war, versuchte er über Mittelsmänner, den früheren Kölner Oberbürgermeister als Verbündeten zu gewinnen. Adenauer hatte die Annäherungen mehrfach brüsk zurückgewiesen: «Ich habe abgelehnt. Ich will damit nichts zu tun haben.»[6] Vor allem Goerdelers gefährliche Redseligkeit scheint ihn gewarnt zu haben. Seine Skepsis hatte Adenauer das Leben gerettet. Nun sieht und hört der Präsident des Parlamentarischen Rats vier Jahre nach dem Tod Goerdelers dessen Auftritt dem Volksgerichtshof.

Nicht alle Mitglieder des Parlamentarischen Rates hatten dem Widerstand angehört oder mit ihm sympathisiert, aber Gegner und Opfer des NS-Regimes war fast jeder von ihnen gewesen. Der sozialdemokratische Abgeordnete Rudolf Katz war 1933 zuerst nach China, dann in die USA geflüchtet, Helmut von Rauschenplat ins Londoner Exil gegangen und schon im Frühjahr 1945 im Auftrag des amerikanischen Geheimdienstes OSS (Office of Strategic Services) unter dem Decknamen Fritz Eberhard zurückgekehrt; den Namen hatte der Sozialdemokrat auf Anweisung des OSS aus Angst vor Terroranschlägen versprengter Nazi-Truppen («Werwolf») angenommen und nicht mehr abgelegt. Ernst Reuter, SPD-Oberbürgermeister Berlins (West) und eines der fünf beratenden Berliner Mitglieder des Parlamentarischen Rates, war nach politischer Verfolgung 1935 in die Türkei emigriert und hatte als Professor für Kommunalwissenschaft in Ankara gelehrt. Der KPD-Vorsitzende Max Reimann, wie alle Kommunisten von den Nationalsozialisten verfolgt, war 1940 zu drei Jahren Freiheitsstrafe verurteilt, zunächst ins Zuchthaus Dortmund und 1942 ins Konzentrationslager Sachsenhausen gebracht worden. Erst Ende April 1945 war Reimann freigekommen.[7] Adolph Schönfelder, acht Monate älter als sein Parteifreund Löbe, drei Wochen älter als Adenauer und damit Alterspräsident des Parlamentarischen Rates, war bis 1933 Polizeisenator («Polizeiherr») in Hamburg gewesen, von den Nationalsozialisten aus dem Amt gedrängt und wenig später zum öffentlich erklärten Austritt aus der SPD gezwungen worden.[8]

Einige Parlamentarische Räte hatte nur der Zusammenbruch der Diktatur vor dem Volksgerichtshof bewahrt. Ernst Wirmer, Ratsmitglied für die CDU, war nach der Hinrichtung seines Bruders Josef verhaftet und erst von den Franzosen Ende April 1945 befreit worden. Hinter ihm sitzt in der ehemaligen Aula der Pädagogischen Akademie an diesem Tag der Bonner Bürgermeister und Journalist Otto Schumacher-Hellmold (FDP), der für den Nordwestdeutschen Rundfunk (NWDR) aus dem Parlamentarischen Rat berichtet. Er notiert: «Als einer der letzten erschien ein Zivilist auf der Leinwand:

Rechtsanwalt Wirmer, der Bruder des vor mit sitzenden Abgeordneten Ernst Wirmer. Würde der junge CSU-Abgeordnete (sic!) das ertragen, was nun kam? Der vor mir Sitzende hörte die Stimme seines Bruders, sah seine Bewegungen, vernahm die brüllende und schreiende Stimme des tobenden Gerichtsvorsitzenden. Ernst Wirmer geriet in Bewegung. Er beugte sich nach vorne, dann richtete er sich wieder auf. Er atmete vernehmbar. Ich mußte auf meinem Platz hin- und herrutschen, um die Sicht auf den Filmstreifen zu behalten. Was mochte Wirmer in dieser Stunde alles bewegt haben, als er noch einmal die Bewegungen und die Stimme seines hingerichteten Bruders erleben mußte?»

Doch der ergreifende Auftritt Josef Wirmers wird schnell von einem anderen Bild verdrängt, auf das offenbar niemand vorbereitet ist: «Als Stenograph dieser Gerichtsverhandlung war ein Mann zu erkennen, der zum stenographischen Dienst des Parlamentarischen Rates gehörte.» Der gesetzte Herr in sorgfältigem Zivil hat ihre Arbeit in Bonn vom ersten Tag an schweigend, ja geräuschlos begleitet. «Die ganze Erregung, die sich während der Filmvorführung angestaut hatte, richtete sich nun gegen diesen Stenographen, den man mehr oder weniger als Mitbeteiligten an diesem Verbrechen identifizierte.»[9]

Eine solche Reaktion hatte Dr. Vinzenz Koppert, von 1927 bis 1945 Reichstagsstenograph, danach bis 1946 Stenograph beim Magistrat der Stadt Berlin, anschließend Stenograph der Verfassunggebenden Landesversammlung in Bayern, seit Anfang 1947 Leiter des Stenographenbüros beim Bayerischen Landtag und Direktor des Bayerischen Landesamtes für Kurzschrift, seit 1. September 1948 zugleich Leiter des Stenographischen Dienstes des Parlamentarischen Rats, nicht verdient. Stenographen schreiben nicht Geschichte, sie protokollieren sie. Das gesprochene Wort ist ihnen Befehl, sie garantieren für die Richtigkeit, nicht des Gesagten, sondern seiner Wiedergabe. Nichts anderes hatte Vinzenz Koppert im Weimarer Reichtag, auf den Geheimtreffen bei Hermann Göring, im Volksgerichtshof, im Berliner Magistrat, bei den bayerischen Verfassungsberatungen, den Sitzungen des ersten nach dem Krieg frei gewählten Bayerischen Landtags und schließlich den Beratungen des Parlamentarischen Rates getan.

Es war nicht Dr. Kopperts Verdienst, aber auch kein Verbrechen, dass er im Volksgerichtshof die Verkündung der Todesurteile gegen die Mitglieder des Widerstands nicht weniger sorgfältig stenographiert hatte als die Beratungen über die Abschaffung der Todesstrafe im Parlamentarischen Rat. Ihm war genauso wenig vorzuwerfen wie Dr. Kurt Peschel, von 1926 bis 1945 im Stenographischen Büro des Reichstags, von 1942 bis 1945 Leiter des Stenographischen Dienstes im Führerhauptquartier und ebenfalls seit dem 1. September 1948 mit der Aufnahme der Grundgesetzberatungen nach der Methode Stolze-Schrey beschäftigt. Peschel hatte zwar bei seiner Einstellung vergessen zu erwähnen, dass Hitler ihn als letzten Beamten in der Reichskanzlei im April 1945 persönlich befördert hatte, und den Karriereschritt um ein Jahr vorverlegt, aber Vergesslichkeit war damals selbstverständlich. Soweit bekannt, hat sich auch Kopperts und Peschels Kollege Gerhard Herrgesell nichts zuschulden kommen lassen. Ehe er seinen Dienst im Parlamentarischen Rat begann, hatte Herrgesell ein dreiviertel Jahr im Führerhauptquartier gearbeitet, als Nachfolger Heinrich Bergers, eines der vier Opfer des Attentats vom 20. Juli. Wichtiger als die Gesinnung war für seine Berufung Herrgesells frühe Systementscheidung. Wie Heinrich Berger schwor Gerhard Herrgesell auf Stolze-Schrey.

Vom Führerhauptquartier bei Rastenburg zum Parlamentarischen Rat in Bonn ist es ein kurzer Weg gewesen. Dr. Koppert und seine Kollegen haben ihn – wie fast alle Deutschen – schnell und geräuschlos zurückgelegt. Die Marschrichtung war angeordnet von den Siegermächten, das Ziel den Westdeutschen am Anfang verschwommen. Aber eines war sehr bald schon zu erkennen: Die Freiheit, die die Deutschen weggeworfen hatten, wurde ihnen jetzt befohlen.

The German Character

Am 5. Juni 1945 übernahmen die Oberbefehlshaber der vier Siegermächte USA, Sowjetunion, Großbritannien und Frankreich in der «Berliner Erklärung» die «oberste Regierungsgewalt in Deutschland einschließlich aller Befugnisse der deutschen Regierung, des Oberkommandos der Wehrmacht und der Regierungen, Verwaltungen oder Behörden der Länder, Städte und Gemeinden». Die Macht lag beim Alliierten Kontrollrat in Berlin, in dem die Oberbefehlshaber der Besatzungszonen «in allen Deutschland als Ganzes betreffenden Angelegenheiten» entscheiden sollten. Berlin war in vier Sektoren aufgeteilt. Mit der Proklamation Nr. 1 der «Militärregierung – Deutschland» wurden «alle deutschen Gerichte, Unterrichts- und Erziehungsanstalten innerhalb des besetzten Gebietes bis auf Weiteres geschlossen». Die Beamten wurden verpflichtet, «auf ihren Posten zu verbleiben und alle Befehle und Anordnungen der Militärregierung oder der Alliierten Behörden, die an die deutsche Regierung oder an das deutsche Volk gerichtet sind, zu befolgen und auszuführen». Politische Betätigung war zunächst verboten, die Bevölkerung hatte Waffen, Munition, Funkgeräte und Brieftauben abzuliefern. Auf 20 Verbrechen stand die Todesstrafe. Die Anordnung von Sperrstunden (curfew) untersagte der Zivilbevölkerung, «sich von einer Stunde nach Sonnenuntergang bis Sonnenaufgang im Freien aufzuhalten», die Militärposten waren «ermächtigt, auf alle im Freien beobachteten Personen zu schießen (einerlei ob sie im Besitze eines Erlaubnisscheines sind oder nicht), die sich zu verstecken oder sich der Vernehmung oder Verhaftung zu entziehen versuchen».

Die Überzeugung, der Nationalsozialismus sei eine Erscheinung des deutschen Charakters, nur die gewalttätigste Perversion des deutschen Wesens, dessen Merkmale in autoritären Verhaltensweisen bestünden, in Gewissenlosigkeit und automatischem Gehorsam, in der Neigung zu Aggression und Sadismus und in der Dominanz des Todestriebs, gehörte zum ideologischen Handgebäck der alliierten Truppen. Roosevelts Bemerkung «Germany understands only one kind of language» zielte nicht nur auf die verbrecherische Gesinnung des NS-Regimes, sondern auf die sozialpathologische Mentalität der Deutschen, the *German Character*: «In Deutschland wird alles ins Extreme getrieben. Der Nazismus ist lediglich eine extreme Manifestation des deutschen Charakters.»[10]

Als die amerikanischen Truppen in ihre Besatzungszone einrückten, war ihnen der Kontakt mit der Bevölkerung untersagt. Sofern der Umgang mit deutschen Beamten und Behörden erforderlich war, hatte er sich auf das Maß zu beschränken, das zur Überwachung der Ausführung ihrer Befehle unvermeidlich war. Es war verboten, Privatgespräche mit Deutschen zu führen, von Deutschen Geschenke anzunehmen, Deutsche in ihren Wohnungen aufzusuchen, Deutsche auf der Straße, in Gaststätten, ins Kino oder ins Theater zu begleiten, sich mit Deutschen auf Diskussionen über Politik einzulassen, Deutschen die Hand zu geben. «Jeder freundliche deutsche Zivilist ist ein getarnter Soldat des Hasses, bewaffnet mit der inneren Überzeugung, daß die Deutschen noch immer überlegen sind … daß es eines Tages ihre Bestimmung sein wird, Dich zu vernichten. Ihr Haß und ihr Zorn und ihre Überzeugung stecken ihnen tief im Blut. Ein Lächeln ist ihre Waffe, um Dich zu entwaffnen. Fraternisiere nicht!» – «Im Herzen, mit Leib und Seele … ist jeder Deutsche Hitler. Hitler ist der Mann, der den Glauben der Deutschen verkörpert … Schließ keine Freundschaft mit Hitler! Fraternisiere nicht!»[11] Die amerikanischen Soldaten haben das Fraternisierungsverbot kaum beachtet. Ihre Eindrücke von der Bevölkerung deckten sich nicht mit den Warnungen der Armeeführung. Und selbst die angedrohten Strafen – bis zu sechs Monate Arrest mit Zwangsarbeit und die Einbehaltung von zwei Dritteln des Wehrsolds – hielten sie nicht davon ab, Kontakt zu den Deutschen zu suchen.

Aber was die Strafandrohung nicht erreichte, das bewirkten für kurze Zeit Bilder und Berichte. Es waren Nachrichten aus den befreiten Konzentrationslagern, die nicht nur die Soldaten, sondern die Weltöffentlichkeit schockierten: «Hinter dem Stacheldraht und dem elektrischen Zaun saßen die Skelette in der Sonne und suchten sich nach Läusen ab. Sie sind alterslos und gesichtslos; alle sehen gleich aus und haben keine Ähnlichkeit mit irgendetwas, das Sie, wenn Sie Glück haben, jemals zu Gesicht bekommen werden. Wir überquerten das weite, volle, staubige Gelände zwischen den Gefängnisbaracken und betraten das Lazarett. Im Flur saßen weitere Skelette, und der Geruch von Krankheit und Tod ging von ihnen aus. Sie beobachteten uns, aber sie rührten sich nicht; kein Ausdruck zeigte sich auf einem Gesicht, das nur noch gelbliche, stoppelige Haut, über Knochen gespannt, ist. Was einmal ein Mann gewesen war, schleifte sich ins Sprechzimmer des Arztes; er war Pole, ungefähr ein Meter achtzig groß und wog unter neunzig Pfund, er trug einen gestreiften Gefängniskittel, ein paar unverschnürte Stiefel und eine Decke, die er sich um die Beine zu halten versuchte. Seine Augen waren groß und sonderbar und traten aus den Höhlen heraus, und sein Kieferknochen schien durch seine Haut zu schneiden. Er war beim letzten Todestransport von Buchenwald nach Dachau gekommen. Fünfzig Güterwagen mit seinen toten Reisegefährten standen noch auf dem Nebengleis außerhalb des Lagers, und während der letzten drei Tage hatte die amerikanische Armee Dachauer Zivilisten gezwungen, die Toten zu begraben.»[12] Entsetzt von dem Anblick, der sich ihnen bot, entschlossen sich die amerikanischen Soldaten, unter den deutschen Bewachern des Lagers keine Gefangenen zu machen. Bei der Befreiung des KZ Dachau haben sie eines der schwersten Kriegsverbrechen der US-Armee während der Besetzung Deutschlands begangen.

Wenige Tage später ließ das *Office of War Information* einen Artikel Thomas Manns in Deutschland verbreiten. Seit Oktober 1940 hatte der von den Nazis ausgebürgerte Schriftsteller aus seinem Exil in Princeton (USA) über den deutschen Sender der BBC die «deutschen Hörer» Monat für Monat aufgerufen, sich gegen die Diktatur zu erheben und Deutschland von dem «Fluch zu befreien, das Land Hitlers zu heißen». Nachdem er im «Time Magazine» die Berichte über die deutschen Konzentrationslager gelesen hatte, wandte er sich am 12. Mai an die Deutschen: «Die Menschheit schaudert sich. Vor Deutschland? Ja, vor Deutschland ... Das Recht erstickt und die Wahrheit; die Lüge das Wort führend ganz allein; die Freiheit zertrampelt; der Charakter, jede Anständigkeit zermalmt und eine Korruption von oben bis unten, die zum Himmel stinkt; die Menschen, gedrillt von Kind auf in einem lästerlichen Wahn von Rassensuperiorität, Erwähltheit und Recht auf Gewalt, erzogen zu nichts als Begehrlichkeit, Raub und Plünderung. Das war der Nationalsozialismus, und das soll deutsch, soll die der deutschen Natur einzig angemessene Verfassung sein.»[13]

Deutschland kam in Quarantäne. Das ist einerseits wörtlich zu nehmen, Angst und Ekel vor der deutschen Seuche war das vorherrschende Gefühl in den Gesellschaften aller gegen Deutschland verbündeten Staaten. Die Abriegelung des Landes war total, deutsche Flüchtlinge und Vertriebene kamen zwar noch hinein, aber kein Deutscher mehr heraus. Doch anders als in der Quarantäne, die in gewöhnlichen Seuchenfällen nach vierzig («quarante») Tagen endet, blieben die Deutschen eingesperrt, selbst als der Parlamentarische Rat im Herbst 1948 schon die unveräußerlichen Menschenrechte formulierte. Nur in dringenden Fällen wurde eine Ausnahmegenehmigung erteilt. Nicht einmal innerhalb Westdeutschlands konnten sich die Deutschen frei bewegen und ihren Wohnort wählen, und kaum einer glaubte daran, dass sich das in den nächsten Jahrzehnten ändern würde.

Die schwierigen Deutschen

Einer der wenigen, die zwei Jahre nach Kriegsende ins Ausland reisen konnten, war Kurt Schumacher, der Vorsitzende der westdeutschen SPD. Er durfte einen Kongress in Zürich besuchen, auf dem am 8. und 9. Juni 1947 Delegierte aus 19 Ländern über die Aufnahme der deutschen Sozialdemokraten in die internationale sozialistische Gemeinschaft (Comisco) verhandelten. Noch immer galt eine im März 1945 von 13 sozialistischen Parteien verabschiedete Resolution, nach der das deutsche Volk kollektiv schuldig sei und deshalb «als Ganzes» auf unbestimmte Zeit aus dem Kreis der zivilisierten Völker ausgestoßen werde, demnach auch die deutschen Sozialdemokraten. Am 10. April 1939 waren nach einer Statistik der Geheimen Staatspolizei (Gestapo) 302 562 politische Gefangene registriert, die meisten kamen aus der Arbeiterbewegung. Wegen oppositioneller Tätigkeit waren Zehntausende – vor allem Kommunisten – hingerichtet worden. Kurt Schumacher hatte neun Jahre, neun Monate und neun Tage in Konzentrationslagern verbracht. Bereits im Ersten Weltkrieg an der Front zum Krüppel geschossen – der rechte Arm wurde amputiert –, hatte er das Konzentrationslager mit zerschlagenem Körper überlebt. Warum sollte er also, ein Widerstandskämpfer und Verfolgter des Nazi-Regimes, seinen Genossen als Bittsteller gegenübertreten, warum sollte er für Verbrechen um Verzeihung bitten, die auch an ihm begangen worden waren?

Schumacher bat nicht um Verzeihung, er warb um Verständnis, für das hungernde deutsche Volk, insbesondere aber für die deutschen Sozialdemokraten: «Wollen Sie die Existenz eines freiheitlichen, antitotalitären Sozialismus lebendig machen oder wollen Sie uns allein lassen? Für uns internationale Sozialisten sind die Sozialdemokraten die Vorhut der Menschlichkeit auf deutschem Boden. Können wir internationale Sozialisten darauf verzichten, in der deutschen Sozialdemokratie ein vertrauenswertes und gleichberechtigtes Mitglied unserer Arbeitsgemeinschaft zu haben? Auf diese Frage, Genossen, geben Sie bitte heute die Antwort.»[14] Die Antwort der Genossen lautete: Ja, wir können verzichten. Die Aufnahme der deutschen Sozialdemokraten scheiterte (vorläufig); ausschlaggebend war die ablehnende Haltung der Osteuropäer und der Vertreter der Mapai, der sozialistischen Partei Palästinas. Demonstrativ hatte eine Delegierte der Mapai namens Meyerson dem SPD-Vorsitzenden den Handschlag verweigert. Als spätere Ministerpräsidentin des – 1947 noch nicht bestehenden – Staates Israel hat sie sich Golda Meir genannt.

Die Kollektivschuld der Deutschen ist von den Regierungen der Siegermächte nie behauptet worden.[15] Aus gutem Grund. Die These, das deutsche Volk sei für die Verbrechen des NS-Regimes nicht nur politisch in Haftung zu nehmen, sondern auch kollektiv moralisch für schuldig zu erklären, hätte unterschlagen, dass Hunderttausende Deutsche – Juden, Kommunisten, Sozialdemokraten, Homosexuelle – Opfer der Nationalsozialisten geworden waren. Kompromisslos angewendet, hätte sie außerdem jegliche Zusammenarbeit der Siegermächte mit den Deutschen ausgeschlossen, eine Konsequenz, die weder gewollt noch praktikabel war. Schon allein um den vollständigen Zusammenbruch der Verwaltung zu verhindern, waren die Besatzungsmächte zur Kooperation gezwungen. Von Anfang an nutzte die US-Militärregierung deshalb «Weiße Listen», auf denen von den Nachrichtendiensten zusammengestellte Namen vor allem von unbelasteten bürgerlichen Honoratioren vermerkt waren, die ad hoc für Spitzenpositionen in den Verwaltungen oder als Bürgermeister verpflichtet wurden – beispielsweise der von den Nazis aus dem Amt gejagte frühere Zentrums-Politiker Konrad Adenauer als Kölner Oberbürgermeister, der Liberale Theodor Heuss als «Kultminister» von Württemberg-Baden, die Kasseler Sozialdemokratin und Rechtsanwältin Elisabeth Selbert in einem Ausschuss zur Neuordnung der Justizverwaltung.

Mochte der Glaube an die deutsche Kollektivschuld auch eine Zeitlang das Bewusstsein der Weltöffentlichkeit bestimmen, zur offiziellen Deutschland-Politik der Alliierten hat er nicht gehört. Umso erstaunlicher ist die Wut, mit der die Deutschen kollektiv auf die Kollektivschuld-These reagierten. Keine einzige Kollektiv-Anklage ist vor den alliierten Militär- und Besatzungsgerichten erhoben, kein einziges Kollektiv-Urteil gesprochen worden, aber die Deutschen protestierten gegen vermeintliche Anklage und Verurteilung mit der Unverfrorenheit eines in flagranti ertappten Täters. Tatsächlich hat niemand besser als die Deutschen verstanden, dass die These – vordergründig falsch und ungerecht – im Kern begründet war. Das Totalitäre des NS-Staates hatte gerade darin gelegen, jeden Deutschen, selbst etliche Opfer, in das System persönlich zu verstricken. Es war möglich gewesen, sich ihm unter Lebensgefahr zu widersetzen – auch wenn bis zuletzt nur wenige von dieser Möglichkeit Gebrauch gemacht hatten –, aber es war ausgeschlossen, im System zu überleben ohne Mitwisserschaft, ohne zusammengepresste Lippen, verschlossene Augen und verstopfte Ohren. Nicht das Bewusstsein persönlicher Unschuld, sondern das schlechte Gewissen bestimmte den Protest gegen die nie verkündete Kollektivschuld-These: «Man kann heute, fast ein Jahr nach Verkündigung der These, nur sagen, daß sie ihren Zweck verfehlt hat. Das spricht nicht so sehr gegen das deutsche Volk als gegen das angewandte pädagogische Mittel … Die ‹Schock›-Politik hat nicht die Kräfte des deutschen Gewissens geweckt, sondern die Kräfte der Abwehr gegen die Beschuldigung, für die nationalsozialistischen Schandtaten in Bausch und Bogen mitverantwortlich zu sein. Das Ergebnis ist ein Fiasko.»[16]

Niemand weiß, was ausgerechnet Eugen Kogon, den die Amerikaner im April 1945 nach jahrelanger Haft aus Buchenwald befreit hatten, zu diesem Protest veranlasste. Mag sein, dass er aus demselben Grund vor dem schlechten Gewissen der Deutschen die Augen verschloss wie Jahre zuvor die Deutschen vor dem Anlass ihres schlechten Gewissens, nämlich um in Deutschland weiterleben zu können – die Deutschen unter Adolf Hitler bis zum Frühjahr 1945, Kogon unter den Deutschen seit dem Frühjahr 1945. Aber in einem Punkt hatte Kogon mit seiner Kritik ins Schwarze getroffen: Das Ergebnis der Entnazifizierung war in der Tat ein Fiasko, nicht weil die Deutschen danach noch immer Nazis gewesen wären, sondern weil sie sich in der Auffassung bestätigt fühlten, sie seien niemals welche gewesen. Die nie offiziell propagierte Kollektivschuld-These der Alliierten hatte sich am Ende zu einem Kollektivunschulds-Urteil der Deutschen verwandelt.

Soweit sich überhaupt von einer Besatzungspolitik der Alliierten sprechen lässt, war sie von den vier großen Ds bestimmt: Demilitarisierung, Dezentralisierung, Demokratisierung und Denazifizierung. Was unter den drei ersten zu verstehen sei, war unter den ehemaligen Verbündeten schnell umstritten. Nicht umstritten, allerdings in den vier Besatzungszonen ganz verschieden ausgeführt, war die Denazifizierung. Vor allem die Amerikaner wollten sich nicht darauf beschränken, den öffentlichen Dienst und die Wirtschaft von Funktionären und Mitgliedern der NSDAP zu säubern. Der deutschen Gesellschaft sollte der Geist des Nazismus ausgetrieben werden. Bis zum Frühjahr 1946 wurden in der amerikanischen Zone 120 000 als gefährlich eingestufte Personen interniert. Das war der Auftakt. Im März 1946 wurde in der US-Zone die Entnazifizierung mit dem «Gesetz zur Befreiung vom Nationalsozialismus und Militarismus» in deutsche Hände gelegt. «Befreiungsministerien» bei den Länderregierungen wurden geschaffen, 545 Spruchkammern mit 22 000 Mitgliedern eingerichtet und ein Fragebogen mit 131 Fragen ausgegeben, den jeder Deutsche, der älter war als 18 Jahre, auszufüllen hatte. Auf dieser Grundlage fand dann die Einstufung in eine der fünf Kategorien statt: Hauptschuldige; Schuldige oder Aktivisten, Militaristen und Nutznießer; Minderbelastete; Mitläufer; Entlastete. Die Skala der Sanktionen reichte von Geldstrafen bis zur Einweisung in ein Arbeitslager. Bis zum Sommer 1946 hatten in der US-Zone 1 613 000 Menschen ihren Fragebogen eingereicht, 373 762 daraufhin ihren Arbeitsplatz verloren.

Hätte für die Feststellung der Schuld die Mitgliedschaft in der NSDAP genügt, dann hätten sich die westlichen Siegermächte die Verfahren sparen können. Am 28. Oktober 1945 berichtete die von der US-Militärregierung herausgegebene «Neue Zeitung» («eine amerikanische Zeitung für die deutsche Bevölkerung») in einer ihrer ersten Ausgaben von einem einmaligen Fall konservierter Geschichte in der Papier-, Pappen- und Wellpappenfabrik Josef Wirth in Freimann, einem Vorort Münchens.

Wenige Tage vor der Besetzung der Stadt durch amerikanische Truppen sei ein hoher Parteifunktionär der Reichsleitung der NSDAP bei Hanns Huber, dem Direktor der Fabrik, erschienen und habe erklärt, es werde eine große Menge Papier geliefert, die unverzüglich zu vernichten sei. Tatsächlich seien in den folgenden Tagen insgesamt 20 Lastwagen mit Anhängern vorgefahren, beladen mit Körben und anderen Behältern, sämtlich gefüllt mit unsortierten Karteikarten, insgesamt 65 Tonnen. Huber sei sofort klar gewesen, um was es sich dabei gehandelt habe. Ohne zu zögern habe er entschieden, den Befehl zu ignorieren und die Karteikarten in einem

Lagerraum zu bunkern. Das Risiko sei überschaubar gewesen, Verrat durch seine Mitarbeiter habe er nicht befürchten müssen, denn kein einziger von ihnen sei in der Partei gewesen. Am 27. April, zwei Tage vor dem Einmarsch der Amerikaner, sei die letzte Fuhre eingetroffen. Noch am Tag der Besetzung Münchens sei Huber zur US-Kommandantur gegangen und habe die Lieferung der acht Millionen Karteikarten angekündigt. Sie hätten das Lichtbild und die üblichen Personaldaten der NSDAP-Mitglieder und Parteianwärter enthalten, außerdem: Tag der Anmeldung, Tag des Eintritts in die Partei, gegebenenfalls den Ausschluss aus ihr; die Karten der «Nichtvertrauenswürdigen» waren rot umrandet.

Aber was besagte die Mitgliedschaft in der NSDAP oder die Nicht-Mitgliedschaft über Schuld und Unschuld des Einzelnen? Und über welche Schuld wurde vor den Spruchkammern verhandelt, die juristische, die politische, die moralische? Von Anfang an war das nicht klar, die Entnazifizierung ist nicht zuletzt daran gescheitert. Wie schuldig war Leo Trinkwalter, NSDAP-Mitglied seit dem 1. Mai 1933 – Mitgliedsnummer 2953821 –, der seinen Schwager Kurt Schumacher nach dessen Entlassung aus dem KZ bei sich aufgenommen hatte und von dem ein Biograph behauptet, er sei der Partei überhaupt nur beigetreten, um «dadurch Schumacher vielleicht helfen zu können»[17]? Ließ sich bei der Kasseler Rechtsanwältin und Sozialdemokratin Elisabeth Selbert, von der ersten bis zur letzten Stunde Gegnerin des NS-Regimes, von Schuld reden, die einerseits die Jahre des Nationalsozialismus in Todesangst überstanden, andererseits ihre Kanzlei in den «arisierten» Räumen jüdischer Anwälte eingerichtet hatte? Und was war mit dem liberalen Politiker Theodor Heuss? Er hatte wie seine Fraktion am 23. März 1933 im Reichstag dem Ermächtigungsgesetz zugestimmt, mit dem der Parlamentarismus in Deutschland beseitigt und die Nazi-Diktatur errichtet worden war, anderseits ein Jahr zuvor das Buch «Hitlers Weg» veröffentlicht, das wenig später von den Nazis «mit Beschimpfungen feierlich verbrannt wurde»[18].

«Jeder von uns», resümierte der bayerische Generalkläger und Bamberger Rechtsanwalt Thomas Dehler Ende 1946, «der in Deutschland gelebt hat, steckt in Bindungen.»[19] Das war das Dilemma der Entnazifizierung. Unschuldig hatte kaum einer die Nazi-Diktatur überstanden. Das war offensichtlich. Profitiert haben davon die ehemaligen Stützen der Diktatur, die Karrieristen und Handlanger. Das war die Folge. Bekannt wurde sie damals unter dem Begriff «Persilschein», die Amerikaner und Briten sprachen von «to whitewash» (deutsch: zukleistern, übertünchen).

Die deutschen Spruchkammern wurden nicht nur mit Verfahren überschwemmt, sie versanken auch in Unbedenklichkeitsbescheinigungen und tadellosen Leumundszeugnissen, mit denen unbelastete Honoratioren, Geistliche und sogar ausgesprochene NS-Gegner den Angeklagten zur Seite sprangen. Mit jedem Monat wurden die Entnazifizierungsverfahren immer mehr zu Entlastungsverfahren, die Entnazifizierung zur «Mitläuferfabrik» (Lutz Niethammer). Eine Ursache der Bereitschaft, selbst noch dem Schuldigsten die Unschuld zu attestieren, war die verbreitete Wut über die vermeintliche Kollektivschuld-These, eine andere die Empörung über die offenkundige Untauglichkeit des Fragebogens, die Realität der NS-Diktatur auch nur annähernd zu erfassen. Befördert wurde die Inflation der «Persilscheine» schließlich durch das wachsende Desinteresse der USA an der Entnazifizierung, eine Folge der veränderten weltpolitischen Lage, die einen freundlicheren Blick auf die Deutschen nahelegte. Als die US-Militärregierung sich im Mai 1948 überstürzt aus der Kontrolle der Entnazifizierungsverfahren zurückzog, die deutschen Spruchkammern also allein die Verantwortung trugen, wurde das Fiasko offensichtlich: Zwar waren die Kleinen nicht gehenkt, aber einige immerhin bestraft worden, nun wurden die Großen laufengelassen. Die Großen profitierten nicht nur von mehreren Amnestien, in vielen Fällen von der Korruptheit, häufig auch von der politischen Sympathie der Spruchkammer-Mitglieder, sondern eben auch und vor allem von der Bereitschaft, selbst verbrecherischen Stützen der Diktatur mit einem erbaulichen Leumundszeugnis zur Hilfe zu eilen, um dem vermeintlichen Vorwurf der Kollektivschuld zu entkommen.

Nichts hat die Deutschen in den Nachkriegsjahren mehr aufgebracht als die Kollektivschuld-These und die Entnazifizierungsverfahren, schon gar nicht das verbrecherische Geschehen – der Vernichtungskrieg, der Genozid –, auf dem beide beruhten. Entsprechend war die Häme, mit der sie auf das Scheitern der Entnazifizierung reagierten. 1951 erschien der Roman «Der Fragebogen» von Ernst von Salomon, verurteilter Mittäter der Ermordung des Weimarer Außenministers Walther Rathenau im Jahr 1922. Es war eine ebenso witzige wie infame Abrechnung mit den Versuchen der westlichen Siegermächte, den Deutschen den Geist des Nazismus auszutreiben. Der Autor war kein Nationalsozialist, er fand nur, die Diktatur der Nazis sei auch nicht viel schlimmer gewesen als die Demokratie, in deren Namen die Siegermächte die Deutschen vor die Spruchkammern zitierten und die Verurteilten in Lager steckten. Der österreichische Schriftsteller Alfred Polgar, bald nach dem Krieg aus der amerikanischen Emigration zurückgehrt, bemerkte in einer Rezension sarkastisch: «Im Frühjahr 1945 war die Welt mit Schand- und Übeltat so gut eingedeckt, war mit Haß so saturiert, daß es Zeit schien, mit der Liebe zu beginnen. Hierin enttäuschten die Amerikaner Salomon.» Inzwischen aber hätten sich die Dinge in der Welt verändert: «Besonders auch in der deutschen Bundesrepublik. Dort haben (nach Ansicht der Deutschen wie der Besatzungsautoritäten) die Feinde der Demokratie, die von rechts, so ziemlich ausgespielt. Echte Nazi sind nur noch schwer zu finden. Antisemiten leichter, aber im allgemeinen wächst die Bereitschaft, den Juden zu verzeihen, was man ihnen angetan hat.»[20] Salomons Roman war einer der ersten Bestseller der Bundesrepublik. Er sprach den Deutschen aus dem Herzen. Gleich nach Erscheinen wurde er 20 000-mal verkauft.

Freispruch für die Diktatur

Hätten also die Siegermächte die Entnazifizierung von Anfang an den Deutschen überlassen müssen? Hätten sie sogar selbst die strafrechtliche Verfolgung der ehemaligen Spitze des NS-Regimes in die Hände deutscher Richter legen sollen? Im Frühjahr 1945 vertiefte sich Hermann von Mangoldt, Professor für Staatsrecht an der Christian-Albrechts-Universität in Kiel, in die Erforschung der völkerrechtlichen Grundlagen für die Verfolgung von Kriegsverbrechen. Dazu bestand aller Anlass, seit 1943 hatte eine in London arbeitende *United Nations War Crimes Commission* Listen deutscher Kriegsverbrecher zusammengestellt und Vorschläge entwickelt, wie die Verfahren durchzuführen wären. Auf der Moskauer Außenministerkonferenz Ende Oktober 1943 war den Verantwortlichen angedroht worden, «dass sie an den Schauplatz ihrer Verbrechen zurückgebracht und an Ort und Stelle von den Völkern abgeurteilt werden, denen sie Gewalt angetan haben». Diejenigen Kriegsverbrecher aber, «deren Vergehen keine bestimmte örtliche Beschränkung haben», sollten durch gemeinsames Urteil der Regierungen der Verbündeten bestraft werden. Damit war zum ersten Mal die Möglichkeit einer internationalen Gerichtsbarkeit nach Kriegsende angedeutet, eine sehr gemäßigte Alternative zu dem Vorschlag Stalins, 50 000 deutsche Offiziere summarisch zu exekutieren. Am 8. August 1945 hatten die vier Siegermächte schließlich das «Statut für den Internationalen Militärgerichtshof in Nürnberg» und das «Abkommen über die Verfolgung und Bestrafung der Hauptkriegsverbrecher der europäischen Achse» unterzeichnet. Professor von Mangoldt war schneller gewesen. Schon zwei Monate zuvor hatte er sein persönliches Gutachten – es wurde erst 1948 veröffentlicht – zur Zulässigkeit des drohenden Kriegsverbrecherprozesses fertiggestellt.

Von Königsberg aus, wo von Mangoldt Nachfolger des vertriebenen jüdischen Professors Albert Hensel geworden war, hatte seine Karriere ihn zunächst als Nachfolger des nationalsozialistischen Professors für Rechts- und Staatsphilosophie Hans Gerber nach Tübingen geführt, dann als Nachfolger des nationalsozialistischen Staatsrechtlers Professor Ulrich Scheuner an die Friedrich-Schiller-Universität Jena und schließlich nach Kiel, wo er den Lehrstuhl für Verfassungs-, Verwaltungs- und Völkerrecht übernahm, als Nachfolger des nationalsozialistischen Staatsrechtlers Paul Ritterbusch, der den Ausbau der dortigen juristischen Fakultät zur «NS-Stoßtruppfakultät» betrieben hatte. Mangoldt, der zugleich das Institut für Internationales Recht leitete, hatte dessen Bibliothek mit 30 000 Bänden und 100 000 Zeitungsausschnitten vorsorglich in den großen Saal der ehemaligen Bahnhofswirtschaft in Faulück zwischen Kappeln und Süderbrarup ausgelagert, dann hatte er noch einige Monate als 2. Admiralstabsoffizier im Stab des Befehlshabers Sicherung West (BSW) in Frankreich gedient, er hatte das Deutsche Kreuz in Silber erhalten, war in Kur gegangen, hatte seinen Abschied genommen, war nach Faulück zurückgekehrt und hatte dort, während Deutschland und Kiel und seine Universität und das Institut für Internationales Recht in Schutt und Asche sanken, in der alten Bahnhofsgaststätte begonnen, die völkerstrafrechtlichen Aspekte des Vernichtungskriegs zu bedenken.[21]

Bei Kriegsverbrechen, schrieb er, müsse zunächst unterschieden werden zwischen der Schuld am Krieg und der Schuld im Krieg. Was die Schuld am Krieg betreffe, so sei sie für den Zweiten Weltkrieg ebenso wenig zu ermitteln wie für den Ersten: «Wenn immer wieder versucht worden ist, die Ursachen für das unermeßliche Elend, das dieser Krieg mit sich gebracht hat, allein in dem Verhalten der einen Seite zu finden, so werden damit trotz aller uns schon heute zur Verfügung stehenden eindeutigen Schuldbeweise die ursächlichen Zusammenhänge doch allzusehr vereinfacht.»[22] Mangoldt hatte durchaus einen Punkt getroffen, denn erst Stalins aktive Aggressionshilfe hatte Hitler den Angriff auf Polen ermöglicht. Zur Frage der Schuld im Krieg bemerkte von Mangoldt, aus der Perspektive des überkommenen Völkerrechts sei «jede Strafverfolgung der Staatsoberhäupter» abzulehnen. Demnach hätte Adolf Hitler – hätte er seinen Vernichtungskrieg überlebt – nicht nur nicht verurteilt, er hätte gar nicht angeklagt werden können. Wiederum traf von Mangoldt damit einen Punkt, denn die Immunität von Staatsoberhäuptern entsprach tatsächlich völkerrechtlicher Tradition. Bei der Frage schließlich, vor welchem Gericht sich Kriegsverbrecher zu verantworten hätten, müsse man bedenken, dass das Völkerrecht keine strafrechtlichen Sanktionen kenne, schon deshalb dürfe kein internationales Tribunal über deutsche Angeklagte zu Gericht sitzen. «Der internationale Strafgerichtshof würde folglich ein typisches Ausnahmegericht sein und müßte daher nach allgemeinen Grundsätzen der Ablehnung verfallen.» Zuständig seien allenfalls nationale Gerichte der von deutschen Kriegsverbrechen betroffenen Staaten, im Übrigen aber deutsche Gerichte, die wiederum drei persönliche Schuldausschließungsgründe zu berücksichtigen hätten: «Irrtum über völkerrechtliche Normen, Handeln unter unwiderstehlichem Zwang und das wohl meistens unter diesen zweiten Schuldausschließungsgrund fallende Handeln auf Befehl.» Wenn dem Staatsoberhaupt infolge seiner Immunität rechtlich nicht beizukommen ist und alle anderen auf seinen Befehl («Führer befiehl – wir folgen!») gehandelt haben – dann führt kein Weg daran vorbei, das System und seine Träger freizusprechen. Der persönliche Schuldausschließungsgrund des Handelns auf Befehl diente noch jahrzehntelang angeklagten NS-Tätern zur Begründung ihrer Verbrechen und deutschen Gerichten zur Begründung ihrer Frei- und milden Schuldsprüche. «Handeln auf Befehl» – das blieb bis auf weiteres auch der persönliche Schuldausschließungsgrund des deutschen Volkes. Denn hatte nicht jede Denunziation eines Juden, eines Defätisten, eines oppositionellen Christen oder eines Sozialisten dem Willen des Führers entsprochen, und war nicht dessen Wille Befehl?

Der Vernichtungskrieg, den die Deutschen entfesselt und fast bis zur Selbstvernichtung betrieben hatten, hatte nicht nur große Teile Europas zerstört, er hatte die Zivilisation selbst an den Abgrund geführt und ihre Traditionen zertrümmert. Überkommenes Völkerrecht? Allgemeine Grundsätze? Der Nationalsozialismus war die Negation jeglichen Rechts und aller zivilisatorischen Grundsätze. Gegen einen Verbrecher, der mit seiner Tat die Regeln verletzt, setzt sich die Rechtsordnung zur Wehr. Was aber, wenn die Rechtsordnung ihrerseits vernichtet ist und der Verbrecher nicht mehr nur das Recht bedroht, sondern die Menschheit? Das Internationale Militär-Tribunal in Nürnberg hat vom 20. November 1945 bis 1. Oktober 1946 gegen deutsche Hauptkriegsverbrecher verhandelt. Angeklagt waren Verbrechen gegen den Frieden, Kriegsverbrechen und Verbrechen gegen die Menschlichkeit. Tatsächlich entsprach der Prozess nicht den Regeln des westlichen Strafprozessrechts, aber er folgte dem Notwehrrecht der Zivilisation, er war ein Schauprozess im besten Sinne: Er zeigte nicht nur ein verbrecherisches System, sondern das Verbrechen als System. Mit den Nürnberger Urteilen – zwölf Todesurteile, dreimal lebenslang, vier Freiheitsstrafen zwischen zehn und zwanzig Jahren, drei Freisprüche – war das NS-System vor aller Welt gerichtet. Und erst mit ihnen ist der Zweite Weltkrieg für die Weltöffentlichkeit zu Ende gegangen.

Der Staatsrechtler in Faulück war nicht der einzige, der das nicht verstanden hatte. Soweit sich seine deutsche Fachkollegen in den folgenden Jahren zum Nürnberger Prozess zu Wort gemeldet haben, taten sie das zumeist als Kritiker der «Siegerjustiz», die alle überkommenen Regeln des Prozessrechts aus durchschaubaren, parteilichen Gründen hinweggefegt habe. Bemerkenswert an diesen Kritiken war die Subtilität der Argumentation auf der einen Seite, der höhnische Ton, in dem sie vorgetragen wurde, auf der anderen. Dabei hatten die meisten Kritiker ihrerseits wenige Jahre zuvor keine Probleme mit der Beseitigung überkommener Rechtsgrundsätze gehabt.

Zu den NS-Rasse-Gesetzen hatte Hermann von Mangoldt, Spezialist für US-amerikanisches Verfassungsrecht, in seiner rechtsvergleichenden Betrachtung «Rassenrecht und Judentum» im Jahr 1939 bemerkt: «Diese Gesetzgebung hält im übrigen auch nach der ethischen Seite den Vergleich mit den Maßnahmen der angelsächsischen Welt aus. Keineswegs handelt es sich bei ihr, wie das immer wieder vom Auslande behauptet wird, nur um eine jeder höheren Ideale bare Reaktion … Vielmehr werden mit ihm ganz andere, und zwar hohe ethische Ziele verfolgt. Die durch diese Gesetze gesicherte Reinhaltung des Blutes ist nicht Selbstzweck, sondern wie der Führer im ‹Kampf› (S. 434) gesagt hat, ‹ist der höchste Zweck des völkischen Staates die Sorge um die Erhaltung derjenigen rassischen Urelemente, die, als kulturspendend, die Schönheit und Würde eines höheren Menschentums schaffen›.»[23]

Mehr als 350 ausländische Journalisten haben über den Nürnberger Prozess berichtet, für die deutsche, von den Militärregierungen lizenzierte Presse waren nur 22 Plätze im Gerichtssaal reserviert. Das entsprach recht genau der Aufmerksamkeit, mit der die internationale und die deutsche Öffentlichkeit das Verfahren verfolgten. Soweit die Deutschen sich damals, wenige Monate nach Kriegsende, überhaupt dafür interessierten – ein Echo auf die Zeitungsberichte war kaum zu vernehmen –, verspürten sie zumeist Erleichterung. Die Weltöffentlichkeit mochte in den Nürnberger Urteilen vor allem Schuldsprüche erkennen, die meisten Deutschen lasen sie als Freisprüche: Nicht sie waren verurteilt worden, sondern die Repräsentanten des Systems. Dies waren die Schuldigen, alle anderen also unschuldig. Der Nürnberger Prozess – und die nachfolgenden Verfahren – war von den Siegermächten geplant als Beitrag zur «re-education», zur Umerziehung der Deutschen. Es war ein fehlgeschlagener Versuch. Als er beendet war, fühlten sich die Deutschen in ihrer persönlichen Unschuld bestätigt und die Alliierten in ihrer Einschätzung des *German Character*.

Der Parlamentarische Rat hat sich nicht explizit mit dem Nürnberger Prozess, der Kollektivschuld-These und dem Holocaust beschäftigt. Das war verständlich. Welchen Umständen sie ihre Zusammenkunft in der ehemaligen Pädagogischen Akademie verdankten, musste niemand den Abgeordneten erklären. Ihre Arbeit am Grundgesetz war nichts anderes als der mühsame Versuch, eine Antwort auf die jüngste Vergangenheit zu finden. Er hat nicht erst in Bonn am 1. September 1948 begonnen, sondern schon Jahre zuvor inmitten der deutschen Barbarei. Als noch die meisten Deutschen auf den Endsieg hofften und der größte Teil Europas im Schatten des Hakenkreuzes lag, hatten Deutsche im Exil und in der inneren Emigration bereits die Maximen für ein neues, ein besseres Deutschland formuliert.

2. Die Verfassung der Parteien

An einem Hochsommertag des Jahres 1943 stellte der ehemalige Polizeipräsident von Berlin, Albert Grzesinski, sozialdemokratischen Genossen in New York seine Überlegungen zu einer neuen Reichsverfassung nach dem Ende der NS-Diktatur vor. Wie seine Zuhörer war Grzesinski Emigrant, in den dreißiger Jahren in die USA geflüchtet und seitdem außer mit dem persönlichen täglichen Überleben mit der Zukunft Deutschlands beschäftigt. Es waren nur wenige Genossen zum Vortrag erschienen. Ideologische Zerwürfnisse lähmten seit längerem die Zusammenarbeit der sozialdemokratischen Exil-Organisationen in den USA.

Gekommen aber waren unter anderem Max Brauer, von den Nazis aus dem Amt vertriebener Oberbürgermeister des damals noch selbständigen Altona, und der Rechtsanwalt Rudolf Katz, bis 1933 Stadtverordnetenvorsteher von Altona. Sie hatten sich im Oktober 1933 einen Auftrag des Völkerbunds verschaffen und als Berater der chinesischen Nationalregierung Tschiang Kai-Scheks nach China gehen können und waren schließlich in die USA entkommen. Dort schlug man sich durch, Brauer als sozialdemokratischer Vortragsreisender, Katz als Mitherausgeber der *Neuen Volkszeitung*, des letzten deutschsprachigen sozialdemokratischen Presseorgans im Exil, Grzesinski als Metallarbeiter und Vorsitzender der German Labor Delegation.

Zehn Jahren zuvor war Grzesinski aus Deutschland emigriert, aber gedanklich schien er die Weimarer Republik nie verlassen zu haben. Sein Blick in die Zukunft eines deutschen «Reichs» nach der erwarteten Niederlage Hitlers richtete sich in die Vergangenheit: «Tatsächlich war die Verfassung von Weimar die – wenn man so sagen darf – demokratischste der Welt.»[1] Grzesinskis Folgerung war wenig überraschend: «Wenn ich mich nun der neuen Reichsverfassung zuwende, so stehe ich nicht an zu erklären, daß nach Ablauf des Interregnums, mit einigen Modifikationen natürlich, sehr wohl die Verfassung vom 11. 8. 1919 wieder voll in Kraft gesetzt werden könnte.»

Den Bruch, der zwischen der Vergangenheit der Weimarer Republik und der New Yorker Gegenwart lag, konnte allerdings auch Grzesinski nicht verleugnen. Das «Reich», die Weimarer Republik, sei vor allem an einer Konstruktionsschwäche gescheitert, also sollte die neue Verfassung, wie sie ihm vorschwebte, sich in zwei wesentlichen Punkten von ihrer Vorgängerin unterscheiden. Zum einen «müßte die Zuständigkeit des Reichs gegenüber den Vorschriften der Verfassung von Weimar erheblich erweitert» und «auf das Erziehungswesen, die Polizei und das Justizwesen wie die Bodenrechte» ausgedehnt werden; auch die «Verwaltungsexecutive» solle «von den Ländern auf das Reich übergehen, zu welchem Zwecke Reichsverwaltungsbehörden einzurichten sein werden». Zum anderen habe neben die politische Demokratie eine «die Mächte im Staat ausbalancierende Wirtschaftsdemokratie» zu treten, denn das «deutsche Monopol-Kapital» habe dem Nationalsozialisten zur Macht verholfen und dürfe den Zusammenbruch der Diktatur nicht überstehen; «Träger des neuen Deutschland und seiner Demokratie» müsse «die Arbeitnehmerschaft im weitesten Sinne» sein; da das Bürgertum «bis auf kleine schmale Gruppen, insbesondere in religiösen Schichten, von den Nazis voll eingefangen worden» und somit kompromittiert sei.[2] Schon zwei Jahre vor dem Ende der NS-Diktatur hatte Grzesinski damit politische und verfassungspolitische Grundpositionen der SPD der Nachkriegszeit skizziert: die Stärkung des Gesamtstaats und die Demokratisierung der Wirtschaft. Neu war an ihnen nur die Begründung – die vermeintlichen Ursachen des Zusammenbruchs der Demokratie und des Aufstiegs der NSDAP –, die Positionen selbst entsprachen alter sozialdemokratischer Weimarer Schule.

Einen Monat später, Anfang August 1943, formulierten Helmuth James Graf von Moltke und Peter Graf Yorck von Wartenburg für den «Kreisauer Kreis» die «Grundsätze für die Neuordnung» Deutschlands nach dem Krieg. Drei Jahre zuvor hatten sich in der Widerstandsgruppe – den Namen gab ihr die Gestapo nach von Moltkes Gut in Niederschlesien – Vertreter unterschiedlichster sozialer und intellektueller Milieus zusammengefunden. Zu ihr gehörten Sozialdemokraten wie die ehemaligen Reichstagsabgeordneten Carlo Mierendorff und Julius Leber, der Gewerkschafter und ehemalige hessische Innenminister Wilhelm Leuschner sowie Theodor Haubach, Journalist und vormals Pressereferent Grzesinskis. Unter den etwa 20 Mitgliedern der oppositionellen Gruppe waren Geistliche wie Harald Poelchau, evangelischer Gefängnispfarrer in Berlin-Tegel, der evangelische Theologe Eugen Gerstenmaier oder die Jesuitenpatres Alfred Delp und Augustin Rösch, und Diplomaten wie Adam von Trott zu Solz oder Hans-Bernd von Haeften.

Das Programm, auf das man sich in drei Besprechungen auf Moltkes Gut geeinigt hatte, war auf den ersten Blick so heterogen wie die Widerstands-Gruppe selbst. Träger des neuen Deutschland sollten die Arbeiterschaft und die Kirchen sein. Das «Reich» wurde als «oberste Führungsmacht des deutschen Volkes» anerkannt, doch sollte der Reichstag nicht mehr direkt vom Volk, sondern von den Landtagen gewählt werden, ein starker Gesamtstaat also, aber dominiert von den Ländern. Für die Wirtschaft sah das Programm einen «geordneten Leistungswettbewerb» durch «staatliche Wirtschaftsführung» vor, die Sozialisierung von Schlüsselindustrien und betriebliche Mitbestimmung. Der Aufbau des Staates sei von unten nach oben zu organisieren, von der Familie über Gemeinden, Kreise, Länder bis zum Reich, Deutschland und die Deutschen schließlich müssten sich als Teile einer «europäischen Völkergemeinschaft» verstehen.

Das Programm war verblüffend zeitgemäß. Es lieferte nicht die Grundsätze einer künftigen Partei, vielmehr enthielt es fast alle Leitgedanken, die die Verfassungsdebatten des deutschen Widerstands ebenso wie der weltweit verstreuten Emigration und später in Westdeutschland beherrschten. Entscheidend aber war, was die

Theologen und die Sozialdemokraten, die Aristokraten und Gewerkschafter des «Kreisauer Kreises» zur Grundlage einer neuen «Rechts- und Friedensordnung» bestimmten: die «unverletzliche Würde der menschlichen Person».[3]

Albert Grzesinski hat Deutschland nicht wiedergesehen. 1947 ist er in New York City gestorben. Auch von Moltke und von Wartenburg haben den Neuanfang Deutschlands nicht erlebt. Wie die meisten Mitglieder des Kreisauer Kreises wurden sie nach dem 20. Juli 1944 vom Volksgerichtshof zum Tode verurteilt und in Plötzensee ermordet. Weder Grzesinskis Verfassungspläne noch die des Kreisauer Kreises haben die Diskussion in den westlichen Besatzungszonen über die Neuordnung Deutschlands unmittelbar beeinflusst. Worin bestand dann ihre Bedeutung?

Erstens zeichneten sich in ihnen die Konfliktlinien ab, die bis zur Verabschiedung des Grundgesetzes – und darüber hinaus – die Debatte bestimmten. Die Auseinandersetzung, wie stark die neue Republik im Verhältnis zu den Ländern sein solle, ob also die Macht möglichst im nationalen Parlament konzentriert oder auf viele Landesregierungen verteilt sein müsse, war der beherrschende Streit der ersten Jahre. Zweitens stimmten die Verfassungskonzepte von New York und Kreisau mit den hochgespannten Erwartungen der meisten Nachkriegs-Deutschen überein, die neue Demokratie werde nicht nur eine politische, sondern auch eine «Wirtschaftsdemokratie» sein. Die Absage an die «alte kapitalistische und liberalistische Wirtschaftsform», wie sie der CDU-Abgeordnete Heinrich von Brentano 1946 in den Beratungen zur hessischen Landesverfassung erteilte, war damals kaum umstritten. Sie findet sich – als Postulat der Gemeinwirtschaft – in den Nachkriegsverfassungen der Bundesländer und auch im Grundgesetz wieder. Nur haben die Deutschen, kaum hatte das sogenannte Wirtschaftswunder eingesetzt, die Absage schnell vergessen.

Drittens aber und vor allem hat zumindest der Entwurf des Kreisauer Kreises das Selbstverständnis der neuen Republik vorweggenommen, das die Verfassungsdebatten zwischen und in den

Parteien von Anfang an prägte. Als der Sozialdemokrat Carlo Schmid im Frühjahr 1946 sechs Grundprinzipien einer Verfassung für Württemberg-Hohenzollern benannte, setzte er, noch vor der Demokratie und der Gewaltenteilung, an die erste Stelle «das Bekenntnis zur Würde des Menschen». Es ist wahrscheinlich, dass hier der Kerngedanke des «Kreisauer Kreises» bewusst aufgenommen wurde. In zahlreichen Begegnungen seit Anfang der vierziger Jahre hatten Carlo Schmid und Helmuth James Graf von Moltke ihre Vorstellungen vom Neuaufbau eines künftigen deutschen Staates entwickelt.[4]

Die Macht der Verhältnisse

Die in einem Land bestehenden Machtverhältnisse bilden, nach einem Wort Ferdinand Lassalles, die Verfassung eines Landes. Demnach sei die geschriebene Verfassung nichts anderes als die zu Recht gewordenen tatsächlichen Machtverhältnisse.[5] Was aber war die deutsche Realität nach der bedingungslosen Kapitulation Deutschlands am 7. und 8. Mai 1945, und wie lagen die Machtverhältnisse?

Es war nicht klar, ob Deutschland nach der bedingungslosen Kapitulation staatsrechtlich überhaupt noch existierte oder untergegangen war, es war nicht klar, innerhalb welcher Grenzen von Deutschland noch gesprochen werden konnte, und es war nicht klar, wann, wie und von wem Deutschland später einmal souverän regiert werden würde. Den Gedanken, aus der Konkursmasse das Rheinland und Bayern herauszulösen und selbständige Staaten aus ihnen zu bilden, Ostpreußen Polen zuzusprechen, das Sudetengebiet an die Tschechoslowakei zurückzugeben und Österreich wieder unabhängig zu machen, hatte erstmals Stalin dem britischen Außenminister Eden bei dessen Besuch in Moskau im Dezember 1941 vorgetragen. Auf der Konferenz von Teheran Ende 1943 hatte US-Präsident Roosevelt angeregt, Deutschland in fünf Staaten zu zerschlagen: 1. Preußen, 2. Hannover und Nordwestdeutschland,

3. Sachsen, 4. Hessen-Darmstadt, Hessen-Kassel und das Gebiet südlich des Rheins, 5. Bayern, Baden und Württemberg. Hamburg, Kiel, der Nord-Ostsee-Kanal, das Ruhrgebiet und das Saarland sollten unter internationale Kontrolle gestellt werden. Demgegenüber favorisierte der britische Premierminister Churchill die Variante, Sachsen, Bayern, die Pfalz und Württemberg einem Donaubund mit Österreich und Ungarn anzugliedern. Stalin hatte zwar auf die Vorlage eines neuen eigenen Plans verzichtet, aber Deutschland weiterhin zerschlagen wollen.

Auch auf der Konferenz von Jalta im Februar 1945 wurde das Vorhaben weiterverfolgt. Die ausformulierten Kapitulationsbedingungen ergänzten die «großen drei» um den Passus, die Siegermächte behielten sich die Zerstückelung («Dismemberment») Deutschlands vor. Noch am 15. März 1945 hatte Eden ein Diskussionspapier vorgelegt, wonach Deutschland in einen Südstaat, einen Weststaat, einen Nordstaat, einen Zentralstaat und einen Oststaat zerlegt werden könnte.[6] Der Gedanke, Deutschland von der politischen Weltkarte verschwinden zu lassen, nicht nur seine bedingungslose Kapitulation zu erzwingen, sondern es durch Zerschlagung ein für alle Mal unschädlich zu machen, war zu naheliegend, um nicht gedacht zu werden. Niemand hat ihn schärfer formuliert als der damalige US-Finanzminister Henry Morgenthau. Der nach ihm benannte Plan sah vor, Deutschlands industrielle Kapazität fast vollständig zu zerstören und es in mindestens sieben Staaten mit vorwiegend land- und weidewirtschaftlichem Charakter umzuwandeln, die 20 Jahre unter alliierter Kontrolle stehen und keinerlei wirtschaftliche Hilfe erhalten sollten. Die Verelendung der Deutschen hätte Morgenthau, Initiator eines Flüchtlingskomitees zur Rettung der europäischen Juden, billigend in Kauf genommen. Er hatte ein überzeugendes Motiv: «Mich interessiert das Schicksal der Bevölkerung nicht … Wir haben diesen Krieg nicht gewollt, wir haben nicht Millionen Menschen in die Gaskammern geschickt. Wir haben keines von diesen Dingen getan.» Die Deutschen hätten es nicht anders haben wollen.[7]

Politische und wirtschaftliche Gründe haben die Siegermächte veranlasst, auf die Zerschlagung Deutschlands zu verzichten. Die Außenministerien in Washington und London hatten von Anfang an gewarnt, sie gefährde sowohl die nationalen als auch die wirtschaftlichen Interessen Europas. Ein Leichnam Deutschland in der Mitte Europas drohe alle übrigen Staaten zu vergiften. Zudem verlange die Zerstückelung weitgehende Übereinstimmung der Alliierten und setze die Bereitschaft der Öffentlichkeiten in den westlichen Siegerstaaten voraus, auf lange, unbestimmte Zeit die Anwendung von Gewalt in Deutschland zu billigen. Vernünftiger sei eine effektive Dezentralisierung, also ein föderalistisch strukturiertes Deutschland. Im März 1945 ließ auch Stalin die Teilungspläne fallen. Ob das, was von Deutschland übrig war – die Gebiete östlich der Oder und Neiße hatte die polnische Provisorische Regierung bereits im Februar annektiert –, als einheitlicher Staat erhalten bleiben würde, war eine offene Frage. Vorläufig jedoch wurde es aufgeteilt in drei, später vier Besatzungszonen.

Auf der Potsdamer Konferenz vom 17. Juli bis 2. August 1945 hatten sich die USA, die Sowjetunion und Großbritannien – Frankreich wurde erst danach als Siegermacht einbezogen – darauf verständigt, Deutschland, ohne die de facto bereits annektierten Ostgebiete, während der Besatzungszeit als wirtschaftliche Einheit zu betrachten und gemeinsam im Kontrollrat nach dem Einstimmigkeitsprinzip zu verwalten. Die Übereinkunft ist zu Unrecht als Potsdamer Abkommen in die Geschichtsbücher eingegangen. Ein Abkommen ist nicht getroffen worden, nur die Absprache, die Lösung der Konflikte, insbesondere um die Ost-Gebiete und die Reparationsansprüche der Sowjetunion, zu vertagen. Zur Lösung ist es nie gekommen, aber die Konflikte wurden sofort wirksam.

Von Anfang an hatte Frankreich sein Veto gegen alle Schritte angekündigt, die eine administrative, ökonomische oder politische Einheit Deutschlands zum Ziel hatten. Dreimal innerhalb von 70 Jahren sei das Land von seinem deutschen Nachbarn überfallen, zuletzt während der Besatzung durch die Wehrmacht rücksichtslos ausgeplündert worden. Es bestand auf einer Sicherheitsgarantie, die es sich vor allem von einem vielfach geteilten Deutschland und der

Internationalisierung des Ruhrgebiets versprach. An seinem Widerstand scheiterte der Plan, zentrale deutsche Verwaltungsstellen zu errichten.

Zerbrochen aber ist der Versuch einer gemeinsamen alliierten Deutschlandpolitik an der Auseinandersetzung um die Reparationsforderungen der Sowjetunion und den Befürchtungen der USA, am Ende müssten sie – um den Kollaps der deutschen Wirtschaft zu vermeiden – die Forderungen begleichen. Darüber ist es sehr bald zum offenen Streit gekommen, der die Arbeit der alliierten Ersatzregierung – des Kontrollrats – fast vollständig lähmte. Das war der Anlass, die Ursachen des Zerwürfnisses in der Anti-Hitler-Koalition aber lagen tiefer. Stalin hat sie auf die einfache Formel gebracht: «Wer immer ein Gebiet besetzt, erlegt ihm auch sein eigenes gesellschaftliches System auf. Jeder führt sein System ein, soweit seine Armee vordringen kann.»[8]

So war es. Vereinbart war Einstimmigkeit für Kontrollratsbeschlüsse, im Übrigen aber souveräne Gewalt der Militärgouverneure in ihren Zonen. Da Einstimmigkeit kaum zu erreichen war, hat der Kontrollrat schon 1947 zu funktionieren aufgehört, seit März 1948 trat er nicht mehr zusammen. De facto lag das Schicksal der vier Besatzungszonen damit in Händen der vier Militärgouverneure und ihrer Regierungen. Das war der erste Schritt zur Teilung Deutschlands.

Christen für den Sozialismus?

Ende Juni 1945 hatten sich die britischen und amerikanischen Truppen, die bei Kriegsende nach Mitteldeutschland bis zur Linie Wismar-Chemnitz vorgestoßen waren, nach zähen Verhandlungen zurückgezogen. Im Gegenzug waren sie in Berlin in die vereinbarten Sektoren eingerückt. Als sie kamen, hatte die sowjetische Armee bereits mit dem Aufbau im Sinne Stalins begonnen. Im April waren Mitglieder des Zentralkomitees der KPD, die sich seit 1939 in Moskau auf ihre Rückkehr vorbereitet hatten, in der sowjetischen

Besatzungszone eingetroffen. Im Gepäck hatten sie die Richtlinien für die Arbeit der «deutschen Antifaschisten in dem von der Roten Armee besetzten Gebiet». Die Politik, die sie betrieben, fasste einer von ihnen, der ehemalige KPD-Reichstagsabgeordnete Walter Ulbricht, später Vorsitzender des Staatsrats der DDR, in den Worten zusammen: «Es ist doch ganz klar: Es muß demokratisch aussehen, aber wir müssen alles in der Hand haben.»[9] Als Bürgermeister, Landräte und Regierungschefs der Länder wurden bürgerliche und sozialdemokratische Politiker eingesetzt, in die Schlüsselpositionen in der zweiten Reihe rückten Kommunisten – es sah nur kurze Zeit demokratisch aus.

Mit Befehl Nr. 2 erlaubte der Chef der Sowjetischen Militäradministration (SMAD), Marschall Georgij Shukow, am 10. Juni – lange vor den westlichen Militärregierungen in deren Besatzungszonen und fünf Wochen vor Beginn der Potsdamer Konferenz – in ganz Berlin und in der sowjetischen Besatzungszone die Gründung von Parteien und Gewerkschaften. Schon am 14. Juli wurden die Parteien auf Linie gebracht. KPD, SPD, die Christlich Demokratische Union Deutschlands (CDUD) und die Liberaldemokratische Partei (LDP) schlossen sich zu einem «antifaschistischen Block» zusammen, in dem der KPD als natürlichem Partner der Besatzungsmacht die Führungsrolle zufiel, die sie durch Wahlen nicht hätte erreichen können. Die Opposition war damit ausgeschaltet, noch ehe sie entstehen konnte.

Mitte Dezember 1945 wiederholte sich mehrere Tage hintereinander in einem Büro in der Berliner Schlüterstraße eine rätselhafte Szene. Acht Männer und eine Frau betraten morgens die Westberliner Zentrale der Christlich-Demokratischen Union Deutschlands (CDUD) – auf Druck der SMAD hatte die Partei auch ein Büro in der Jägerstraße in Ostberlin beziehen müssen –, kurz darauf fuhr ein Autobus vor und wartete. Einige Stunden später verließ die Gruppe das Büro und zerstreute sich, der Bus der britischen Militärregierung fuhr leer, wie er gekommen war, davon. Bei der Gruppe handelte es sich um die Delegation, die die CDUD Berlins und der sowjetischen Besatzungszone auf dem «Reichstreffen» mit den christlich demokratischen Regionalparteien der britischen und der amerikanischen Zone vertreten sollte.

Das Treffen ging auf eine Initiative des 67 Jahre alten Andreas Hermes und des zehn Jahre jüngeren Jakob Kaiser zurück. Wie Kaiser war Hermes ein erfahrener Zentrums-Politiker der Weimarer Republik. Er hatte mehreren Kabinetten als Minister angehört. Am 11. Januar 1945 war er vom Volksgerichtshof unter dem Vorsitz Freislers wegen Hoch- und Landesverrats zum Tode verurteilt, drei Monate später von der Roten Armee aus der Haft befreit worden.

Wenige Tage nach dem SMAD-Befehl Nr. 2 hatten Hermes und Kaiser zur Gründung der CDUD aufgerufen. Das «Reichstreffen», das sie angeregt hatten, sollte vom 14. bis 16. Dezember im Bad Godesberger Pädagogium stattfinden. Es war geplant, damit die in allen Zonen neu und unter verschiedenen Namen entstandenen christlich-demokratischen Parteien zusammenzubringen und die Isolierung der CDU-Führungsgruppen in den Zonen zu durchbrechen. Ausdrücklich hatten Hermes und Kaiser die Berliner Partei als «Reichspartei» gegründet, sofort eine «Reichsgeschäftsstelle» eingerichtet und damit unmissverständlich den Anspruch erhoben, Berlin solle auch künftig nicht nur die Zentrale des Reichs, sondern ebenso – über alle Zonengrenzen hinweg – der Christlich Demokratischen Union Deutschlands sein. Wenn die Delegierten in Bad Godesberg aus dem Führungsanspruch der Berliner Partei zugleich einen Führungsanspruch des CDUD-Vorsitzenden Hermes in der Reichspartei heraushören würden, konnte ihm das nur recht sein. Er galt als der kommende Mann unter den deutschen Christdemokraten.

Hermes sollte die Tagung leiten, und er war entschlossen, die Gelegenheit zu nutzen. Dazu mussten er und seine Delegation jedoch nach Bad Godesberg gelangen. Jeden Morgen, wenn sich die übrigen Delegierten in das Büro in der Schlüterstraße begaben und darauf warteten, endlich in den bereitstehenden Bus steigen zu können, verhandelte er mit der SMAD über die Reiseerlaubnis. Hermes ahnte nicht, dass die Militäradministration längst beschlossen hatte, ihn abzusetzen – sein Widerstand gegen die entschädigungslose Enteignung von Grundbesitzern im Rahmen der bereits eingeleiteten Bodenreform wurde nicht geduldet. Tag für Tag verhandelte er mit den Besatzungsoffizieren, am Ende sogar unterstützt von der britischen Militärregierung. Immer wieder wichen die Russen aus, schließlich, am 14. Dezember 1945, war klar, dass die Delegation Berlin nicht verlassen dürfte. An diesem Tag sollte das «Reichstreffen» in Bad Godesberg beginnen.

Dennoch wurde die Tagung – jedenfalls haben die meisten Christdemokraten das kurze Zeit geglaubt – ein großer Erfolg für Hermes, Kaiser und die Berliner CDUD. Mit Ausnahme der Bayern stimmten alle Delegierten Hermes' Forderung zu, den Namen «Christlich-Demokratische Union Deutschlands» anzunehmen. «Dieser Name gilt nun für das ganze Deutsche Reich.»[10] Auch programmatisch hatten sich die Berliner Christdemokraten scheinbar durchgesetzt. Wie das von dem Chef einer entstehenden Partei erwartet werden darf, hatte Hermes mit seiner dreistündigen, von Delegierten verlesenen Rede den 200 versammelten Christdemokraten ein Programm vorgestellt, das ebenso visionär wie mehrheitsfähig war. Die Berliner Parteifreunde verstanden sich als Vertreter eines «christlichen Sozialismus», und damit trafen sie den Nerv der Zeit.

Wenige Monate nach Kriegsende war das Selbstverständnis der Partei noch völlig unklar. Was sie zusammenhielt, war nicht viel mehr als die Erkenntnis, dass die Weimarer Zentrums-Partei den politischen Katholizismus in Deutschland in ein Ghetto geführt hatte und an ihre Stelle eine große christliche, also überkonfessionelle Volkspartei treten müsse. Aber was wäre ihre Botschaft, wer wären ihre Adressaten? Etliche CDU-Programme unterschieden sich damals kaum von den Vorstellungen der SPD, wonach die Wirtschaft nicht länger vom «kapitalistischen Gewinn- und Machtstreben» bestimmt werden dürfe, die «Vorherrschaft des Großkapitals» gebrochen und die Wirtschaft entsprechend den Bedürfnissen gelenkt und geplant werden müsse. Die Kölner CDU-Gründer hatten in ihren im Sommer beschlossenen «Leitsätzen» mit den «großkapitalistischen Rüstungsmagnaten» abgerechnet, der «Oberurseler Kreis» um die linkskatholischen Publizisten Walter Dirks, Eugen Kogon und Werner Hilpert hatte sich öffentlich zu einem «wirtschaftlichen Sozialismus auf demokratischer Grundlage» bekannt. Und so hatten auch in Bad Godesberg die CDU-Delegierten aus der britischen und der amerikanischen Zone für einen «Sozialismus aus christlicher Verantwortung» plädiert und für ein «System planvoller Wirtschaftslenkung», das allerdings mit «der alten abendländischen Idee der freien und verantwortlichen Persönlichkeit ausgefüllt und belebt werden» müsse. Das entsprach der Idee Andreas Hermes' von der CDUD, in der er die Partei der «Bürger, Bauern und Arbeiter» sah, und der Vision des christlichen Gewerkschafters Jakob Kaiser von einem Bündnis zwischen Christentum und Arbeitern. Trotz der Repressalien der sowjetischen Besatzungsmacht stand, so schien es, dem Aufbau der Partei in ganz Deutschland als CDUD, geführt von Berlin aus, und dem christlichen Sozialismus als zentralem Gründungsgedanken nichts im Wege. Nur die Macht der Verhältnisse.

Aufmerksamen Beobachtern ist schon damals nicht entgangen, dass das Zeichen des Anspruchs auf gesamtdeutsche Geltung – das vierte Wort in ihrem Namen – wenige Tage nach dem «Reichstreffen» schlagartig verschwunden war. In einem offenbar bewusst entstellten, parteioffiziell der Presse in Frankfurt am Main übergebenen Tagungsbericht hatte sich der Name vielsagend verändert. Es sei beschlossen worden, «in den Ländern aller Besatzungszonen bei den Militärregierungen um die Genehmigung von Landesparteien nachzusuchen, die einheitlich den Namen ‹Christlich-Demokratische Union› annehmen».[11] Das war gerade nicht beschlossen worden, aber eine unmissverständliche Botschaft (deren Autor nie bekannt geworden ist). Ab 1946 wurde der Name CDUD nur noch in Berlin und in der Sowjetzone gebraucht.

Die Zukunft der CDU lag nicht in Berlin, und sie würde auch nicht im Sozialismus liegen. Sie lag schon bald in den Händen eines alten Mannes, der die Reden des «Reichstreffens» mit mäßigem Interesse und unbewegter Mine verfolgt hatte. Er war kein Delegierter und wollte es wohl auch nicht sein. Denn was hier bejubelt wurde – «Verstaatlichung» und «Wirtschaftslenkung» – waren für ihn Begriffe aus dem Wörterbuch des Gottseibeiuns. Hätte er es nicht selbst gezeigt, dann hätten ihm die meisten seiner 200 Parteifreunde vermutlich schnell klargemacht, dass er nicht dazugehörte. Konrad Adenauer war für sie nicht nur ein Mann von gestern, er verkörperte die Reaktion. Kaum einer von ihnen hätte damals für möglich gehalten, dass das Parteiprogramm der CDU von diesem Mann geschrieben werden würde, ja, bereits geschrieben worden war: Es lag in Adenauers Schreibtisch in Röhndorf am Rhein. Wenige Monate später ist es als Programm von Neheim-Hüsten («Vergesellschaftung ... ist zur Zeit nicht praktisch») in die CDU-Parteigeschichte eingegangen. Im Dezember 1945 hatte Adenauer, der auf die längste politische Vergangenheit als Zentrums-Politiker in der jungen Partei zurückschauen konnte, seine Zukunft fest im Blick. Dass sie in der CDU liegen würde, war ihm klar, in der Partei haben es nur wenige geahnt, noch weniger haben es gewünscht. Als die CDU es dann begriffen hat, war Adenauer schon ihr fast unbestrittener Chef und der christliche Sozialismus eine Fußnote der Parteigeschichte.

Einige Monate vor dem «Reichstreffen» war Konrad Adenauer noch – wie während der gesamten Weimarer Republik – Oberbürgermeister von Köln gewesen. Die Amerikaner hatten ihn im Mai wieder in sein Amt eingesetzt, aber das Amt war so wenig das alte, wie das Köln des Jahres 1945 an das ehrwürdige Köln der Vorkriegszeit erinnerte. Von ihrem Rheinland-Besuch im März 1945 berichtete die amerikanische Journalistin Janet Flanner: «Köln am Rhein ist nun ein Paradigma der Zerstörung. Das nahegelegene Aachen ging anders zugrunde: Sein schönes, melancholisches Gerippe steht noch, aber hinter den eleganten, verzierten Fassaden ist es ausgebrannt. Köln dagegen mit seiner schweren mittelalterlichen Pracht ist in die Luft gesprengt worden.»[12] Nur 32 000 von 760 000 Bürgern lebten am Ende des Krieges noch in Köln; die meisten waren evakuiert worden und kehrten erst allmählich zurück. Die Innenstadt war vollkommen vernichtet, in dem einzigen funktionsfähigen Bürohaus, dem Gebäude der Allianz-Versicherung, hatte

Adenauer seinen provisorischen Amtssitz eingerichtet. An einem glühend heißen Hochsommertag im Juli 1945 bekam er Besuch vom englischen Schriftsteller Stephen Spender.

Es war nicht nur der Verwesungsgeruch, der Spender an diesem Vormittag aus Bonn vertrieb und nach Köln fahren ließ. Auch da würde ihm der Gestank von Leichen und von Müll entgegenschlagen, doch er wäre für ihn leichter zu ertragen als der Gestank der Bonner Innenstadt, wo eine Plage kleiner grüner Fliegen ausgebrochen war, die in dem Schutt und den Müllbergen zu brüten schienen. Seit Monaten war in Bonn kein Müll abgeholt worden, und in den Straßen lagen Abfallhaufen, auf denen Gras und sogar hohe Kartoffelpflanzen wucherten. Spender, Autor neoromantischer Gedichte, desillusionierter Kommunist und auf eigenen Wunsch im Dienst der Alliierten Kontrollkommission, fuhr von der Leichenstadt Bonn in die tote Stadt Köln, um einen katholischen Priester zu treffen, der eines der wenigen noch stehenden Häuser in Domnähe bewohnte.

Der Geistliche aber war nicht da, und so ging Spender zum Bürogebäude der Allianz-Versicherung, in dem, wie Spender wusste, ein im Rheinland prominenter Katholik namens Konrad Adenauer als Oberbürgermeister residierte. Im Übrigen schien er nicht viel von ihm zu wissen, nur dass Adenauer vor Hitler schon einmal Oberbürgermeister Kölns gewesen war. Der Eindruck, den der Schriftsteller von dem fast 70 Jahre alten Mann gewann, war seltsam blass. Adenauers äußere Erscheinung empfand er als energisch, wenn auch etwas nichtssagend, langes, mageres, ovales und rötliches Gesicht, so gut wie keine Haare mehr, kleine, blaue, lebendige Augen, Knopfnase. Immerhin wirkte Adenauer auf seinen Besucher erstaunlich jugendlich, sein ruhiges, selbstbewusstes Auftreten wie das eines erfolgreichen und höflichen jungen Mannes. Kein Wort aber über das maskenhaft starre Gesicht – Folge eines Verkehrsunfalls vor 28 Jahren –, kein Wort über die tief gekerbten Falten, über den durchdringenden, herrischen Blick, in dem einige Zeitgenossen durchaus Spottlust erkannten, andere vor allem den Herrschaftsanspruch einer entschlossenen Führernatur. Sein

«Mongolenkopf» war schon berühmt, als Adenauer noch der jüngste Oberbürgermeister Preußens war, Präsident des Preußischen Staatsrates, zeitweilig im Gespräch für das Amt des Reichskanzlers, der erste Mann der zweiten Reihe. Unmöglich, diesen Kopf nicht wahrzunehmen, zumal für einen professionellen Beobachter wie Stephen Spender. Es sei denn, er hat sein Gegenüber nur mit einem Blick gestreift, hat durch Adenauer hindurchgesehen wie durch eine Lupe, die man braucht, um die Welt hinter ihr lesbar zu machen.

Adenauer redet von der geistigen Wüste, in die Deutschland sich nach fünfzehn Jahren Nazi-Herrschaft verwandelt habe, und davon, wie rege das geistige Leben vor dem Krieg in Köln gewesen sei, und während Adenauer spricht, schaut Spender durch das Fenster auf die Ruinen und fragt, ob die Jugend Kölns von den Ideen der Nazis vergiftet sei. Adenauer sagt, nach seinem Eindruck ließen die jungen Menschen zwischen 15 und 25 einen unerwarteten Durst nach geistigen Dingen erkennen. Er spricht von Schulen, Theater, Kino, Büchern, Konzerten, von einer großen Zeitung, die er für Köln und die britische Zone plane, von einem Ring von Satelliten-Städten, den er um Köln legen wolle, von einem Kulturmagazin, das sofort realisierbar sei und Ausschnitte aus den besten Vorträgen veröffentlichen solle, die täglich in der ganzen Welt im Radio ausgestrahlt würden. Er selbst höre sich viele dieser Sendungen an und sei erstaunt über die Qualität der Beiträge. Und zum Abschied ruft der Kölner Oberbürgermeister, der in einem der 300 unbeschädigten Häuser der Stadt bei geschlossenen Fenstern residiert, dem englischen Schriftsteller zu: «Die Phantasie braucht Nahrung.»

Der Ekel, den Stephen Spender bei seiner Abfahrt aus Bonn empfunden hatte, stellte sich auch bei seiner Rückkehr ein. Während er durch die Straßen der Bonner Innenstadt ging und ihm der Wind nach Verwesung stinkenden Trümmerstaub in die Nase trieb, hatte er «das Gefühl, die Schutzmauern unserer Zivilisation seien so dünn wie Eierschalen und könnten an einem einzigen Tag fortgeblasen werden». Nichts ist mehr ausgeschlossen, dachte er, nicht einmal die Möglichkeit, dass aus der Zerstörung Deutschlands die Zerstörung ganz Europas erwachsen könnte, dass die Bewohner von Brüssel und Paris, London und New York wie Tierhorden zu Tausenden über den Kontinent wandern und sich von Abfällen, Wurzeln und Gräsern ernähren würden.[13]

Es waren nur einige Tage bis zur Vernichtung von Hiroshima und Nagasaki. Auf der Konferenz von Potsdam erfuhr US-Präsident Truman, dass alles für den Einsatz der Atombomben vorbereitet sei.

Diesen Verlauf der Konferenz von Potsdam hat niemand geahnt, auch Adenauer nicht. Einen anderen hingegen hat er vorausgesehen wie kein zweiter deutscher Politiker. Die Teilung Deutschlands als Folge des Potsdamer Abkommens stand für ihn von Anfang an fest, ebenso deren wirtschaftliche Folgen. Wenige Tage vor dem Gespräch mit Spender hatte Adenauer einem Bekannten geschrieben: «Ich sehe die Entwicklung in Deutschland mit steigender Sorge. Rußland läßt einen eisernen Vorhang herunter. Ich glaube nicht, daß es sich bei der Verwaltung der Hälfte Deutschlands, die ihm überantwortet ist, von der Zentralen Kontrollkommission irgendwie beeinflussen lassen wird. Die weiterblickenden englischen und amerikanischen Stellen teilen wohl diesen Standpunkt, denn sie haben keine Hoffnung, in Zukunft aus diesem Teil Deutschlands noch Zufuhr an Lebensmitteln zu erhalten.» Die deutsche Teilung schon im Blick, die drohende Hungersnot im Kopf, aber auf der Zunge im Gespräch mit dem Dichter nur die geistige Nahrung, Theater, Kino und das gehobene Kulturmagazin für Köln und Umgebung. Spender mag das für das Gerede eines an der Gegenwart verzweifelten alten Manns gehalten haben. Tatsächlich aber hatte er das Privatissimum eines Staatsschauspielers erlebt, für den der Text zur nächsten, großen Rolle noch geschrieben werden musste. Zunächst einmal wurde er aus einer laufenden Vorstellung von der Bühne gerufen. Mit den Worten «nach meiner Ansicht haben Sie Ihre Pflicht gegenüber der Bevölkerung Kölns nicht erfüllt» wurde der Oberbürgermeister am 6. Oktober 1945 vom britischen Militärgouverneur der Nordrhein-Provinz abgesetzt.[14] Ob dies auf einer Intrige der deutschen Sozialdemokraten bei der neu gewählten britischen Labour-Regierung beruhte – wie Adenauer vermutete –, auf persönlicher Abneigung des Militärgouverneurs oder auf sachlichen Gründen, ist nie geklärt worden. Fest steht, dass es der Startschuss war für die Parteikarriere Adenauers.

Schon Anfang 1946 wurde er Parteiführer der britischen Zone. Er sicherte sich nicht nur den ersten Vorsitz der Landespartei Rheinland, sondern auch den Vorsitz des CDU-Zonenausschusses, eine Art Delegiertenparlament der CDU-Landesverbände von Schleswig-Holstein, Braunschweig, Hannover, Oldenburg, Lippe, Hamburg, Bremen, Westfalen und Rheinland. Diesen Aufstieg hatte er vor allem – eine ironische Volte – dem Gewerkschaftsflügel der Partei und dessen Düsseldorfer Repräsentanten Karl Arnold zu verdanken. Der 44 Jahre alte Arnold fühlte sich durchaus selbst zum Parteiführer berufen, glaubte aber, die Zeit dafür sei noch nicht reif. Adenauer hingegen schien mit seinen 70 Jahren die ideale Übergangsfigur zu sein, die nach einigen Jahren zur Seite zu schieben nicht viel Mühe machen werde, ein Irrtum, der sich noch des Öfteren wiederholen und Adenauer den Aufstieg beträchtlich erleichtern sollte.

Wenige Wochen vor Adenauers Wahl zum Zonen-Parteichef hatte Jakob Kaiser die Nachfolge des von der SMAD abgesetzten Andreas Hermes als Vorsitzender der CDUD für Berlin und die sowjetische Besatzungszone angetreten. Damit hatte Kaiser eine Stellung, der nur die Adenauers in der britischen Zone entsprach. Die französische Zone mit Rheinland-Pfalz, Süd-Baden und Württemberg-Hohenzollern wurde durch die Besatzungsmacht von den übrigen Zonen abgekapselt und isoliert gehalten, auch die Parteiarbeit wurde gehemmt und kein Austausch mit Parteifreunden in anderen Zonen zugelassen. Dass Adenauer oder Kaiser dort ein Konkurrent entstehen könnte, war nicht zu erwarten. Das galt auch für die amerikanische Zone mit Bayern, Hessen und Württemberg-Baden, wenngleich aus anderen Gründen. Die Amerikaner legten mehr Wert auf die Selbständigkeit der Länder als auf die Einheit ihrer Zone. Als Landespolitiker aber konnte niemand so viel Einfluss gewinnen wie die Zonen-Parteichefs Adenauer und Kaiser. Diese beiden standen sich seit Beginn des Jahres als Rivalen gegenüber, Exponenten zweier höchst unterschiedlicher Visionen von den Zielen der CDU, von der anzustrebenden Wirtschaftsordnung und von der künftigen Stellung Deutschlands in Europa.

Die Kollision ließ nicht lange auf sich warten. Am 13. Februar 1946 präsentierte der neue Vorsitzende der CDUD der Sowjetzone und Berlins dem Vorstand sein Programm des «christlichen Sozialismus». Kaiser propagierte eine «Zeitenwende vom bürgerlichen Zeitalter zum Zeitalter des werktätigen Volkes», also zu einer sozialen Demokratie, in der alle ungerechtfertigten persönlichen Vormachtstellungen abgebaut werden sollten: «Wenn wir von Sozialismus sprechen, so sehen wir für uns darin eine ganz bestimmte geistige Grundhaltung, die ... von der Lage unsere Volkes weitgehend mitbestimmt wird.»[15] Die Kartelle seien zu beseitigen, die Betriebsverfassungen müssten ausgebaut werden, das Mitbestimmungsrecht sei einzuführen und das Großeigentum scharf zu kontrollieren. Zwar wolle er das Privateigentum nicht abschaffen, aber da, «wo es Macht über Menschen verleiht oder wo es einzelnen ermöglicht, willkürlich über Gaben der Natur zu verfügen und andere von ihnen auszuschließen», werde es zu einer öffentlichen Gefahr.

Kaisers Rede hätte vermutlich in der eigenen Partei nicht sehr viel Beachtung gefunden, hätte er darin nicht auch noch eine damals sofort berühmt gewordene Theorie entwickelt: «Mir scheint für Deutschland die große Aufgabe gegeben, im Ring der europäischen Nationen die Synthese zwischen östlichen und westlichen Ideen zu finden. Wir haben Brücke zu sein zwischen West und Ost.» Sollte Kaiser beabsichtigt haben, Adenauer den Fehdehandschuh hinzuwerfen, so war ihm das mit dieser Rede, insbesondere mit der Brücken-Theorie, gelungen.

Wie Kaiser war Adenauer Rheinländer und Katholik. Aber anders als Kaiser war Adenauer vor allem Rheinländer und Katholik, und anders als Kaiser hielt Adenauer keineswegs das Zeitalter des werktätigen Volkes für gekommen: «Das bürgerliche Zeitalter wird nie zu Ende sein.»[16] Dem Sozialismus gleich welcher Couleur liege die «materialistische Geschichtsauffassung» zugrunde, nach der «die Produktion und der Austausch der Produkte die Grundlage allen Seins und allen Geschehens sind».[17] Wie fast stets, folgte Adenauer auch in seinem Widerspruch zum «christlichen Sozialismus» einem strategischen Kalkül. Einer christlichen Partei auf sozialistischer Grundlage würde es kaum gelingen, die bürgerlichen Wähler für sich zu gewinnen und sich auf Dauer als Volkspartei und als Alternative zu den Sozialdemokraten zu etablieren.

Noch aggressiver reagierte Adenauer auf die Brücken-Theorie seines Rivalen. Bereits am 5. Oktober 1945 hatte er ausländischen Journalisten gegenüber erklärt: «Nach meiner Ansicht sollten die Westmächte die drei Zonen, die sie besetzt halten, tunlichst in einem staatsrechtlichen Verhältnis zueinander belassen. Das Beste wäre, wenn die Russen nicht mittun wollen, sofort wenigstens aus den drei westlichen Zonen einen Bundesstaat zu bilden.»[18]

Adenauer hat die deutsche Teilung nicht gewollt, aber er hat sich ihr auch nicht in den Weg gestellt, dafür sah er zu deutlich die Chancen, die sich einem West-Staat, wie er ihn wünschte, bieten würden. Dieser Staat wäre nicht nur integrierter Teil der westlichen Staatenwelt, Mitglied der «Vereinigten Staaten von Europa», wirtschaftlich leistungsfähig, doch eng verflochten vor allem mit Frankreich. Der deutsche Staat, wie ihn sich Adenauer dachte, war das Gegenbild zur deutschen, von Preußen repräsentierten Staatlichkeit der vergangenen hundert Jahre. Denn in ihr, nicht in bestimmten Klassen und Schichten, nicht in der wirtschaftlichen Misere oder in verfassungsrechtspolitischen Krisen der Weimarer Republik, hatte Adenauer die entscheidende Ursache des Nationalsozialismus ausgemacht: «Das deutsche Volk krankte seit vielen Jahrzehnten in allen seinen Schichten an einer falschen Auffassung vom Staat, von der Macht, von der Stellung der Einzelperson gegenüber dem Staat. Es hatte den Staat zum Götzen gemacht und auf den Altar erhoben; die Einzelperson, ihre Würde und ihren Wert hatte es diesem Götzen geopfert.»[19]

Seit dem Sieg von Bismarcks Preußen über Frankreich 1870/71 und dem anschließenden Aufstieg Deutschlands als Industrienation sei die Überzeugung von der Staatsomnipotenz «zur Herrschaft gelangt». Die Industrialisierung habe die Menschen entwurzelt und der «materialistischen Weltanschauung» den Weg frei gemacht, die die Zusammenballung der Macht im Staat immer weiter befördert habe: «Der Nationalsozialismus war nichts anderes als eine ins Verbrecherische hinein vorgetriebene Konsequenz der sich aus der materialistischen Weltanschauung ergebenden Anbetung der Macht und Mißachtung, ja Verachtung des Wertes des Einzelmenschen.»[20] Die Beschränkung des Staates sei ein Gebot des «christlichen Naturrechts», die Person stehe «dem Dasein und dem Range nach» vor dem Staat. Damit war für Adenauer auch das Urteil über den Sozialismus gesprochen, denn «wer eine Zentralisierung der politischen und der wirtschaftlichen Macht beim Staate oder einer Klasse erstrebt …, ist ein Feind der Freiheit der Einzelperson …»[21]

Dieses Menschenbild und Staatsverständnis hatte nur wenig mit Adenauers persönlicher Abneigung gegen Preußen, gegen das östliche Deutschland oder das «heidnische» Berlin zu tun. Wie Adenauer über die Anklage der «Staatsvergottung» und die Verteidigung der «Einzelperson» dachte, so dachten die meisten bürgerlichen Politiker, die konservativen ebenso wie – nur ohne Berufung auf das christliche Naturrecht – die liberalen. Doch lag es in der Natur der Sache und es entsprach der politischen Lage, dass ein so verstandener West-Staat, wie ihn Adenauer wünschte, nur gegen Preußen, gegen das östliche Deutschland und gegen Berlin gegründet werden könnte – also auch gegen Jakob Kaisers Vision Deutschlands als «Brücke» zwischen Ost und West, als Versöhnung von Sozialismus und Kapitalismus, als Deutsches Reich mit der Hauptstadt Berlin.

Im Frühjahr 1946 begann Kaiser in der britischen und amerikanischen Zone eine Werbetournee unter Parteifreunden und ehemaligen christlichen Gewerkschaftern. In Köln, Düsseldorf, Essen, Duisburg, Dortmund, München und Würzburg propagierte er auf Kundgebungen, in kleinen Zirkeln und in Vieraugengesprächen mit alten Bekannten seine Thesen vom Ausgleich zwischen Christentum und Sozialismus und der Notwendigkeit einer gesamtdeutschen

Partei unter Berliner Führung. Für den 6. April war ein Treffen Kaisers mit Adenauer in dessen Haus in Rhöndorf bei Bonn vereinbart.

Der alte Mann hatte sich auf das Gespräch mit seinem Rivalen bestens vorbereitet. Drei Tage zuvor hatte er – ohne Kaiser zu informieren – mit den CDU-Chefs der britischen und amerikanischen Zone in Stuttgart zusammengesessen und sich ausführlich mit den Ansichten des Berliner CDU-Vorsitzenden befasst. Nun, am Morgen des 6. April, fertigte Adenauer eine Aktennotiz über dieses Gespräch an und verlas sie, kaum dass Kaiser bei ihm im Zennigsweg 8 in Rhöndorf erschien war. Einstimmig, hieß es in dem Vermerk, hätten die führenden CDU-Politiker beschlossen, bei der britischen und der amerikanischen Militärregierung den Antrag zu stellen, die beiden CDU-Zonenparteien zu einer Parteiorganisation zusammenzuschließen. Auch ein Zusammenschluss mit der «CDU» Berlin und in der Sowjetzone werde angestrebt, aber der Sitz der Parteileitung dürfe keinesfalls in Berlin oder in der russisch besetzten Zone liegen. Gedacht sei eher an einen Ort «etwa in der Mainlinie». Im Übrigen, fuhr Adenauer mit der Verlesung vor dem bestürzten Berliner Parteifreund fort, hätten ihn die Kollegen in Stuttgart beauftragt, ihm, Kaiser – «trotz der großen Hochachtung, vor seiner Person und der Mannhaftigkeit, mit der er auf seinem schweren Posten ausharre» –, mitzuteilen, dass bestimmte programmatische Positionen Kaisers und der Berliner CDU nicht geteilt würden: «1. auf deutschem Boden bzw. in Berlin müsse eine Synthese zwischen West und Ost erfolgen, 2. die bürgerliche Epoche sei zu Ende, 3. das Kommunistische Manifest sei eine Großtat.»[22] Man sei auch einstimmig der Ansicht gewesen, dass Parolen wie «Wir sind Sozialisten» oder «christlicher Sozialismus» deplaziert seien. Und schließlich sei es «unerwünscht», auf den von der Berliner CDU geplanten Parteitag Vertreter anderer Zonen zu senden, weil man «nicht den Schein hervorrufen dürfe, als ob in der russischen Zone ein für sämtliche Parteien maßgeblicher Tag abgehalten würde».[23]

Bemerkenswert an der Aktennotiz war weniger die Botschaft. Die ideologischen Differenzen zwischen Kaiser und Adenauer, zwischen der Berliner CDU und den westdeutschen Regionalparteien waren bekannt, auch die unterschiedlichen Auffassungen über die Lage und die Aussichten des besetzten Deutschland brauchten nicht mehr bestätigt zu werden. Auffallen aber musste der Befehlston, in dem die Botschaft abgefasst war. Ob ihn erst Adenauer in der Aktennotiz angeschlagen hat oder bereits die Teilnehmer der Sitzung, ist unklar; sicher ist, dass niemand von ihnen berechtigt war, Kaiser Weisungen zu erteilen. Die Anmaßung, die in dem Befehlston lag, lässt sich leicht erklären: In den ersten Tagen des April 1946 waren die westdeutschen Zeitungen voll mit Nachrichten über die drohende «Zwangsvereinigung» der SPD in der sowjetischen Besatzungszone mit der KPD. Man musste kein Pessimist sein, um darin ein Menetekel nicht nur für alle Parteien, sondern für alle Einwohner der Besatzungszone zu erkennen. Aber Adenauer und seine westdeutschen Parteifreunde waren Pessimisten. Auch das unterschied sie von Kaiser. Der hatte noch Ende Februar, als die Eroberung der SPD durch die Kommunisten mittels Verschmelzung bereits im Gange war, ausgerechnet den entschiedensten Kommunistenfeind unter den westdeutschen Sozialdemokraten aufgefordert, zur Stärkung des deutschen Einheitsgedankens die SPD-Parteizentrale von Hannover nach Berlin zu verlegen. Der Ton, in dem Kurt Schumacher den Vorschlag Kaisers zurückgewiesen hatte, entsprach dem von Adenauers Aktennotiz.

Entweder-Oder

Die Tagesordnung der Nachkriegspolitik in Deutschland ist von den Alliierten geschrieben worden. Die Einheit der Arbeiterklasse, die Bildung einer gesamtdeutschen sozialistischen Einheitspartei befand sich nicht darauf, auch wenn viele Sozialdemokraten damals glaubten, sie stehe an vorderster Stelle. Die Selbstzerfleischung der Sozialisten und Kommunisten, die ihren Anteil hatte am Scheitern der Weimarer Republik, war ein Trauma, den Zusammenschluss empfanden nicht nur linke Sozialdemokraten nach zwölf Jahren NS-Diktatur als historische Notwendigkeit. In Bremen, Düsseldorf, Essen, Leipzig, Halle, Erfurt, Stuttgart, München, in fast allen großen Städten verhandelten «Antifa»-Ausschüsse oder paritätisch besetzte Aktionsgemeinschaften von Sozialdemokraten und Kommunisten über Zusammenarbeit und Vereinigung. Von den Besatzungsmächten zunächst unterstützt, wurden sie alsbald misstrauisch geduldet und schließlich verboten. In Braunschweig favorisierte Alfred Kubel – später Ministerpräsident Niedersachsens – die Gründung einer sozialistischen Partei unter Einschluss der KPD, in Hamburg plädierte Hellmut Kallbitzer – später SPD-Bundestagsabgeordneter – für eine «brüderliche Zusammenarbeit» mit den Kommunisten.

In Weimar hielt im Frühjahr 1945 auch der von den Amerikanern eingesetzte Regierungspräsident Thüringens, Hermann Louis Brill, die Zeit für eine gemeinsame Organisation von Kommunisten und Sozialdemokraten für gekommen. Was Brill vorschwebte, hatte allerdings mit der überkommenen Volksfront-Idee – ein zeitweiliges Bündnis sozialdemokratischer, kommunistischer und linksbürgerlicher Parteien – kaum etwas zu tun. Die Namen der Parteien waren für ihn nach der NS-Diktatur nur mehr Etiketten, die ihre Bedeutung verloren hatten: «Und es gibt noch einige Naturen, die den paar Buchstaben, welche die früheren Parteien bezeichnen, eine magische Kraft beilegen. Sie reden von SPD und KPD, den Deutschnationalen und den Demokraten wie von wirklichen Dingen und scheinen doch nicht bemerkt zu haben, daß, wenn 1933 etwas zusammengebrochen ist, dann es diese Parteien sind, die aufgehört haben zu existieren.»[24] Die Volksfront der Zukunft könne keine Parteien-, sondern müsse eine Wertegemeinschaft sein, die «Einheitsfront derjenigen, die unter der Diktatur anständig und vernünftig geblieben sind». Die Ziele eines solchen Zusammenschlusses waren für Brill von den Erfahrungen mit der Diktatur bestimmt: «Wir wollen Recht und Gerechtigkeit für alle. Nicht ein formales Recht ... sondern ein positives Recht, das den tiefsten Sinn des Rechts verwirklicht: Freiheit und Sicherheit der Person und des persönlichen

Eigentums und gesellschaftlichen Frieden.»[25] Das war mehr als Hermann Brills politisches Programm. Es war die politische Bilanz seines Lebens.

Hermann Louis Brill, der 1895 geborene Sohn einer Handwerkerfamilie im thüringischen Gräfenroda; Gymnasiast und «Jungwandervogel»; Volksschullehrer und Kriegsteilnehmer; linker Sozialist in der USPD, Gegner der Vereinigung der USPD-Mehrheit mit der KPD und Mitglied der SPD seit 1922; mit 28 Jahren Ministerialdirektor im thüringischen Innenministerium und Landtagsabgeordneter; nach einem Regierungswechsel 1924 Jura-Student; Vorsitzender eines Landtags-Untersuchungsausschusses, der sich mit den Umständen der Einbürgerung des österreichischen Nationalsozialisten Adolf Hitler auseinandersetzt, und seit dem 14. März 1931, dem Tag, an dem Hitler vernommen wird, entschlossen, sich «diesem Mann zu widersetzen, zu jeder Zeit, überall, unter allen Umständen und mit allen mir zur Verfügung stehenden Mitteln»; Mitbegründer der sozialistischen Widerstandsgruppen «Neu Beginnen» und «Deutsche Volksfront», deshalb am 28. Juli 1938 vom Volksgerichtshof zu zwölf Jahren Zuchthaus verurteilt und fast sieben Jahre zuerst im Zuchthaus, dann im Konzentrationslager Buchenwald auf dem Ettersberg bei Weimar; im KZ Gründer eines Volksfrontkomitees, dem Sozialdemokraten, Kommunisten und christliche Demokraten angehörten; nach der Befreiung durch amerikanische Truppen am 27. April 1945 «als erster Deutscher» entlassen, zwei Tage darauf zum Chefberater «of the Military Government of Stadtkreis / Landkreis Weimar», einige Wochen später zum Regierungschef von Thüringen ernannt; mit anderen Sozialdemokraten Autor des «Manifests der demokratischen Sozialisten des ehemaligen Konzentrationslagers Buchenwald» («Dazu brauchen wir einen neuen Geist. Er soll verkörpert werden durch den neuen Typ des deutschen Europäers. Uns kann niemand umerziehen, wenn wir es nicht selber tun»).[26]

Hermann Louis Brill hatte als ersten Schritt zur von ihm geplanten Volksfront in Weimar nicht mehr die SPD auferstehen lassen, sondern den «Bund demokratischer Sozialisten» gegründet.

Er sollte sich bereithalten für einen föderativen Zusammenschluss aller politischen, gewerkschaftlichen, genossenschaftlichen und kulturellen Arbeiterorganisationen, ohne Dominanz einer politischen Richtung.

Am 16. Juli 1946 ist Hermann Louis Brill mit seinen Plänen für den Neuaufbau gescheitert.

An diesem Tag wurde Brill von der sowjetischen Militärregierung, der neuen Besatzungsmacht in Thüringen, assistiert von den KPD-Marionetten Walter Ulbrichts, als Regierungschef abgesetzt und musste dem ebenso naiven wie blassen Liberalen Rudolf Paul weichen.[27] Die Verbreitung des Buchenwalder Manifests wurde verboten, der von Brill geführte «Bund demokratischer Sozialisten» angewiesen, sich in den Landesverband Thüringen der vom Berliner Zentralausschuss gelenkten SPD der sowjetischen Besatzungszone umzuwandeln. Einige Monate später warnte Brill in einem Rundschreiben an alle Kreis- und Ortsvereinsvorsitzenden Thüringens: «Es liegen eine Reihe von Anzeichen vor, die den Schluß zulassen, daß die KPD zu ihrer alten sogenannten ‹Einheitsfronttaktik› zurückgekehrt ist. Diese ‹Einheitsfronttaktik› hat immer den Zweck gehabt, die SPD zu zerstören, die KPD zur alleinherrschenden Partei der Arbeiterklasse zu machen und darüberhinaus für den Staat das Einpartei-System einzuführen.»[28] Es hat noch einige Zeit gedauert, bis auch Otto Grotewohl, der Vorsitzende des SPD-Zentralausschusses in Berlin, begriffen hatte, dass der Untergang der Volksfront-Bewegung in Thüringen der Anfang vom Ende der Sozialdemokratie in der ostdeutschen Besatzungszone war.

Wie die Sozialdemokraten um Hermann Brill in Thüringen, zielten auch die Berliner Genossen um Grotewohl, Gustav Dahrendorf, Max Fechner und Erich Gniffke nicht auf den Neuaufbau der alten Partei, sondern auf die Einheit der Arbeiterklasse unter Einschluss der Kommunisten. So war schon der Gründungsaufruf im Juni 1945 zu verstehen, und so verkündete es auch der ehemalige SPD-Reichstagsabgeordnete Grotewohl vor Funktionären am 14. Juni 1945: «Das höchste und wertvollste Gut der Arbeiterklasse ist die

Einheit. Unbefleckt und rein wollen wir sie einst in die Hände der nachfolgenden Generationen legen, damit sie uns nicht später den Vorwurf macht: Ihr habt euch in großer Stunde klein gezeigt.»[29] Es handelte sich um einen Fall politischer Selbstknebelung: Die KPD hat die Annäherungsversuche der SPD zunächst zurückgewiesen, als sie sie dann von sich aus betrieb und auf Verschmelzung bestand, hatte sich der Zentralausschuss der ostdeutschen SPD mit solchen Sätzen längst selbst gebunden.

Aber die Berliner SPD-Führer glaubten, zumindest wollten sie glauben, dass «die kommunistische Partei von heute ... ebenso wenig die von 1932» sei wie die Sozialdemokratische Partei.[30] Als die KPD in ihrem Gründungsaufruf beteuerte, «wir sind der Auffassung, daß der Weg, Deutschland das Sowjetsystem aufzuzwingen, falsch wäre, denn dieser Weg entspricht nicht den gegenwärtigen Entwicklungsbedingungen in Deutschland»[31], sahen die Genossen im Berliner SPD-Zentralausschuss darin ein Versprechen für die Zukunft, aber es war in der Tat nur ein Wort zur Gegenwart. Und als die SMAD bereits vor dem Eintreffen der westlichen Alliierten den Umzug der Parteizentrale aus der Westberliner Bülowstraße in das ehemalige Gebäude der Dresdner Bank in der Ostberliner Behrensstraße forderte, als Hermann Brill im September in Thüringen das «obrigkeitlich-polizeistaatliche» Denken der Sowjets beklagte und sich längst die SPD-Funktionäre in der ostdeutschen Zone über die Diskriminierung ihrer Partei und die offene Bevorzugung der KPD durch die Besatzungsmacht beschwerten, war der Zentralausschuss noch immer überzeugt, die Partei könne, wenn schon nicht mit den Kommunisten in gleichberechtigter Partnerschaft verschmolzen, dann wenigsten als gesamtdeutsche, unabhängige Sozialdemokratische Partei überleben.

Das Bewusstsein der Stärke meinte der Zentralausschuss aus drei Quellen beziehen zu können. Erstens erhielten die Sozialdemokraten in der ostdeutschen Zone wesentlich mehr Zulauf als die Kommunisten. Allein im Bezirk Leipzig hatte die SPD im Herbst 1945 rund 12000, die KPD lediglich 4000 Mitglieder. Zweitens versuchte er, der KPD in der Sympathie der sowjetischen

Besatzungsmacht den Rang abzulaufen. Grotewohl und seine Genossen versprachen nicht nur ein friedliches Deutschland, das der beste Garant sowjetischer Sicherheitsinteressen an der Westgrenze sei, sondern auch ein Deutschland, das sich auf Dauer politisch und wirtschaftlich auf die große sozialistische Macht im Osten ausrichten werde. Das setzte natürlich eine starke, gesamtdeutsche Sozialdemokratie voraus. Drittens ging der Berliner Zentralausschuss – wie die Berliner CDUD Jakob Kaisers – ganz selbstverständlich davon aus, die Zentrale der gesamten Partei aller vier Zonen zu sein.

Spätestens am 5. und 6. Oktober 1945 wurden die Berliner Sozialdemokraten in Wennigsen bei Hannover eines Besseren belehrt. Als die erste gesamtdeutsche Konferenz der Sozialdemokraten beendet war, hatte Deutschland de facto zwei sozialdemokratische Parteien, eine in der sowjetischen Besatzungszone und Berlin, gelenkt vom Zentralausschuss mit Grotewohl an der Spitze, die andere in den drei westlichen Besatzungszonen, geführt von Kurt Schumacher, dem charismatischsten und widersprüchlichsten Politiker in Nachkriegsdeutschland.

Seine Unerschrockenheit und Unbeirrbarkeit haben Schumacher schon früh zu Recht Respekt eingetragen, vielfach Bewunderung. Doch korrespondierte die persönliche Haltung mit einer Weltsicht, die das Spiel der Möglichkeiten in der Regel auf eine Entscheidung verkürzte – Entweder-Oder. Kurt Schumacher, wie er die Welt nach 1945 sah: Deutschland wird demokratisch sein oder es wird nicht sein, die Demokratie wird sozialistisch sein oder sie wird nicht sein, der Sozialismus wird deutsch sein oder er wird nicht sein.

Als Deutscher war der 18-jährige westpreußische Kaufmannssohn im August 1914 begeistert ins Feld gezogen, «um das Reich gegen die Feinde der Zivilisation im Osten zu verteidigen»[32], und von russischen Kugeln zum Krüppel geschossen worden. Als Demokrat hatte er – zuletzt auch im Reichstag – die Weimarer Republik gegen die Kommunisten und Nationalsozialsten verteidigt, im KZ hatte er angebotene Hafterleichterungen bis zum Schluss zurückgewiesen. Als Sozialist wusste er genau, wer die entscheidenden Kräfte gewesen waren, die den Zusammenbruch der Republik und den Aufstieg der Nationalsozialisten bewirkt hatten – das Großkapital und die Kommunisten –, und wer in den zwölf Jahren der Diktatur frei von jeder Schuld geblieben war – die Arbeiterklasse.

Deutschland, Demokratie, Sozialismus auf der einen Seite, Kapitalismus und Kommunismus auf der anderen, das war Kurt Schumachers Entweder-Oder, als der frühere SPD-Reichstagsabgeordnete mit 49 Jahren in Hannover seinen Aufstieg zum Führer der westdeutschen Sozialdemokratie begann. Am 6. Mai 1945 – vor Kriegsende also und vier Monate vor der Zulassung von Parteien durch die britische Militärregierung – hatten 130 Sozialdemokraten im Sitzungssaal des hannoverschen Polizeipräsidiums ihn zum Vorsitzenden des Ortsvereins gewählt. Schon in seiner ersten großen Rede vor den Parteigenossen hatte er die Idee einer Einheitspartei unwiderruflich verworfen: «Die Trennungslinie ist dadurch gezogen, dass die Kommunisten fest an eine einzige der großen Siegermächte und damit an Rußland als Staat und an seine außenpolitischen Ziele gebunden sind.» Wo der Rheinländer und Katholik Adenauer gegen den christlichen Sozialismus in seiner Partei mit List und taktischem Gefühl operierte, da setzte der Preuße und Protestant Schumacher im Kampf gegen die Einheitspartei auf kompromisslose Härte. Die Kommunisten waren für ihn nur die deutschen Lautsprecher Moskaus, eine Einschätzung, die alsbald durch die Entwicklung in Berlin und in der sowjetischen Besatzungszone bestätigt wurde.

Im Juni 1945 begegnete Schumacher dem Kommunisten Emil Carlebach. Wie Schumacher hatte Carlebach – der wenige Wochen nach der Begegnung von den Amerikanern als einer der Gründungsherausgeber der «Frankfurter Rundschau» eingesetzt wurde – die längste Zeit der NS-Diktatur in Konzentrationslagern verbracht. Man tauschte Erinnerungen aus, und Schumacher fragte: «Wie denkst Du nun, wie es weitergeht?» Carlebach erwiderte: «Das brauchst Du doch nicht zu fragen; Du weißt, daß ich Funktionär der KPD bin, dann weißt Du auch, was ich mir für die Zukunft denke. Wir werden weiter zusammenarbeiten, bis es wieder zu einer einheitlichen Arbeiterpartei kommt. Die Fehler von früher dürfen sich nicht wiederholen.» Ganz ruhig, schrieb Carlebach später, habe Schumacher geantwortet, als ob er von «belanglosen Kleinigkeiten» spräche: «Es wird zum dritten Weltkrieg kommen, ihr werdet auf Seiten Moskaus kämpfen, wir werden auf Seiten Londons kämpfen, was redest Du von Einheit?»[33] Entweder-Oder.

Im Oktober 1945 ist Schumacher der inoffizielle, aber unbestrittene Führer der westdeutschen Sozialdemokraten. Von allen Parteien der westlichen Besatzungszonen ist die SPD am besten organisiert – innerhalb weniger Monate ist es ihr gelungen, die Organisation der Weimarer Zeit wiederherzustellen –, und sie hat die meisten Mitglieder. Zu ihr stoßen nicht nur alte Sozialdemokraten und etliche Aktivisten verschiedener sozialistischer Splittergruppen. Zwar greift die Partei zunächst im Wesentlichen auf Weimarer Traditionsbestände zurück, aber Schumacher ist entschlossen, seine Partei für das Bürgertum zu öffnen.

In einem entscheidenden Punkt bricht er mit der programmatischen Tradition seiner Partei: Nicht mehr die Freiheit der Arbeiterklasse – das erklärte Ziel Ferdinand Lassalles – steht im Zentrum, die Grundordnung sozialdemokratischer Politik soll nun die Freiheit der Persönlichkeit bilden, die im Kapitalismus zur bloßen Fiktion verkommen sei und wieder real werden müsse «durch die ökonomische Befreiung als die Voraussetzung ihrer Entfaltung»[34]. Dieser Bruch mit dem überkommenen Selbstbild als Arbeiterpartei macht die SPD zu Beginn der Nachkriegszeit attraktiv für Bildungsbürger und Intellektuelle wie den Juristen Adolf Arndt, den evangelischen Theologen Heinrich Albertz, den Ökonomen Karl Schiller und den Staats- und Völkerrechtler Carlo Schmid, der sein Staatsverständnis später im Parlamentarischen Rat in die von allem klassenkämpferischen Pathos befreiten Worte fasst: «Letztlich ist der Staat dazu da, die äußere Ordnung zu schaffen, deren die Menschen zu einem auf der Freiheit des einzelnen beruhenden Zusammenleben bedürfen.»[35]

Von der Idee des Staats als parlamentarische, pluralistische Demokratie führt kein Weg zur Einheit der Arbeiterklasse, nicht einmal zu Aktionsbündnissen mit den Kommunisten, im Gegenteil, von ihr aus führt der Weg ein Jahr nach Kriegsende in die Spaltung der deutschen Sozialdemokratie. Zur Konferenz nach Wennigsen am 5. und 6. Oktober 1945 hat Schumacher außer Delegierten aus den drei westlichen Besatzungszonen und den Vertretern des SPD-Exilvorstands in London auch die Berliner Sozialdemokraten Grotewohl, Fechner und Dahrendorf geladen. Den Berliner Genossen hatte Schumacher geschrieben: «Genau wie es der Wunsch aller deutschen Sozialdemokraten ist, ein einiges Deutsches Reich zu erhalten, wollen wir auch die einige und einheitliche Sozialdemokratische Partei Deutschlands. Es ist unser fester Wille, die geistige und taktische Aufsplitterung der Partei zu vermeiden.» Aber weder Wunsch noch Wille werden sich erfüllen. Der Teilung Deutschlands geht die Spaltung der SPD um drei Jahre voraus.

Grotewohl und seine Genossen sind im «Calenberger Hof» in Wennigsen mit dem Vorsatz erschienen, den Führungsanspruch des Berliner Zentralausschusses für die gesamtdeutsche Partei mit den Stimmen der westdeutschen Genossen durchzusetzen. Schumacher hingegen sieht in Grotewohl nicht nur einen Rivalen. Er fürchtet angesichts des halsbrecherischen Kurses des Zentralausschusses, unter dessen Führung werde die demokratische Unabhängigkeit der Gesamtpartei vernichtet. Am zweiten Tag der Konferenz kommt es im «Büro Dr. Schumacher» in der Jakobstraße 10, der Parteizentrale und Wohnung des Vorsitzenden in Hannover, nach erregten Debatten zu einer folgenreichen Vereinbarung zwischen Grotewohl und Schumacher: «Solange das Deutsche Reich in einzelne getrennte Besatzungszonen zerfällt und es die Vorschriften der Militärregierungen nicht gestatten, ist eine organisatorische Einheit der Sozialdemokratischen Partei nicht gegeben.» Grotewohl verspricht Schumacher in die Hand, über eine Vereinigung mit der KPD werde allein ein «Reichsparteitag» entscheiden, und er, Grotewohl, werde die Partei in der sowjetischen Zone eher auflösen als einer Vereinigung auf Zonenbasis unter Druck der Kommunisten oder der sowjetischen Besatzungsmacht zuzustimmen.

Grotewohl, von seinen Anhängern als «Jugo» – junger Gott –

verehrt, von seinen Gegnern als Opportunist und Schwächling verschrien, hat zum Wortbruch nicht viel länger benötigt, als es Schumacher unmittelbar nach der Konferenz von Wennigsen vermutet hatte: «Der ist längst im Sack, der ist verkauft.» Aber es waren nicht nur Käuflichkeit und Schwäche Grotewohls und anderer führender ostdeutscher Genossen, nicht weniger war es der zunehmende Gleichschaltungsdruck der sowjetischen Besatzungsmacht durch Einschüchterungen, Denunziationen und Verhaftungen sozialdemokratischer Funktionäre, der bis zum Ende des Jahres 1945 den Berliner Zentralausschuss zum Einknicken brachte. Als Anfang 1946 der KPD-Vorsitzende Wilhelm Pieck im «Admiralspalast» zu Melodien aus «Figaros Hochzeit» seinen 70. Geburtstag beging, hielt Grotewohl zu seinen Ehren eine Rede, sprang zum Schluss vom Rednerpult und ergriff impulsiv Piecks Hand mit den Worten: «Wir haben keinen Ehrenbrief zu überreichen, aber doch etwas: einen Händedruck, der nicht nur für heute Bedeutung haben soll, sondern so lange, bis diese Hände sich nicht mehr trennen.»[36] Vor Fotografen wurde der Händedruck mehrfach wiederholt. Noch bevor sie offiziell vollzogen war, hatte die Vereinigung damit ihr Symbol, das in der DDR später Millionen Jackenrevers und Hemdblusen zierte. Am 11. Februar 1946 stimmte der Zentralausschuss der Vereinigung mit der KPD zu. Das Schicksal der SPD in der sowjetischen Besatzungszone war besiegelt, der Widerstand sozialdemokratischer Gegner der Vereinigung wurde rücksichtslos gebrochen. Die SED hat später von Verschmelzung gesprochen. Es war die Verschmelzung des Hais mit der Beute – eins und unteilbar.

Der eigentliche Kampf jedoch entbrannte um die Partei in Berlin. Acht Tage nach dem Beschluss des Zentralausschusses kam Schumacher zum ersten Mal nach Kriegsende nach Berlin und erlangte die Zustimmung der westlichen Siegermächte, eine unabhängige SPD aufzubauen. In einer dramatischen Funktionärskonferenz – wiederum im «Admiralspalast» – beschlossen die Berliner Sozialdemokraten eine Urabstimmung. Sie wurde von den sowjetischen Militärstellen in deren Sektor untersagt, aber in den drei westlichen Sektoren verneinten am 31. März 1946 mehr als 82 Prozent der Sozialdemokraten die Frage: «Bist Du für den sofortigen Zusammenschluss der beiden Arbeiterparteien?» Am 7. April 1946 wurde die Sozialdemokratische Partei Groß-Berlins gegründet. Zwei Wochen später, am 21./22. April, wurde – erneut im «Admiralspalast» – auf dem sogenannten Vereinigungsparteitag die Verschmelzung der SPD mit der KPD zur «Sozialistischen Einheitspartei Deutschlands» (SED) im Ostsektor vollzogen. Damit war die SPD in der sowjetischen Besatzungszone ausgelöscht. Nur in Ostberlin hielt sie sich – geschützt durch den Viermächtestatus – noch 15 Jahre, bis zum Bau der Mauer am 23. August 1961. Sie war Kurt Schumachers Stachel im Fleisch der sowjetischen Besatzungszone. Bei den Stadtbezirkswahlen am 20. Oktober 1946 erzielte sie im Ostsektor Berlins 43,6 Prozent der Stimmen, weit mehr als die SED mit 29,9 Prozent und die CDU mit 18,7 Prozent. Bis dahin war Kurt Schumacher – im Mai 1946 einstimmig in Hannover von Delegierten aus den drei Westzonen und Berlin zum ersten SPD-Vorsitzenden der Nachkriegszeit gewählt – längst zum deutschen Staatsfeind Nr. 1 der Sowjetunion aufgestiegen.

Alle Macht der Zentrale

Der Untergang der SPD in der sowjetischen Besatzungszone war ein Drama, aber nur Vorspiel des totalitären Regimes, das die sowjetische Besatzungsmacht und die deutschen Kommunisten in der ostdeutschen Zone in den folgenden Jahren errichteten.

Zur selben Zeit, am 6. März 1946, beginnt im Gebäude des alten Hamburger Generalkommandos eine Auseinandersetzung zwischen zwei westdeutschen Politikern, die für die Vor- und Frühgeschichte der Bundesrepublik entscheidend wird. An diesem Tag findet die Eröffnungssitzung des Zonenbeirats (*Zonal Advisory Council*) der britischen Zone statt.

Anders als die amerikanische Militärregierung unter General Lucius D. Clay, der mit dem Länderrat in Stuttgart eine Koordinierungsstelle für die Ministerpräsidenten seiner Zone geschaffen hat, der relativ selbständig Verwaltungsangelegenheiten regelt und keiner parlamentarischen Kontrolle unterliegt, haben die Briten den Regierungschefs ihrer Zone zunächst jeden Kontakt untereinander untersagt. Der Zonenbeirat, den sie schließlich eingerichtet haben, ist lediglich als Forum zum Meinungsaustausch gedacht, nicht nur zwischen den Regierungschefs der Zone, auch zwischen Vertretern der Parteien und Gewerkschaften. Damit greifen die Briten auf ihre jahrhundertealte kolonialistische Tradition der *indirect rule* zurück: Die Eingeborenen sollen reden dürfen, entschieden wird von der Besatzungsmacht. Dennoch wird sich der Zonenbeirat bald zum Vorläufer eines Parlaments entwickeln, in dem – bis Ende April 1947 unter Ausschluss der Öffentlichkeit – über Grundsatzfragen der Gesellschafts- und Wirtschaftspolitik gestritten wird. Elf der insgesamt 98 Mitglieder, die dem Zonenbeirat bis zu dessen Ende im Juni 1948 angehören, werden später im Parlamentarischen Rat mitwirken.

Aber davon ist noch keine Rede, als der britische Militärgouverneur und Luftmarschall Sir Sholto Douglas am 6. März 1946 zur feierlichen Eröffnung mit «Trommelwirbel und Trompetengeschmetter» erscheint. Robert Lehr, der Präsident des Zonenbeirats und Oberpräsident der Nordrheinprovinz, macht ihn mit den Mitgliedern des Beirats bekannt. «Als erster wurde vorgestellt der Vorsitzende der SPD, Dr. Kurt Schumacher», vermerkte Konrad Adenauer pikiert in seinen Memoiren[37] und hätte hinzufügen können: ohne Beachtung des Alphabets und des Alters. Adenauers Zurücksetzung ist nicht – wie er vermutete – mit der Nähe des Sozialdemokraten zur Labour-Regierung zu erklären, sondern mit der ungleich größeren nationalen und internationalen Reputation, die sich der Führer der westdeutschen Sozialdemokraten in dem Jahr seit Kriegsende erworben hat, durch seinen Kampf gegen die Kommunisten («rotlackierte Doppelausgaben der Nationalsozialisten»), durch seine beißende Kritik an den Siegermächten und natürlich durch seine körperlich beglaubigte Rolle als Märtyrer des Widerstands.

Der preußische Protestant Dr. jur. Kurt Schumacher aus gutbürgerlicher Familie ist ein Fanatiker der Demokratie, ein Einpeitscher des Antiautoritären, ein Diktator des Pluralismus, und er genießt einen entsprechenden Ruf. Mit dem fast 20 Jahre jüngeren Polemiker verglichen, erscheint der würdige, rhetorisch nicht auffällig begabte Dr. jur. Konrad Adenauer, Sohn eines Kölner Kanzleisekretärs, geboren im Schatten von Dom und Stadtmauer, die noch aus den Zeiten Kaiser Barbarossas stammte, als leidlich renommierter Provinzpolitiker kurz vor dem Ruhestand. Seit fünf Tagen ist er bestätigter Chef der CDU der britischen Zone, allenfalls in der Arbeitsgemeinschaft der CDU/CSU unter den auf föderalistischer Eigenständigkeit bedachten Landesparteichefs kann er eine hervorgehobene Position behaupten – darf so einer den Vortritt vor Schumacher erwarten? Doch trotz des Unmuts, mit dem Adenauer die Zurücksetzung registriert («Die Begrüßung zwischen Douglas und Schumacher war sehr herzlich und dauerte ziemlich lange ... Meine Vorstellung ... dauerte eine Minute und fünfundvierzig Sekunden.»), kommen er und Schumacher sich am Abend des ersten Sitzungstages im Gespräch erstaunlich nahe. Es schien Adenauer sogar, «als wäre tatsächlich die Möglichkeit des Zusammengehens von CDU und SPD gegeben»; Schumacher vertrete «genau wie die CDU» die Ansicht, dass die westlichen Siegermächte gemäß den Haager Bestimmungen die Verantwortung für die Ernährungslage trügen, und als Schumacher fordert, den Alliierten klarzumachen, dass die deutsche Industrie unmöglich in der Lage sei, die geforderten Reparationen aufzubringen, wenn nicht die Demontage verringert werde, erwidert Adenauer erfreut, «daß wir auf unserer Tagung in Neheim-Hüsten Entschließungen gefaßt hätten, die genau das zum Ausdruck brächten».[38]

Aber die Eintracht ist mit einem Schlag beendet, als Schumacher den CDU-Politiker unvermittelt mit einer Forderung konfrontiert, die jedem Besucher seiner Kundgebungen geläufig ist, nur eben Adenauer nicht: Die CDU solle den Führungsanspruch der SPD anerkennen. Der komme den Sozialdemokraten nicht nur zu, weil sie – anders als die erst jüngst gegründete CDU – über eine lange und glaubwürdige demokratische Tradition verfügten, die SPD sei auch die mit Abstand größte Partei. Adenauer weist Schumacher kühl mit den Worten zurecht, dass man «die Entscheidung darüber, welche Partei die stärkere sei, künftigen Wahlen überlassen sollte».[39] In seinen «Erinnerungen» schließt er diese Szene mit dem Satz: «Damit gingen wir auseinander.» Der Zweikampf, der an diesem Abend des 6. März 1946 beginnt, wird erst mit dem Tod des SPD-Vorsitzenden sechs Jahre später enden. Es war ein Kampf zwischen dem mitreißendsten politischen Redner in Nachkriegsdeutschland, Kurt Schumacher, und dem begabtesten Politiker. Konrad Adenauer hat ihn schnell für sich entschieden.

Der Führungsanspruch der Sozialdemokratie war für Schumacher eine Konsequenz der Geschichte. Kein anderer deutscher Politiker der Nachkriegszeit wehrte sich so vehement gegen die These der deutschen Kollektivschuld und den «propagandistischen Versuch … für das deutsche Volk eine ‹Gesamtschuld› herauskonstruieren zu wollen», vielmehr setzte er – wie bereits drei Jahre zuvor Albert Grzesinski in New York – die These von der «Klassenschuld» (Hans-Peter Schwarz) dagegen: «Im tiefsten Sinne schuldig … sind die Kräfte der Reaktion, der deutsche Großbesitz und die Militaristen, die den Nazis erst zur Macht verholfen haben.» Nicht schuldig war somit das Proletariat, es hatte die zwölf Jahre des NS-Regimes ohne Fehl und Tadel überstanden: «Gegenüber manchen Vorwürfen in der internationalen Arbeiterbewegung erklärt die Sozialdemokratie, daß die deutsche Arbeiterklasse als Ganzes den Vergleich mit der Arbeiterklasse irgendeines anderen Landes nicht zu scheuen braucht. Ihre Verlustliste beweist es.»[40] Das war nicht nur historisch ungenau, es war falsch. Hermann Brill berechnete im November 1945 zutreffend, etwa 35 Prozent der Naziführer seien Arbeiter gewesen: «Diese Leute sind nicht zur NSDAP gegangen, weil sie etwa nur Antisemiten gewesen sind, sondern im Gegenteil, sie sind Antisemiten gewesen, weil sie Proletarier waren und im Juden den Kapitalisten treffen wollten.»[41]

Auf die traditionelle Klientel der SPD, die Arbeiter, konnte sich Schumacher nicht berufen. Allenfalls auf die Geschichte der SPD im Nationalsozialismus. Außer ihr hatte sich keine Partei – die KPD war bereits zerschlagen – am 23. März 1933 in der Berliner Kroll-Oper dem «Ermächtigungsgesetz» entgegengestellt, der Selbstentmachtung des Parlaments und Scheinrechtsgrundlage Hitlers für den Aufbau der Diktatur. Kein Abgeordneter der bürgerlichen Parteien – Zentrum, Deutsche Volkspartei, Staatspartei (früher DDP), Bayerische Volkspartei – hatte dagegen gestimmt, keiner sich der Stimme enthalten. Der DDP-Reichstagsabgeordnete Reinhold Maier hatte die Weimarer Demokratie – trotz «ernster Bedenken» – mit den Worten verabschiedet: «Wir fühlen uns in den großen nationalen Zielen durchaus mit der Auffassung verbunden, wie sie heute vom Herrn Reichskanzler hier vorgetragen wurden.»[42] Nur die 94 der 120 gewählten SPD-Abgeordneten, die noch nicht verhaftet oder geflohen waren und sich den Weg in die Kroll-Oper durch eine Gasse von Nazi-Trupps hatten bahnen müssen, votierten in der namentlichen Abstimmung mit «Nein». Sprechchöre dröhnten von draußen in den Saal, als der SPD-Fraktionsvorsitzende Otto Wels ans Rednerpult getreten war und zum letzten Mal das freie Wort im Parlament ergriffen hatte: «Freiheit und Leben kann man uns nehmen, die Ehre nicht.»

Die «Opfer der Illegalität» sollten den Führungsanspruch der SPD in Nachkriegsdeutschland legitimieren. Schumacher umgab sich zwar bevorzugt mit älteren Genossen aus der Weimarer Zeit, aber schonungslos stieß er alle zurück, die dem Druck des NS-Regimes nicht standgehalten, sich mutlos, feige oder gar entgegenkommend gezeigt hatten. Darum misstraute er einem Mann wie Paul Löbe, dem langjährigen Reichtagspräsidenten, der wenige Wochen nach der Abstimmung über das Ermächtigungsgesetz, am 17. Mai, mit der Mehrheit der SPD-Fraktion einer außenpolitischen Resolution Hitlers im Reichstag zugestimmt hatte, die die volle Gleichberechtigung Deutschlands auch auf dem Gebiet der Rüstung verlangte. Löbe hatte die Zustimmung nach einem heftigen Konflikt in der Fraktion durchgesetzt, mit Tränen in den Augen hatte sich der unterlegene Schumacher der Mehrheit gefügt.

Zu den «Defekten und Brüchigen», die den Führungsanspruch der SPD gefährden konnten und für den Neuaufbau der SPD und

Deutschlands nicht in Betracht zu ziehen waren, zählte er vor allem auch Carl Severing, den ehemaligen preußischen Innenminister, der nach dem Krieg in Westfalen den Wiederaufbau der Partei betrieb und in Bielefeld auf die Fortsetzung seiner Karriere hoffte. Er war für Schumacher «der vornehmste Repräsentant einer Politik, die wir weder verteidigen, noch fortzusetzen» wünschen.[43] Tatsächlich verkörperten die Sozialdemokraten Severing, Grzesinski und Otto Braun, der frühere Ministerpräsident Preußens, die tödliche Ermattung, die selbst überzeugte Demokraten am Ende der Weimarer Republik befallen hatte. Hitler hatte die Republik nicht erobert, sie war ihm zuletzt kampflos überlassen worden. Für den Auftakt dieser Kapitulation standen die Namen der drei Sozialdemokraten und der «Preußenschlag» am 20. Juli 1932.

In Preußen lebten damals fünf Achtel der Bevölkerung, es umfasste drei Fünftel des Reichsgebiets: «Wer Preußen hat, der hat das Reich.» (Joseph Goebbels) Fast so lange, wie die Weimarer Republik existierte, galt Preußen als Hort der Demokratie, als Stützpfeiler der Republik: Ministerpräsident Braun, der «rote Zar von Preußen», und sein Innenminister Severing hatten Republikfeinde systematisch aus der Verwaltung entfernt und gleichermaßen gegen den Terror von links und rechts durchgegriffen. Preußen war – regiert von der Weimarer Koalition aus Sozialdemokraten, Zentrum und Demokratischer Partei – eine demokratische Bastion, die schlagartig ins Wanken geriet, als der Widerstand der SPD im Reichstag gegen die Notverordnungspolitik von Reichskanzler Heinrich Brüning (Zentrum) begann.

Um den Sozialdemokraten die Duldung seiner Notverordnungspolitik abzupressen, drohte Brüning mit dem Bruch der Koalition in Preußen. Das Kräftemessen fand ein abruptes Ende, als die Regierung Braun bei den Landtagswahlen im April 1932 die Mehrheit verlor und nur gestützt auf die Geschäftsordnung weiterregierte. Nach dem Sturz Brünings am 30. Mai hatte dessen Nachfolger Franz von Papen (Zentrum) am 20. Juli zum entscheidenden Schlag ausgeholt und – mit einer Blankovollmacht des Reichspräsidenten Hindenburg versehen – Braun und Severing abgesetzt und den Ausnahmezustand verhängt. Die Übernahme der Regierungsgewalt durch einen von Papen eingesetzten Kommissar war ein «offener Staatsstreich» (Otto Wels), auf den Severing mit den Worten reagierte, er weiche nur der Gewalt. Am Abend nach der widerstandslosen Verhaftung des Berliner Polizeipräsidenten Grzesinski hatte Severing jedoch geräuschlos sein Arbeitszimmer geräumt. Kein Streik der Gewerkschaften, kein Aufruf der SPD-Parteimitglieder zum Protest, kein Aufbäumen, nirgends. Joseph Goebbels notierte am 20. Juli 1932 in seinem Tagebuch: «Alles rollt programmgemäß ab ... Man muß den Roten nur die Zähne zeigen, dann kuschen sie.»[44]

Die Regierung Braun zog es vor, den Rechtsweg zu beschreiten, und klagte vor dem Staatsgerichtshof beim Reichsgericht. Aber das Urteil – es verwarf zwar die Absetzung der Regierung als rechtswidrig, bestätigte jedoch den Ausnahmezustand und kapitulierte damit vor dem Rechtsbruch – hatte keine Bedeutung. Innerhalb weniger Wochen wurden in Preußen die Sozialdemokraten aus ihren Ämtern vertrieben, darunter Hans Simons, der Oberpräsident von Niederschlesien. Grzesinski emigrierte in die USA, Braun ging ins Schweizer Exil. Severing blieb in Deutschland, seine von den Nationalsozialisten drastisch gekürzte Rente stockte Hitler aus einem Privatfonds auf.

Am 25. Mai 1933, eine Woche nach der Zustimmung der Sozialdemokraten zur außenpolitischen Resolution Hitlers, hielt vor dem Tor des Polizeigefängnisses Alexanderplatz in Berlin ein Wagen mit schwarz-weißem Preußen-Wimpel. Ihm entstieg ein offiziell aussehender Herr, der das Gebäude energischen Schrittes betrat, vor dem Wachmann den Arm zum Hitlergruß hob und mit autoritärer Stimme verlangte: «Ich will sofort den Direktor sprechen.» Als der erschien, fuhr ihn der Besucher an: «Sagen Sie mal, was machen Sie denn da für Dummheiten? Sie verhaften hier den Naphtali und einen Transportarbeiterführer. Wollen Sie eine Arbeiterbewegung aufziehen? Die Arbeiter sind alle gegen Sie!» Der Direktor erwiderte: «Ja, der Naphtali ist hier in Schutzhaft. Er soll ins Konzentrationslager kommen ...» Der Besucher protestierte:

«Nein, das gibt Aufruhr! Raus mit ihm. Dann wird er nach Palästina verschwinden!» Unverzüglich wurden auf Befehl des Direktors die beiden Verhafteten aus den Zellen geholt. Als einer der beiden den Besucher sah, streckte er die Hand aus und sagte verwirrt: «Hans?! ... Staudinger?! ...» Aber der Besucher schlug die Hand zurück und schrie: «Hand weg – raus mit ihm!» Vor dem Gefängnis wartete ein Auto der Transportarbeiter. Sekunden später waren die beiden Entlassenen mit dem Wagen verschwunden. Der Besucher entfernte sich, wie er gekommen war, im Dienstwagen mit Preußen-Wimpel.[45]

Mit dieser Köpenickiade hat der sozialdemokratische Reichstagsabgeordnete und ehemalige Staatssekretär im preußischen Handels- und Handwerksministerium, Hans Staudinger, im Frühjahr 1933 seinem Parteifreund Fritz Naphtali das Leben gerettet. Wenige Wochen später ist der 45 Jahre alte Naphtali tatsächlich mit seiner 13-jährigen Tochter über Paris nach Palästina emigriert.

Mit seiner Auswanderung verloren die deutschen Gewerkschaften und die SPD einen ihrer interessantesten Wirtschaftspolitiker. Einer breiteren Öffentlichkeit war Naphtali – der einige Zeit auch als Wirtschaftsredakteur der *Frankfurter Zeitung* gearbeitet hatte – Ende der zwanziger Jahre bekannt geworden mit dem von ihm herausgegeben Werk über «Wirtschaftsdemokratie» (1928), das im Auftrag des Allgemeinen Deutschen Gewerkschaftsbundes (ADGB) entstanden war. «Es gibt keine vollendete Wirtschaftsdemokratie ohne sozialistisches Wirtschaftssystem», hieß es darin, «und das Ideal des Sozialismus ist ohne demokratischen Aufbau der Wirtschaftsführung nicht zu verwirklichen.»[46]

Schumacher hat Löbe, Servering, Braun, Grzesinski und vielen anderen seiner Genossen ihre Schwächen nie verziehen; Naphtali hat wegen dieser Schwächen mit der Partei gebrochen. Er ist nie nach Deutschland zurückgekehrt. Ein Jahr nach seiner Emigration klagte er in einem Brief an einen Freund: «Was das Vergangene anbelangt, so handelt es sich nicht um Erfahrungen persönlicher Art. Aber daß in jener verhängnisvollen Juni-Sitzung der Fraktion, die eine Mehrheitsentscheidung für Hitler brachte, in dem Kreis der Menschen, die nun einmal das höchste Vertrauensamt der Partei erhalten haben, es möglich war, einfach mit antisemitischen Argumenten zu arbeiten, ohne daß die, die sie gebrauchten, sich dadurch unmöglich machten, war in der Tat mehr, als ich, der ich ja diesen Punkt immer stark empfunden habe, für möglich gehalten habe. Daß bei den Gewerkschaften, deren Führer ja auch führende Parteigenossen waren, der Antisemitismus nicht die geringste Hemmung für eine Verständigung mit Hitler, wenn die andere Seite nur gewollt hätte, gebildet hätte, vervollständigt das Bild.»[47]

Am 14. Mai 1948 hat der Nationalrat der Juden in Tel Aviv die Gründung des Staates Israel ausgerufen. Eines seiner Mitglieder war Perez Naphtali, wie sich Fritz Naphtali seit seiner Immigration nannte.

In Deutschland war Naphtali nach dem Krieg völlig vergessen, nicht aber seine Idee einer «Wirtschaftsdemokratie». Sie war der Schlüsselbegriff des sozialdemokratischen Wirtschaftsprogramms, das auf drei Grundforderungen beruhte: planmäßige Wirtschaftslenkung, Mitbestimmung der Arbeitnehmerschaft und Sozialisierung wichtiger Betriebe. Den Führungsanspruch der SPD begründete Schumacher mit ihrer historisch bedingten moralischen Überlegenheit, seine Gewissheit, die Mehrheit der Deutschen alsbald für sein Programm der Wirtschaftsdemokratie zu gewinnen, beruhte auf einer historischen Notwendigkeit, die er erkannt zu haben glaubte: «Weil die Deutschen im Wohlergehen nicht Sozialisten werden wollten, werden sie jetzt aus Armut Sozialisten werden müssen.» Ein Blick in die Flüchtlingslager, in die zerbombten Wohnungen, auf die stillgelegten Industrieanlagen und die Schwarzmärkte schien Schumachers Analyse ohne weiteres zu bestätigen. Es gab nur noch zwei Klassen in Deutschland: die Besitzenden und die Habenichtse. Um die Stimmen der Besitzenden mochten sich die bürgerlichen Parteien bemühen, aber die Stimmen der Millionen Habenichtse – ob nun Kriegsheimkehrer oder Trümmerfrauen, arbeitslose Angestellte oder aus ihrer Heimat vertriebene Bauern – hielt Schumacher bereits für gewonnen. Auf dem ersten

SPD-Parteitag in Hannover im Mai 1946 rechnete er den Genossen vor: «Heute haben wir ein Volk, bei dem etwa 35 Prozent noch alles, was sie einst hatten, besitzen, ja mehr noch dadurch, daß sie einen Wertzuwachs erfahren haben. 25 Prozent haben fast nichts, aber doch die Möglichkeit, die allerschlimmsten Nöte des Lebens durch persönliche und menschliche Vermittlung auszugleichen, aber 40 Prozent haben gar nichts.»[48]

Die Zahlen mochten stimmen, Schumachers Siegesgewissheit allerdings erwies sich als verfrüht. Bereits bei den ersten Wahlen in den drei Westzonen 1946/1947 blieb die SPD hinter der CDU zumeist deutlich zurück.

Die trügerische Zuversicht Schumachers, die verelendeten Massen für seine Partei zu gewinnen, ließ sich mit den Verhältnissen der damaligen Gegenwart erklären. Aber die wirtschafts- und sozialpolitischen Positionen der SPD verstanden sich auch als Antwort auf die jüngere Vergangenheit. Für die Sozialdemokraten lag der Geburtsfehler der Weimarer Republik darin, dass die Revolution von 1918 in Deutschland zwar eine «politische Demokratie» errichtet, die Wirtschaft jedoch nicht einbezogen habe. Entsprechend sei es nicht gelungen, die wirtschaftlich-soziale Machtverteilung im Sinne des Gemeinwohls neu zu organisieren, also den Widerspruch zwischen demokratischer, sozialstaatlicher Verfassung und den gegenläufigen wirtschaftlichen Machtinteressen zu überwinden. Erik Nölting, der einst an Naphtalis Werk «Wirtschaftsdemokratie» mitgearbeitete hatte und inzwischen zum sozialdemokratischen Wirtschaftsminister in der ersten Landesregierung Nordrhein-Westfalens aufgestiegen war, klagte im März 1947, wirtschaftliche Interessengruppen hätten in der Weimarer Republik die Möglichkeiten der demokratischen Verfassung genutzt, um sich als «Staat im Staate» zu konstituieren und die ausschließlich im politischen Bereich durchgesetzte Demokratie nach und nach «abzumontieren».[49]

Der Nationalsozialismus war demnach nur die letzte Konsequenz eines entfesselten Kapitalismus. Als der Internationale Militärgerichtshof in Nürnberg über die Führer des Dritten Reichs verhandelte, räsonierte der Leiter des Zentralamtes für Wirtschaft in der britischen Zone, der Sozialdemokrat Viktor Agartz: «So sehr heute die Welt entsetzt ist über die Greuel und Verbrechen aller derer, die in Nürnberg auf der Anklagebank sitzen, so fehlt auf dieser Anklagebank das letztlich schuldige soziale System mit seiner inneren Dynamik …»[50] Die Sozialisierung, rief Kurt Schumacher auf dem Parteitag 1947 in Nürnberg den Genossen zu, sei die «einfache Chance, die Cliquenreste der großkapitalistischen Kräfte in Westdeutschland zu entmachten».[51]

Das Wirtschaftsmodell, das den Sozialdemokraten vorschwebte, hatte nichts gemein mit der unkontrollierten Bürokratie, die in der Sowjetunion den Produktionsapparat beherrschte, im Gegenteil, in einer zentralverwalteten Wirtschaft erkannten sie die Grundlage eines totalitären Herrschaftssystems.[52] Gesucht wurde die Mitte zwischen Planwirtschaft und freier Marktwirtschaft, zwischen staatlicher Allmacht und unbeschränktem Kapitalismus. In einer solchen «Gemeinwirtschaft» wäre nicht mehr das individuelle Gewinnstreben, sondern das «Wohl der Gemeinschaft» das Ziel des Wirtschaftens. Die großen Linien der Volkswirtschaft würden durch einen Rahmenplan bestimmt, zugleich aber weite Bereiche des Wirtschaftslebens marktwirtschaftlich gesteuert. Entsprechend sollte die von den Sozialdemokraten verlangte Sozialisierung des Kohlebergbaus, der Eisen- und Stahlindustrie und der Großchemie nicht «Verstaatlichung» bedeuten, sondern Überführung in Gemeineigentum, kontrolliert von pluralistisch zusammengesetzten Verwaltungsräten, diese besetzt mit Vertretern der Gewerkschaften, des Managements, der Verbraucher und der Gemeinden. Viel wichtiger jedoch als die bis zur Verabschiedung des Grundgesetzes äußerst umkämpfte, vor allem von der US-Militärregierung abgelehnte Sozialisierung war für die Sozialdemokraten der Aufbau der «Gemeinwirtschaft». Damit standen sie keineswegs allein. Fast alle westdeutschen Landesverfassungen von 1946/47 enthielten die Möglichkeit, manche sogar die Forderung planmäßiger Wirtschaftsgestaltung. Mit den Worten eines CSU-Abgeordneten in der Bayerischen Verfassunggebenden Landesversammlung: «Gemeinwirtschaft setzt eine Planung der Wirtschaft voraus.»

Die Erweiterung der «bürgerlichen» zur «sozialen Demokratie» konnte nur gelingen, wenn sie möglichst effektiv, ohne institutionelle Widerstände umgesetzt werden würde, also durch Gesetzgebung aus einer Hand. Die entscheidende Rolle im zukünftigen Deutschland hatten die Sozialdemokraten demnach der Legislative zugedacht, dem Parlament. Dessen Bedeutung hatte schon Jahrzehnte zuvor der sozialdemokratische Jurist Hermann Heller erkannt. Ende der zwanziger Jahre arbeitete Heller in der Reichshauptstadt Berlin als wissenschaftlicher Referent am Kaiser-Wilhelm-Institut für ausländisches Recht und Völkerrecht. Neben ihm saß ein junger, sehr gebildeter Kollege aus Tübingen, Carlo Schmid, der kurz zuvor beim bekannten Frankfurter Arbeitsrechtler Hugo Sinzheimer mit einer – allerdings recht schwachen – Doktorarbeit (Note: Bestanden) zum Betriebsrätegesetz promoviert hatte. Nach kurzer Zeit hatten die beiden Freundschaft geschlossen, von der Schmid politisch mehr profitiert haben dürfte als der fünf Jahre ältere Heller.

Denn zu der Zeit galt Heller bereits als Chefdenker des Hofgeismarer Kreises der Jungsozialisten, der unter dem Einfluss der bürgerlichen Jugendbewegung stand und Sozialismus, Staat und Nation miteinander versöhnen wollte. Zu den Hofgeismarern gehörten unter anderem die späteren Mitglieder des «Kreisauer Kreises» Theo Haubach und Carlo Mierendorff. Vor den Jungsozialisten trug Heller seine Forderung vor, das Bürgertum müsse ein Bündnis mit der Arbeiterschaft eingehen und sich an der Weiterentwicklung des liberalen zum «sozialen Rechtsstaat» beteiligen, und zwar durch «die Ausdehnung des materiellen Rechtstaatsgedankens auf die Arbeits- und Güterordnung» – aus der Einsicht, dass solche «Unterordnung der Lebensmittel unter die Lebenszwecke … die Voraussetzung bildet für die Erneuerung unserer Kultur».[53] Wirtschaftliche Entscheidungen dürften nicht mehr nur als private, sondern müssten als öffentliche und damit politische Entscheidungen betrachtet werden. In Vorträgen vor den Hofgeismarer Jungsozialisten und in langen Gesprächen mit seinem Freund und Kollegen Carlo Schmid hat Heller seine Ideen entwickelt, in dem 1930 erschienenen Buch «Rechtsstaat oder Diktatur?» hat er sie niedergelegt – unter der Bezeichnung «sozialer Rechtsstaat» sind sie 1949 in das Grundgesetz eingeflossen. Die Durchsetzung dieses gesellschaftspolitischen Projekts hatte Heller der «Volkslegislative» zugewiesen, mit anderen Worten: der parlamentarischen Mehrheit.

Sie sollte für die Sozialdemokraten im neuen Deutschland die entscheidende Rolle spielen, möglichst unbehindert durch andere Institutionen, also vor allem durch die Länder. Das entsprach nicht nur dem Ziel einer «Wirtschaftsdemokratie», es entsprach auch sozialdemokratischer Tradition. Lassalle hatte das Wort von der «Impotenz des Föderalismus» geprägt, im Kreis der preußischen Regierung Braun/Severing war eine solche Geringschätzung des Föderalismus nach Kräften gefördert worden.

Ihm hatte auch der junge Berliner Jurist Walter Menzel angehört, der einige Jahre im – vom liberalen Hermann Höpker Aschoff (DDP) geleiteten – Preußischen Finanzministerium gearbeitet hatte, ehe er 1931 mit erst 30 Jahren das Amt des Landrats in Weilburg an der Lahn übernommen hatte. Ein Jahr später hatte er Emmy Severing, eine Tochter des preußischen Innenministers, geheiratet. Den Nationalsozialismus hatte Menzel als Rechtsanwalt in Berlin überstanden und nur wenige Monate nach Kriegsende auf Empfehlung seines Schwiegervaters eine Anstellung als Generalreferent für Inneres in der Provinzialverwaltung Münster gefunden.

Nun begann für den Verwaltungsfachmann und Verfassungsexperten eine steile Karriere: Nach Bildung des Landes Nordrhein-Westfalen wurde er im September 1946 in der Allparteienregierung des von den Briten ernannten Ministerpräsidenten Rudolf Amelunxen (zunächst parteilos, später Zentrum) Innenminister und stellvertretender Ministerpräsident. Ebenfalls seit Herbst 1946 saß er – Seite an Seite mit seinem um Schumachers Anerkennung ringenden Schwiegervater – im Düsseldorfer Landtag und im Zonenbeirat in Hamburg. Gleichzeitig war er in der SPD ganz nach vorne gekommen. Seit 1946 war er Mitglied des Parteivorstands und wurde schnell einer der engsten Berater Schumachers. Zwar war der SPD-Chef formal der Vorsitzende des Verfassungspolitischen Ausschusses der Partei, aber nicht nur die labile Gesundheit und die starke Arbeitsbelastung Schumachers sorgten dafür, dass sein Stellvertreter in Wirklichkeit den Vorsitz führte. Neben Carlo Schmid war Walter Menzel der versierteste Verfassungsspezialist der SPD. Zugleich war er einer der entschiedensten Zentralisten seiner Partei.

Das hatte sich bereits in den Auseinandersetzungen um die Gründung des Bundeslandes Nordrhein-Westfalen gezeigt, eine Folge des Untergangs Preußens. 1933 war Preußen von den Nationalsozialisten mit dem Reich gleichgeschaltet worden, hatte also – wie die anderen Länder – schon damals seine Eigenständigkeit eingebüßt. Mit dem Zusammenbruch 1945 war es de facto ausgelöscht, wenn auch der Alliierte Kontrollrat erst am 25. Februar 1947 seine Auflösung beschloss. Die Rheinprovinz und Westfalen waren seine größten Provinzen gewesen. Nach 1945 hatte die Rheinprovinz («Nordrheinprovinz») nur ihre drei nördlichen Regierungsbezirke (Aachen, Köln und Düsseldorf) behalten, die beiden südlichen (Koblenz und Trier) verlor sie an die französische Zone, wo sie im neu gegründeten Bundesland Rheinland-Pfalz aufgingen. Es dauerte nicht lange, da meldeten sich deutsche Politiker mit der Forderung an die britische Militärregierung zu Wort, die Nordrheinprovinz und Westfalen zusammenzulegen.

Dafür setzte sich nicht nur der Vorsitzende der CDU in der britischen Zone, Konrad Adenauer, ein. Er sah in dem Zusammenschluss die Chance, einen Plan zu verwirklichen, den er schon in den zwanziger Jahren verfolgt hatte, nämlich im Westen des Reiches einen von Preußen unabhängigen Staat zu bilden. Auch Robert Lehr, Oberpräsident der Nordrheinprovinz und Präsident des Zonenbeirats, engagierte sich für die Zusammenlegung. Lehr, der vor 1933 Oberbürgermeister Düsseldorfs gewesen war und Mitglied der antirepublikanischen Deutschnationalen Volkspartei (DNVP), hoffte, durch die Vergrößerung Frankreichs Forderung (den sogenannten Bidault-Plan), das Rheinland abzuspalten und das Ruhrgebiet zu internationalisieren, abwehren zu können. Nicht zuletzt rechnete sich der ehrgeizige Politiker Chancen aus, der erste Ministerpräsident des neuen Bundeslandes zu werden.[54]

Gegen den Fusionsplan wehrte sich der Oberpräsident Westfalens, Rudolf Amelunxen, vor 1933 Regierungspräsident von Münster. Er sah die Gelegenheit gekommen, nach dem Untergang Preußens endlich ein selbständiges Land Westfalen zu gründen. Auch die SPD – allen voran Kurt Schumacher und Walter Menzel – war strikt gegen die Zusammenlegung der beiden früheren preußischen Provinzen, wenn auch aus ganz anderen Gründen: Die Denkschrift, die Menzel dazu in der ersten Jahreshälfte 1946 vorlegte, ist ein Manifest des dezentralisierten Einheitsstaats, in dem die Zentrale, also das Parlament, Weisungen in Form von Gesetzen erteilt, die die Peripherie, also die Länder, mit ihrer Verwaltung umzusetzen hat. Ein neues Bundesland mit 11,8 Millionen Einwohnern aber hätte als mächtiges föderales Gegengewicht die Gestaltungsfreiheit der Zentrale – des künftigen Bundestages – gefährdet, also dem verfassungspolitischen Grundkonzept Menzels und Schumachers widersprochen. Darüber hinaus hätte es die Wahlchancen der SPD verschlechtert. Menzel und Schumacher fürchteten – nicht zu Unrecht – eine Vorherrschaft der CDU in den zusammengelegten Provinzen.

So wie die Siegermacht Frankreich für Deutschland einen extremen Föderalismus mit starken Bundesländern fordert, um den künftigen Gesamtstaat möglichst schwach zu halten, empfiehlt Menzel die weitere Zerstückelung der Rheinprovinz und Westfalens, um den künftigen Gesamtstaat möglichst stark zu machen: Er plädiert für ihre Aufteilung in vier oder fünf Länder. Durchsetzen können sich Schumacher und Menzel bei den Briten nicht. Den Ausschlag gibt deren Interesse, mit einer Verklammerung der beiden Gebiete die französischen Interventionen abzuwehren und einen internationalen «Ruhrstaat» zu verhindern. Das Bundesland Nordrhein-Westfalen wird durch Verordnung der britischen Militärregierung am 23. August 1946 ins Leben gerufen. Als erster Ministerpräsident wird von den Briten nicht Robert Lehr, der Befürworter der Fusion, eingesetzt, sondern – offenbar zur Beschwichtigung – ihr entschiedener Gegner Rudolf Amelunxen. Und wie von Menzel und Schumacher befürchtet, gewinnt die CDU ein

Jahr später die erste Landtagswahl am 20. April 1947 (CDU: 37,5 Prozent, SPD: 32 Prozent). Neuer und erster gewählter Ministerpräsident wird Adenauers innerparteilicher Konkurrent vom linken Arbeitnehmer-Flügel, Karl Arnold, und Walter Menzel in der Koalition aus CDU, SPD, KPD und Zentrum sein Stellvertreter und Innenminister.

Die Auseinandersetzungen um die Gründung des Landes Nordrhein-Westfalen waren nur der Auftakt. Verfassungsfragen sind Machtfragen, hatte Lassalle geschrieben, und die Frage, wo und wie die Macht in einem künftigen deutschen West-Staat zu konzentrieren oder zu verteilen sei, hat in den folgenden Jahren die Debatten um die Landesverfassungen, erst recht natürlich – und bis zum letzten Augenblick – um das Grundgesetz beherrscht.

Das entschlossene Festhalten der SPD am Konzept des dezentralisierten Einheitsstaats lässt sich nicht nur mit ihrem gesellschaftspolitischen Projekt der «Wirtschaftsdemokratie» erklären und mit ihrem tradierten Misstrauen gegenüber der Leistungskraft des Föderalismus, es war auch eine Reaktion auf den Aufstieg des Nationalsozialismus. Im März 1947 veröffentlichte der SPD-Vorstand seine im Wesentlichen von Menzel formulierten «Richtlinien für den Aufbau der Deutschen Republik». Auf den ersten Blick lasen sie sich, als hätte ihr Verfasser das New Yorker Bekenntnis des ehemaligen Berliner Polizeipräsidenten Albert Grzesinski beherzigt, der am liebsten wieder die Weimarer Verfassung in Kraft gesetzt hätte. Immerhin unterschieden sich die Richtlinien in vier bedeutenden Punkten von ihr. Erstens sollte der Regierungschef vom Parlament künftig nur noch gestürzt werden können, «wenn binnen einer bestimmten Frist eine neue Regierung gebildet wird» (konstruktives Misstrauensvotum). Zweitens wurden die Befugnisse des «Reichspräsidenten» drastisch beschnitten, die vollziehende Gewalt sollte ausschließlich bei der Regierung liegen. Drittens wurde nach den katastrophalen Erfahrungen in der Weimarer Republik ein Notstandsrecht ausgeschlossen, das «dem Parlament gestattet, sich der politischen Verantwortung zu entziehen». Viertens forderten die Richtlinien, eine Verfassung müsse die «Möglichkeit einer künftigen Zugehörigkeit Deutschlands zu einem europäischen Staatenbund» berücksichtigen und erlauben, deutsche Hoheitsrechte «an internationale Institutionen zu übertragen». Dieser Passus war durch den Einfluss Carlo Schmids in die Richtlinien gelangt. Er entsprach nicht nur dem Verfassungskonzept des Kreisauer Kreises, er lag auch vollkommen im Trend der Zeit: Kaum ein deutscher Intellektueller, kein Konservativer und kein Sozialdemokrat, der damals nicht von der Zukunft Gesamtdeutschlands in «Europa» schwärmte.

Im übrigen aber waren die Richtlinien der kaum verhüllte Versuch Walter Menzels, einen dezentralisierten Einheitsstaat – mit der Zentrale als Herrn und den Ländern als Knechte – zu installieren. Menzel wusste, dass die Bundesländer in der Deutschlandplanung der westlichen Siegermächte eine erhebliche Rolle spielten und hatte deshalb zähneknirschend eingeräumt, «die Deutsche Republik wird ein Bundesstaat sein müssen». Im Übrigen aber wurden die Länder in den Richtlinien fast komplett entmachtet. «Regierungsfunktionen mit Hoheitsgewalt» sollten ausschließlich von der Reichsgewalt wahrgenommen werden, die Verwaltung der Reichsangelegenheiten hingegen «in der Regel» Sache der Länder sein. Das Reich – also der künftige Bund – sollte seine Gesetzgebungskompetenz nach Belieben bestimmen können (Kompetenz-Kompetenz) und selbstverständlich auch die Finanz- und Steuerhoheit besitzen. Das Mitwirkungsrecht der Länder sollte auf ein aufschiebendes Veto begrenzt bleiben. Und weil die «Einheit des Rechts» nur durch die «Einheit der Rechtsprechung» gesichert werden könne, wollte Menzel auch die Gerichtsbarkeit der Zentrale («Reichsgerichte») anvertrauen.

Wenige Wochen nach Verabschiedung der Richtlinien im SPD-Vorstand schob Menzel in einem Aufsatz die Begründung nach, warum die SPD die Bundesländer als Lakaien der künftigen Zentralgewalt behandelt sehen wollte: «Hitler ist nicht durch ein zentralistisch aufgebautes Reich, sondern durch die Reservatrechte der Länder zur Macht gekommen, die es damals der Berliner Politik unmöglich gemacht haben, sich gegenüber den Ländern durchzusetzen.»[55] Das war ein bestenfalls origineller, jedenfalls kein sachlicher Beitrag zur Deutung der jüngsten deutschen Geschichte. Für die Stärkung der Zentrale konnte die SPD sich auf bessere Gründe – ihr Projekt der «Wirtschaftsdemokratie» – berufen. Menzels Polemik hatte keinen Bestand, die Richtlinien hingegen schon. Die SPD hat an ihnen festgehalten, bis es – im Sommer 1948 – ernst wurde mit der Weststaats-Gründung und dem Grundgesetz. Realistisch sind sie nie gewesen. Ein mächtiger Zentralstaat widersprach nicht nur den Interessen der Länder. Vor allem widersprach er dem Willen der westlichen Siegermächte. Sie wollten eine föderalistische Bundesrepublik. Also haben die Westdeutschen sie bekommen.

3. Länderspiele

Vier Jahre nachdem der Sozialdemokrat Philipp Scheidemann am 9. November 1918 vom Balkon des Berliner Reichstags die Republik ausgerufen hatte, veröffentlichte der Statistiker Emil Gumbel eine Bilanz: 376 politische Morde, fast alle von Rechtsradikalen begangen, kaum einer wurde bestraft. Unter den Opfern waren Kommunisten wie Rosa Luxemburg und Karl Liebknecht, Linkssozialisten wie Hugo Haase und Kurt Eisner, aber ebenso bürgerliche Politiker. Im Juni 1922 hatten Offiziere der rechtsextremen Organisation Consul den als «Erfüllungspolitiker» geschmähten Reichsaußenminister Walther Rathenau ermordet, ein Jahr zuvor, am 26. August 1921, Mitglieder derselben Gruppe – die ehemaligen Marine-Offiziere Heinrich Tillessen und Heinrich Schulz – den ehemaligen Reichsfinanzminister Matthias Erzberger.

Der Zentrumspolitiker war nicht nur in reaktionären Kreisen als «Verräter» verhasst – der französische Marschall Foch hatte ihm am 11. November 1918 im Wald von Compiègne die harten Waffenstillstandsbedingungen diktiert –, die Verachtung reichte tief hinein ins eigene Lager. Die Monarchie hatte den Ersten Weltkrieg begonnen und geführt, aber die Republik musste dafür bezahlen, nicht nur politisch. Zur Erbschaft des Krieges gehörten neben der von den Siegermächten verlangten Wiedergutmachung und Rentenzahlungen für die Kriegshinterbliebenen auch die Rückzahlung und Verzinsung von Kriegsanleihen. 39,1 Millionen Deutsche hatten während des Krieges Anleihen im Wert von 98,2 Milliarden Mark gezeichnet. Im Oktober 1918, also im letzten Kriegsmonat, waren die Kriegskosten des Reiches auf monatlich 4,8 Milliarden Mark gestiegen. Das Kaiserreich hatte den Krieg nicht mit Steuererhöhungen, sondern auf Pump finanziert, nun wurde für die

Republik die Rückzahlung fällig.[1] Damit stand sie vor dem Ruin. In dieser Situation hatte Finanzminister Erzberger («Der Krieg ist der Verwüster der Finanzen») eine Reform durchgesetzt, die das Steuersystem grundlegend veränderte: Bisher war das Reich «Kostgänger» (Otto von Bismarck) der Länder gewesen, nun lagen die Länder am Tropf des Reichs. Erzberger baute ein reichseinheitliches Steuersystem auf und zentralisierte die Finanzverwaltung. Alle direkten Steuern wurden dem Reich zugewiesen – zum Beispiel die Einkommensteuer, die Erzberger auf bis zu 60 Prozent erhöhte –, die Länder und Gemeinden an den ertragreichsten Steuern prozentual beteiligt.

Das war für die extrem föderalistische Bayerische Volkspartei (BVP) das lange erwartete Fanal, die Fraktionsgemeinschaft mit dem Zentrum im Reichstag aufzukündigen. Die BVP hatte sich erst im November 1918 gegründet und sich in ihrer betont konservativen, föderalistischen Ausrichtung von Anfang an von ihrer Schwesterpartei abgesetzt. Sie sah sich als «wahre Volkspartei», wie ihr junger Generalsekretär Anton Pfeiffer bemerkte, «die das Deutsche Reich nach föderalistischen Grundsätzen zur Weckung aller Kraftquellen in den deutschen Stämmen erneuert und einer moralischen Wiedergeburt zuführt».[2] Schon der Einsatz Erzbergers gegen den U-Boot-Krieg und für einen Verständigungsfrieden hatte das Misstrauen der bayerischen Konservativen geweckt, mit der zentralistischen Finanzreform war er für die BVP endgültig ins gegnerische Lager übergetreten. Pfeiffer klagte: «Durch Übergabe der bayerischen Finanzverwaltung ist uns nun noch der Geldbeutel aus der Hand genommen worden, und ein Hausvater, dem man den Geldbeutel nimmt, zählt nicht mehr als selbständig.»[3] Im Kampf gegen den Einheitsstaat und die Finanzreform galt der Generalsekretär der BVP bald als einer der hartnäckigsten Gegner Erzbergers, der die Abspaltung von der Reichstagsfraktion des Zentrum nach Kräften forcierte.

Daran konnte auch der warnende Hinweis des Generalsekretärs des Zentrum nichts ändern, die BVP verurteile sich damit selbst zur «absoluten Einflusslosigkeit». Das war als freundschaftlicher Ratschlag unter Brüdern zu verstehen: Maximilian Pfeiffer war Reichstagsabgeordneter des Zentrum, Freund und Vertrauter Erzbergers und fast gleichzeitig mit seinem jüngeren Bruder Anton zum Generalsekretär seiner Partei ernannt worden. Der Bruderzwist im Hause Pfeiffer endete nicht, als Maximilian im April 1920 zum deutschen Gesandten in Wien ernannt wurde. Das dürfte Anton Pfeiffer nur daran erinnert haben, dass die Weimarer Reichsverfassung den Ländern auch das Recht zu einer eigenständigen Außenpolitik genommen hatte und damit die Möglichkeit, Gesandtschaften im In- und Ausland zu errichten.

Der Föderalismus, das Land Bayern und die Bayerische Volkspartei waren nach 1933 vom Nationalsozialismus ausgelöscht worden. Und nach der festen Überzeugung Anton Pfeiffers war zwölf Jahre später auch das Deutsche Reich erloschen, ausradiert als völkerrechtliches Subjekt am 8. Mai 1945 mit seiner bedingungslosen Kapitulation. Nur noch «staatsrechtliche Trümmer» seien übrig geblieben, «aus denen zunächst historisch begründete und berechtigte Länder entstehen müssen, ehe an eine neue Reichsbildung gedacht werden kann».[4] Das Deutsche Reich musste gestorben sein, damit Bayern und der Föderalismus nach dem Bilde Pfeiffers wiederauferstehen konnten. Denn nur wenn das Reich untergegangen und Deutschland nicht mehr war als ein von den Siegermächten besetzter Raum, bot sich endlich die Gelegenheit, einen neuen «Bund» ganz nach dem Wunsch und Willen der Länder zu errichten.

Pfeiffers Vision vom neuen Deutschland kam die Einstellung der Siegermacht entgegen: Aufgrund ihres eigenen Staatsaufbaus dachten die Amerikaner föderalistisch. Von Anfang an sahen sie für ihre Zone mit 17 Millionen Einwohnern eine bundesstaatliche Konstruktion mit einem starken Eigengewicht der Länder vor. Bereits am 19. September 1945 hatte die Proklamation Nr. 2 der US-Militärregierung in ihrer Zone deren Gründung verfügt: Bayern, Württemberg-Baden, Hessen und Bremen. Die Länder bekamen volle gesetzgebende, vollziehende und rechtsprechende Gewalt, das letzte Wort hatte allerdings die Militärregierung. Solange es in diesen Ländern keine Wahlen und keine Parlamente gab, hatten die Ministerpräsidenten weitgehende Vollmachten gegenüber ihren Kabinetten und der Verwaltung. Damit waren sie die einzigen legitimen Gesprächspartner der US-Militärregierung, ein bedeutender Startvorteil der Ministerpräsidenten im alsbald einsetzenden Wettbewerb mit den entstehenden Parteien vor allem der britischen Zone unter der Führung Schumachers und Adenauers. Und die Regierungschefs – nicht nur Bayerns – waren entschlossen, die Chance für den Föderalismus diesmal besser zu nutzen als 1919: Die neue deutsche Republik sollte nach ihrem Konstruktionsplan entstehen. Aber einen gemeinsamen Plan hat es nie gegeben.

Die Gelegenheit für erste Skizzen hätte der Länderrat geboten. Die US-Militärregierung hatte ihn im Oktober 1945 aufgebaut, nachdem die Errichtung einer zentralen deutschen Verwaltung am Veto Frankreichs im Alliierten Kontrollrat gescheitert war. Es handelte sich um eine Koordinierungszentrale, in der die vier Regierungschefs der amerikanischen Zone Legislative und Exekutive in einem waren. Unterstützt von 14 Ständigen Ausschüssen unter Leitung eines Generalsekretärs, suchten die Länderchefs einmal im Monat nach einvernehmlichen Lösungen für die Probleme in der amerikanischen Zone. Konsens war Bedingung – anderenfalls erließ die Militärregierung die Gesetze.

Bereits beim ersten Treffen der vier Regierungschefs in der Stuttgarter Villa Reitzenstein am 17. Oktober 1945 war klar geworden, dass zwar ausschließlich Föderalisten am Tisch saßen, aber mit durchaus verschiedenen Vorstellungen von «Föderalismus». Der einstige DDP-Reichstagsabgeordnete Reinhold Maier war nicht nur württemberg-badischer Ministerpräsident – der einzige der FDP –, sondern auch «Reichsliberaler», der parteilose Karl Geiler aus Hessen und der sozialdemokratische Bremer Senatspräsident Wilhelm Kaisen betrachteten sich vor allem als Pragmatiker. General Lucius D. Clay, damals stellvertretender US-Militärgouverneur, hatte gerade verdeutlicht, dass mit dem Aufbau des Länderrats den Deutschen nur die Selbstverwaltung Stück für Stück zurückgegeben werden solle, keineswegs werde daran gedacht, in Stuttgart eine deutsche Zentralgewalt aufzubauen, da meldete sich Wilhelm Hoegner zu Wort, der sozialdemokratische Ministerpräsident Bayerns. In einem flammenden Appell verlangte er, dass die Mitarbeiter des Generalsekretärs des Länderrats von den Ländern auszuwählen seien, keinesfalls vom Generalsekretär: «Damit würden wir die Zuständigkeiten der Länder aushöhlen. Bayern führt einen jahrhundertelangen Kampf gegen die Zentralgewalt des Reiches. Ich muss als Bayer gegen die Schaffung einer Zentralgewalt scharf Stellung nehmen.»[5] Karl Geiler versuchte zu beschwichtigen, die Bedenken Hoegners seien «im Augenblick nicht akut». Aber Hoegner – begleitet von seinem parteilosen Wirtschaftsminister Ludwig Erhard – ließ sich nicht beruhigen. Eine Woche später warnte er im Münchner Kabinett gemeinsam mit dem Chef der Staatskanzlei, Anton Pfeiffer, der Länderrat könne der erste Schritt sein zu einem zentralistischen Staatsaufbau zum Nachteil Bayerns.

Hoegner war der zweite von der US-Militärregierung eingesetzte Ministerpräsident, nachdem Fritz Schäffer, vor dem Krieg Vorsitzender der Bayerischen Volkspartei, wegen unzureichender Entnazifizierungsbereitschaft nach wenigen Monaten entlassen worden war. Wie Anton Pfeiffer gehörte Schäffer zu den Gründungsmitgliedern der Christlich Sozialen Union (CSU), der Nachfolgepartei der BVP. Er hatte seinen Parteifreund in die Staatskanzlei geholt; sein Nachfolger Hoegner hatte den begabten Taktiker und Organisator behalten und zum Staatssekretär befördert. Denn in den entscheidenden Punkten war sich der Sozialdemokrat Hoegner mit dem Konservativen Pfeiffer gegen Schumacher und Menzel einig: «Ein deutscher Einheitsstaat ist nicht wünschenswert.» Ihr Ziel war eher ein Staatenbund mit einer extrem geschwächten Zentralgewalt.

Zu dieser Ansicht war Hoegner in seinem Schweizer Exil gelangt, offensichtlich beeindruckt vom Föderalismus-Modell der Eidgenossen. Noch vor seiner Rückkehr hatte er zusammen mit dem ebenfalls emigrierten jüdischen Staatsrechtslehrer Hans Nawiasky einen Entwurf über die «künftige staatsrechtliche Stellung des Landes Bayern» verfasst, ein Manifest des extremen Föderalismus, das ganz genau Pfeiffers Vorstellungen entsprach. Nicht zuletzt sollte der «souveräne Staat» Bayern wieder das Recht bekommen, «Verträge mit auswärtigen Staaten abzuschließen und bei ihnen Gesandtschaften zu unterhalten».[6] Wilhelm Hoegner war in erster Linie Bayer, in zweiter Linie auch und erst in dritter Linie bayerischer Sozialdemokrat. Seine erbittertsten Gegner waren daher nicht die bayerischen Konservativen, sondern die Verfechter des dezentralisierten Einheitsstaates Kurt Schumacher und Walter Menzel.

Aber das machte die Vertreter eines gemäßigteren Föderalismus noch nicht zu Verbündeten Hoegners und Pfeiffers. Denn es war offensichtlich, dass das bayerische Föderalismus-Modell seine Begründung und seine Legitimation allenfalls in der bayerischen Geschichte finden konnte. Bayern war im ehemaligen Reich mit neun Millionen Einwohnern nicht nur das zweitgrößte Land gewesen, es hatte auch von allen deutschen Ländern die längste ungebrochene Staatstradition. Zwar hatte Bayern nach 1945 die Pfalz an die französische Zone verloren, doch im Übrigen bestand es – wie sonst nur die Stadtstaaten Hamburg und Bremen – in seinen alten Grenzen fort. Mit diesem historisch gewachsenen Selbstbewusstsein verband sich bei Anton Pfeiffer eine spezielle Ansicht über die Ursachen des Nationalsozialismus: «Wenn wir das Stoßdämpfersystem der deutschen Staaten und keinen Einheitsstaat gehabt, wenn wir, wie bei einem Schiff das Schottensystem der Sicherheitskammern gehabt hätten, wäre es unmöglich gewesen, daß z. B. Bayern vom Nationalsozialismus überrannt worden wäre. Es hat eine Zeit gegeben, wo auch in Bayern die Bewegung einen etwas beängstigenden Umfang eingenommen hatte, aber der im Grunde sehr gesunde geistige Denkzustand des bayerischen Volkes hatte den Höhepunkt der Bräune bereits überschritten. Die Überwältigung Bayerns ist nur von außen her durch den ‹Berliner Zentralismus› möglich gewesen.»[7] Damit hatte der CSU-Politiker Pfeiffer dieselbe Perspektive gewählt wie der Sozialdemokrat Walter Menzel, nur eben mit entgegengesetzten Resultaten. Wie es zu dem Sturm gekommen war, in dem die Weimarer Republik samt ihrem Gerüst – mochte man es nun für eher zentralistisch oder für eher föderalistisch halten – versunken war, konnten beide nicht erklären.

Deutschland in Stuttgart-Ruit

Die Sache des Föderalismus hat bis zur Verabschiedung des Grundgesetzes keinen beredteren und hartnäckigeren Verfechter gefunden als Anton Pfeiffer. Man kann sagen, seit es den Lehrer für Englisch und Französisch aus Rheinzabern in der Pfalz 1918 mit 30 Jahren in die Politik verschlagen hatte, war sein Leben vor allem ein Kampf gegen die Zentrale. Er führte ihn gegen den Länderrat, als er befürchtete, der sei der erste Schritt zu einer «Zentralregierung», und er kämpfte gegen das Generalsekretariat des Länderrats, als er glaubte, dessen Kompetenzgewinn gehen zulasten des Länderrats, also der Regierungschefs, also der Länder. Sein Einsatz verstärkte sich, als die Dinge Ende 1946 schlagartig in Bewegung gerieten, die Zukunft Deutschlands die politische Tagesordnung der internationalen Konferenzen bestimmte und die Deutschen verlangten – oder zumindest darum baten –, ein Wörtchen mitreden zu dürfen.

Spätestens mit dem Scheitern der Pariser Außenministerkonferenz im Juli 1946 war der Weg für die Bildung zweier deutscher Staaten vorgezeichnet. Schon zuvor hatte der frühere britische Premierminister Winston Churchill festgestellt: «Wir müssen der Tatsache ins Auge sehen, dass so, wie die Dinge gegenwärtig stehen, zwei Deutschlands im Entstehen sind: das eine mehr oder weniger organisiert nach dem russischen Modell bzw. im russischen Interesse, das andere nach dem der westlichen Demokratie.» Der von der Sowjetunion in Paris erhobene Anspruch auf Reparationen in Höhe von 10 Milliarden Dollar, auf Beteiligung an einer internationalen Ruhrkontrolle und auf Umstrukturierung der deutschen Wirtschaft nach dem Vorbild der Sowjetzone hatte die Einschätzung vollkommen bestätigt. General Clay hatte ein Gutachten vorgelegt, wonach die Zonen nach einem Jahr Besatzung «zu luftdichten Territorien geworden» seien, «nahezu ohne jeden Austausch von Waren, Personen und Ideen»; es könne schon bald «zu einer galoppierenden Inflation mit einer Lähmung des Wirtschaftslebens kommen». Clays Vorschlag: Die amerikanische Zone solle sich wirtschaftlich mit der britischen vereinigen, trotz «völliger Klarheit über die politischen Implikationen».

Am 6. September hatte US-Außenminister James Byrnes in einer Rede in Stuttgart die Bildung der «Bizone» angekündigt; da es bisher nicht gelungen sei, eine «ausgeglichene Wirtschaft in ganz Deutschland herbeizuführen» und die «notwendigen deutschen Zentralverwaltungskörper» aufzubauen, plädierte er außerdem «für die baldige Bildung einer vorläufigen deutschen Regierung». Am 2. Dezember 1946 war der Zusammenschluss der amerikanischen und die britischen Zone zum «Vereinigten Wirtschaftsgebiet» (Bizone) vollzogen worden, unmittelbar danach hatte Clay die vier Ministerpräsidenten seiner Zone aufgefordert, über eine Nationalverfassung nachzudenken. Damit war die Bildung des Weststaats auf den Weg gebracht. Die Moskauer Außenministerkonferenz im März/April 1947 war nur noch ein politisches Theater, in dem die Amerikaner und die Russen so gezielt aneinander vorbeiredeten, dass eine Übereinkunft ausgeschlossen werden konnte. Erwartungsgemäß endete sie wie die Konferenz in Paris, aber zwischen beiden Konferenzen hatten die westdeutschen Politiker begonnen, die Zukunft Deutschlands mit eigenen Augen zu betrachten, die einen mit den Augen der Ministerpräsidenten, die anderen mit den Augen der Parteipolitiker.

Die Deutschen wussten, dass die Diskussion um einen möglichen Friedensvertrag die Tagesordnung der Moskauer Konferenz bestimmen würde – dass sie gar nicht mehr ernsthaft geführt werden würde, dass die «Deutschlandfrage» für die beiden Großmächte bereits beantwortet war, wussten sie nicht. Am 25. Januar 1947 beschlossen die Ministerpräsidenten der britischen und der amerikanischen Zone, bis zur Schaffung einer Reichsregierung mit einem Auswärtigen Amt eine bizonale Leitstelle mit Sitz in Stuttgart-Ruit einzurichten. Mit Blick auf die Moskauer Konferenz sollte sie alle Denkschriften und Arbeitspapiere der verschiedensten Organisationen über die Zukunft Deutschlands koordinieren und Material für künftige Verhandlungen erarbeiten.

Nicht nur nebenbei wollten die Ministerpräsidenten mit dieser Leitstelle zugleich ihren Anspruch untermauern, vor allem sie, nicht die Parteien, seien die rechtmäßigen Repräsentanten Deutschlands. Ähnlich extrem allerdings, wie es der Vertreter Bayerns, Anton Pfeiffer, in einer Ausschusssitzung formulierte, dachten nur wenige Regierungschefs: «Die Ministerpräsidentenkonferenz ist das zuständige Organ der außenpolitischen Fragen zur Behandlung der Angelegenheiten für den künftigen Frieden.»[8] So selbstverständlich, wie für Pfeiffer die Zuständigkeit in der Außenpolitik bei den Ministerpräsidenten lag, so selbstverständlich lag sie für den Sozialdemokraten Walter Menzel bei den Parteien. Er wies Pfeiffers Forderung mit der Begründung zurück: «Die Außenpolitik ist primär Reichssache. Die Summierung der Länderinteressen ist noch nicht das Reichsinteresse.»[9] Zur Verständigung ist es nicht gekommen: General Clay untersagte den Aufbau einer bizonalen Leitstelle – sehr zur Erleichterung Pfeiffers, der wieder einmal die Entstehung einer Zentralgewalt gewittert hatte.

Das «Deutsche Büro für Friedensfragen», das daraufhin im April 1947 die Regierungschefs in Stuttgart allein für die amerikanische Zone errichteten, verstand sich als Vorläufer des Auswärtigen Amtes, zugleich war es wiederum der Aktionsraum Anton Pfeiffers. Geführt wurde es vom württembergisch-badischen Staatsekretär Fritz Eberhard (SPD). Aber neben ihm waren Hermann Brill (SPD), inzwischen Chef der hessischen Staatskanzlei, und Pfeiffer die bestimmenden Figuren. Es wurde ein Verfassungsausschuss eingerichtet, der die extremen Vorstellungen Bayerns mit den gemäßigteren Förderalismus-Vorstellungen der anderen süddeutschen Ministerpräsidenten in Einklang bringen sollte.

Pfeiffer stützte sich auf einen Entwurf, den der Leiter des Verfassungsreferats der bayerischen Staatskanzlei, der Staatsrechtler Friedrich Glum, ausgearbeitet hatte. Auf den ersten Blick nicht überraschend, plädierte Glum im Wesentlichen für die Rückkehr zur alten Reichsverfassung Bismarcks, allerdings selbstverständlich ohne die Vormachtstellung Preußens und ohne direkt gewählten Reichstag («Volkshaus»). Die neue Reichsregierung sollte sich aus den Ministerpräsidenten zusammensetzen. Bedenkt man, dass sich der Föderalismus als Abwehr einer übermächtigen Zentrale versteht, dann entsprach der Entwurf Glums zwar den Intentionen Pfeiffers, aber durchaus nicht den öffentlich bekannten Ideen Glums.

Er war von 1927 bis 1937 Generalsekretär der Kaiser-Wilhelm-Gesellschaft – Vorläuferin der Max-Planck-Gesellschaft – gewesen und hatte den Übergang von der Republik in die Diktatur ohne Verspannung hinter sich gebracht: «Als die Gleichschaltung kam, konnten wir sagen, daß wir davon nicht betroffen würden, da wir uns schon gleichgeschaltet hatten.»[10] In einem Beitrag für die Berliner Börsenzeitung hatte Glum 1933 Adolf Hitler auch deshalb als «genialen Staatsmann» bezeichnet, «weil er das heiße Eisen des bayrischen Länderpartikularismus noch vor der endgültigen Liquidation der Länder durch die Gleichschaltungsgesetze angepackt hat»[11]. Die «nationalsozialistische Revolution» hatte er als Beleg der Überlegenheit der «deutschen Kultur und Wissenschaft» bewertet, als überfälligen Beleg, denn es lasse sich «kaum bestreiten, daß der breiten Masse die großen Dichter und Künstler immer unbekannter wurden, weil sich vor sie minderwertige Literaten jüdischer Rasse drängten»[12]. Antisemit war Glum offenbar auch nach dem Krieg geblieben[13], aber staatliche Machtkonzentration empfand er nunmehr als bedrohlich.

Zwar hat Pfeiffer sich mit dem Glum-Entwurf im Kreis der Ministerpräsidenten nicht durchsetzen können. Doch nimmt sich dieser Misserfolg recht harmlos aus im Vergleich mit dem Schicksal der Verfassungsentwürfe Hermann Brills. Er hatte den bayerischen Plänen ein Verfassungskonzept entgegengestellt, das sich stark an das amerikanische Präsidialsystem anlehnte, also keine Verantwortlichkeit der Regierung gegenüber dem «Bundesrat» vorsah, der aus einem Volkshaus und einem Staatenhaus bestehen sollte. Das Volkshaus (Parlament) sollte – anders als bei Glum – direkt gewählt, das

Staatenhaus mit in den Ländern ebenfalls direkt gewählten Senatoren besetzt werden. Brills Konzept war keineswegs zentralistisch, aber auch nicht dezidiert föderalistisch, daher stieß es bei den Ministerpräsidenten auf offene Ablehnung: Es wurde als «privater Entwurf» Brills zu den Akten genommen. Bis er im Juli 1948 aufgelöst wurde, hat sich der Verfassungsausschuss des Friedensbüros auf keinen gemeinsamen Entwurf einigen können.

Hermann Brill hat allerdings noch einen zweiten Plan gemacht. Angesichts der dramatischen wirtschaftlichen Lage in den Besatzungszonen, einer drohenden Versorgungskrise und einer zunehmend überforderten Verwaltung, regte er die Bildung einer vorläufigen «Realunion» an, eines Zweckverbands, zu dem sich die Länder zusammenschließen sollten, um die drängendsten Probleme in den Griff zu bekommen. Ausdrücklich wies Brill darauf hin, dass es sich um eine Notmaßnahme handle und der Zweckverband keineswegs als Staat anzusehen sei. Für den Entwurf gab es einen aktuellen Anlass: Der bayerische Ministerpräsident Hans Ehard (CSU), seit Ende 1946 Nachfolger Hoegners, hatte für Anfang Juni 1947 eine Ministerpräsidentenkonferenz nach München einberufen, auf der mit den Regierungschefs der sowjetischen Besatzungszone Vereinbarungen für eine gesamtdeutsche politische und wirtschaftliche Zusammenarbeit getroffen werden sollten. Die Sozialdemokraten Fritz Eberhard, Leiter des Friedensbüros, und Carlo Schmid, der Justizminister Württemberg-Hohenzollerns, hatten dem Entwurf zugestimmt, aber die Münchener Ministerpräsidentenkonferenz hat er nie erreicht. Kurt Schumacher verbot die Vorlage. Er witterte einen Anschlag der Föderalisten. Nach dem bayerischen Sozialdemokraten und Erz-Föderalisten Wilhelm Hoegner, den Schumacher längst mit Acht und Bann belegt hatte, schien nun auch Brill die Sache des dezentralisierten Einheitsstaats verraten zu haben. Carlo Schmid, mehr Gelehrter als Kämpfer, hatte sich mit einer Ergebenheitsadresse dem Zorn des Vorsitzenden entzogen. Brill aber widersprach Kurt Schumacher und fand sich alsbald in der vertrauten Rolle des Außenseiters wieder.

Den höchsten Preis hatte allerdings Schumacher selbst zu zahlen.

Sein Zentralismus war zwar gesellschaftspolitisch schlüssig motiviert, stand jedoch quer zu den Plänen der westlichen Siegermächte. Von Anfang an sahen sie für Westdeutschland eine föderalistische Staatsordnung vor. Je verbissener Schumacher um den dezentralisierten Einheitsstaat kämpfte, desto rascher sank sein Ansehen bei den Alliierten.

Die Masse – nicht die Klasse

Wer die Nachkriegsparteien und ihre Pläne für den Neu- oder Wiederaufbau Deutschlands betrachtet, dem bietet sich ein verwirrendes Bild. Nach außen wirkt die mitgliederstarke, bereits wieder gut organisierte SPD beeindruckend geschlossen, mit harter Hand von Schumacher geführt und auf den festgelegten Kurs zum dezentralisierten Einheitsstaat und zur Wirtschaftsdemokratie verpflichtet. Doch der Eindruck täuscht. Nicht nur Hoegner, Brill und Eberhard haben jeweils eigene Vorstellungen, auch die sozialdemokratischen Regierungschefs in Bremen, Wilhelm Kaisen, und Hamburg, Max Brauer, verfolgen eher die Interessen ihrer Länder als den Kurs der Partei. Und Carlo Schmid, ist er Zentralist oder Föderalist? Vor allem ist der Staatsrechtler intellektuell extrem gelenkig. Eine Zeitlang halten ihn sowohl Hoegner als auch Schumacher für ihren Verbündeten.

Noch unübersichtlicher ist die Lage in der CSU. Seit ihrer Gründung stehen sich in ihr drei Gruppen feindselig gegenüber und stürzen die junge Partei sofort in schwerste Auseinandersetzungen. Der katholisch-konservative Flügel wird repräsentiert vom ehemaligen Vorsitzenden der Bayerischen Volkspartei und kurzzeitigen Ministerpräsidenten Fritz Schäffer sowie von Alois Hundhammer, vormals stellvertretender Generalsekretär des Bayerischen Christlichen Bauernvereins. Zu dieser Gruppe, die das katholische Bayern als Bollwerk gegen den drohenden Nihilismus versteht und schon deshalb die Eingliederung der CSU in die überkonfessionelle Volkspartei CDU entschieden ablehnt, gehört auch

Anton Pfeiffer. Der andere Flügel sieht die Zukunft der CSU als überkonfessionelle Massenpartei, liberal-konservativ und offen für die Idee des christlichen Sozialismus. Ihr Wortführer, der Münchener Rechtsanwalt Josef Müller, genannt «Ochsensepp», stimmt in den entscheidenden Fragen mit Jakob Kaiser überein und strebt die Integration seiner Partei in die CDU an. Zu seinen Anhängern zählt unter anderem der junge Franz Josef Strauß. Zwischen den Flügeln steht der Kreis um die Bauernführer Michael Horlacher und Alois Schlögl, die einerseits den Schäffer / Hundhammer-Flügel im Kampf um die bayerische Eigenstaatlichkeit unterstützen, andererseits die Sozialdemokraten in der Frage der Wirtschaftslenkung.

Der mit äußerster Härte geführte innerparteiliche Machtkampf hindert die CSU trotz eines überwältigenden Wahlsiegs (52,3 Prozent), nach der ersten Landtagswahl im Dezember 1946, allein eine Regierung zu bilden. Weder der Kandidat des Schäffer / Hundhammer-Flügels – Anton Pfeiffer – noch Josef Müller setzt sich am Ende durch, sondern der bis dahin in der Partei unbekannte Hans Ehard, der sich aus den Konflikten herausgehalten hatte. Er geht eine Koalition mit der SPD und der obskuren Wirtschaftlichen-Aufbau-Vereinigung ein. Noch instabiler wird die Lage in der Partei im März 1948 nach der Gründung der Bayernpartei, die zunehmend Resonanz in der Bevölkerung findet und mit ihren ultraföderalistischen Positionen («Weißwurstfaschisten») die CSU vor sich her treibt. Die Labilität und die dadurch verursachte Unzuverlässigkeit der CSU wird eine der wesentlichen Ursachen der schweren Auseinandersetzungen sein, die die Arbeit der CDU / CSU-Fraktion im Parlamentarischen Rat belasten.

In der CDU, der Partei mit der heterogensten Mitgliedschaft, verlaufen die Konfliktlinien anders. Entscheidend sind nicht die Auseinandersetzungen um den christlichen Sozialismus; diesen Konflikt entschärft Adenauer im Februar 1947 mit dem Ahlener Programm. Im Oktober 1946 hatte die Labour-Regierung die Sozialisierung der Ruhrindustrie angekündigt und die Deutschen aufgefordert, die dazu notwendigen Maßnahmen zu treffen. Um einem Streit sowohl mit der Besatzungsmacht als auch in der eigenen Partei aus dem Wege zu gehen, entwirft der Sozialisierungsgegner Adenauer in dem Programm selbst ein unscharfes Sozialisierungsmodell und beherzigt damit die Erkenntnis Georg Christoph Lichtenbergs: «Die Fliege, die nicht geklappt sein will, setzt sich am sichersten auf die Klappe selbst.» Zwar fordert die Präambel, «durch eine gemeinwirtschaftliche Ordnung soll das deutsche Volk eine Wirtschafts- und Sozialverfassung erhalten», aber insgesamt ist das Programm so vage formuliert, dass sich sowohl christliche Sozialisten als auch die Anhänger der Marktwirtschaft darin wiederfinden können. Mit dem bald einsetzenden Erfolg der Währungsreform im Sommer 1948 wird es für die CDU ohnehin schnell bedeutungslos.

Bemerkenswert ist das Ahlener Programm aus einem anderen Grund. Es folgt einem Leitgedanken, der grundsätzlich nicht nur in der Union, sondern auch bei den Liberalen unumstritten ist – dem Prinzip der Machtverteilung. Sowohl der private als auch der staatliche Einfluss auf die Großindustrie soll durch die Aufteilung der Anteilsrechte vermindert und so eine gegenseitige Kontrolle der Teilhaber erreicht werden. Das «Großkapital» soll dadurch ausgeschlossen sein, dass private Interessenten maximal Anteile in Höhe von 10 Prozent erwerben dürfen.[14]

Diese «Industrieverfassung» ist nur die wirtschaftspolitische Variante des christlich-demokratischen ebenso wie des liberalen Programms, auf allen Ebenen Machtkonzentrationen aufzulösen, also sowohl die Wirtschaft als auch die Gesellschaft und den Staat weitgehend zu dezentralisieren. Die Sozialdemokraten machen «die Kräfte der Reaktion», den deutschen «Großbesitz und die Militaristen» (Kurt Schumacher) – eine Klasse – für den Aufstieg des Nationalsozialismus verantwortlich, die Christdemokraten und Liberalen hingegen erkennen die Ursache in der «Atomisierung der Gesellschaft», in der «Vermassung», «Proletarisierung» und «Traditionslosigkeit» des modernen Menschen. Nicht eine bestimmte Klasse, sondern im Gegenteil die durch nichts und niemanden, durch keine sozialen Wurzeln und keine verbindlichen Werte mehr zusammengehaltene Masse habe den Totalitarismus erst ermöglicht. Nationalsozialismus, Kommunismus und das bürokratische Monster des «Zwangs- und Planstaats» als drei Erscheinungsformen der modernen Massengesellschaft – in dieser Gesellschafts- und Kulturkritik stimmen liberale Vordenker wie der Wirtschaftswissenschaftler Alfred Müller-Armack, Erfinder des Begriffs «soziale Marktwirtschaft», und sein Kollege Wilhelm Röpke mit Vertretern der christlichen Soziallehre vollkommen überein. Gegen den Kollektivismus setzen sie die dezentralisierte Gesellschaft: eine Wirtschaft ohne Monopole, ohne Großbetriebe, ohne Konzerne und Kartelle, und eine Politik, in der die Macht aufgeteilt und die Gefahr des Machtmissbrauchs durch ein System der «checks and balances» gebannt ist. In der neu strukturierten Gesellschaft tritt an die Stelle des entwurzelten «Massenmenschen» das gemeinschaftsgebundene Individuum, die Person.

Eine solche «Gleichgewichtspolitik der Demokratie» (Eugen Kogon) kann nur funktionieren, wenn keine Staatsgewalt eine andere dominiert. Für die Sozialdemokraten ist allein das unmittelbar gewählte Parlament Repräsentant der Volkssouveränität. Es verfügt über eine Sonderstellung mit möglichst großem Gestaltungsspielraum und ist nur durch einen Verfassungsgerichtshof zu kontrollieren. Demgegenüber bestehen die Christdemokraten darauf, Parlament (Legislative), Regierung (Exekutive) und Rechtsprechung (Judikative) seien durch die Volkssouveränität gleichermaßen legitimiert, eine herausgehobene Stellung des Parlaments bedeute eine gefährliche Konzentration politischer Macht und könne zum «Parlamentabsolutismus», zur «Tyrannei der Mehrheit» führen. Die Geschichte des Parlamentarismus, warnte der rheinland-pfälzische Verfassungspolitiker Adolf Süsterhenn, habe gezeigt, «daß Parlamentsdiktaturen einen nicht geringeren Gewissenszwang auszuüben vermögen als Einmanndiktaturen»[15].

Das System der «checks and balances», das die Christdemokraten vorschlagen, geht über die klassische Gewaltenteilung – Legislative, Exekutive, Judikative – weit hinaus. Als 1946 in den Ländern der amerikanischen und französischen Zone über die künftigen Landesverfassungen diskutiert worden war, hatten sie überall und gegen den erbitterten Widerstand der Sozialdemokraten zusätzliche «Sicherungen gegen einen Mißbrauch der Kernstücke der Demokratie»[16] gefordert. Eine «zweite Kammer», vor allem mit Vertretern der Berufsstände besetzt, sollte ein Gegengewicht zu dem unmittelbar gewählten Landtag bilden. Nachdem die Amerikaner das verboten, schlugen die Christdemokraten vor, Mitglieder der Stadt- und Landkreise in die «zweite Kammer» zu entsenden, Hauptsache, das Parlament würde geschwächt und die «Tyrannei der Mehrheit» verhindert.

Diese Funktion hatten die Christdemokraten in den Ländern auch dem «Staatspräsidenten» zugedacht, der neben den Ministerpräsidenten treten sollte, eine dem parteipolitischen Tageskampf entrückte Galionsfigur. Anders als der geistige Vater der rheinland-pfälzischen Verfassung, Adolf Süsterhenn, der den Kampf für einen «Staatspräsidenten» angesichts des Widerstands der Sozialdemokraten schnell und geräuschlos aufgab, hielt die CSU vehement daran fest. Dazu hatte sie nicht zuletzt das Verhalten des früheren Ministerpräsidenten Wilhelm Hoegner ermuntert, der sich strammen Schritts auf dem Weg in die innerparteiliche Isolation befand und mit der CSU leidenschaftlich für das Amt des Staatspräsidenten kämpfte. Er verlor, weil ausgerechnet der liberal-konservative CSU-«Ochsensepp» Josef Müller sich als scharfer Gegner dieses Amtes positionierte. Am Ende lehnte die Verfassunggebende Landesversammlung das Amt des Staatspräsidenten mit einer Stimme Mehrheit ab. Als einziges Bundesland gab sich zwar Bayern eine «zweite Kammer» («Senat»), die aber war – als Kompromiss mit der SPD – fast ohne Kompetenzen und hat ihren Zweck, Bremse des Gesetzgebers zu sein, niemals erfüllen können.

Der Streit um die «zweite Kammer» war ein Streit zwischen Christdemokraten und Sozialdemokraten, solange es sich um die Gewaltenteilung in den Ländern handelte. Sobald er jedoch die Länderebene verließ und sich auf die Bundesebene – den künftigen Weststaat – verlagerte, wurde er zu einem veritablen Streit innerhalb der Union. In ihm standen sich ausschließlich Föderalisten gegenüber, aber sie favorisierten – aus sehr plausiblen Gründen – zwei verschiedene Föderalismus-Modelle. Im Prinzip ging es um die

Frage: Genügt es, wenn sich in erster Linie die drei Staatsgewalten der Zentrale (des Bundes) gegenseitig kontrollieren und die Bundesländer nur in zweiter Linie an der Machtaufteilung beteiligt werden? Oder ist eine gleichberechtigte, direkte Mitwirkung der Länder an der Gesetzgebung des Bundes durch einen Bundesrat als «zweite Kammer» unerlässlich? Aber selbstverständlich ging es in dem Streit nicht nur ums Prinzip, mindestens genauso wichtig waren handfeste Interessen.

Wieder war es Anton Pfeiffer, der die Sache des Föderalismus, diesmal durch seinen Einsatz für den Bundesrat, befeuerte. Auf seine Initiative schlossen sich im März 1947 christdemokratische Föderalisten aus der amerikanischen und französischen Zone zum «Ellwanger Kreis» zusammen, um Modelle für die föderalistische Neugestaltung Deutschlands zu diskutieren. In einem Exerzitienhaus in der Nähe des beschaulichen württembergischen Städtchens trafen sich unter anderem der rheinland-pfälzische Justizminister Adolf Süsterhenn, der bayerische Ministerpräsident Hans Ehard, der hessische Landtagsabgeordnete und Verfassungsexperte Heinrich von Brentano, der stellvertretende hessische Ministerpräsident und frühere KZ-Häftling Werner Hilpert und der Staatssekretär im hessischen Staatsministerium Walter Strauß, vormals Beamter im Reichswirtschaftsministerium und wegen seiner jüdischen Herkunft 1935 entlassen. Alsbald tauchten in der Presse Gerüchte über angebliche separatistische Pläne auf. Angeführt von den Bayern, spiele der Kreis mit dem Gedanken einer «Donaukonföderation» oder eines südwestdeutschen Staatenbundes. Das ist übertrieben, aber zweifellos betrachtete Anton Pfeiffer den «Ellwanger Kreis» als Chance, seine extrem föderalistischen Vorstellungen innerhalb der CDU durchzusetzen.

Der Widerstand kommt aus der britischen Zone, und angeführt wird er von Konrad Adenauer. An der Spitze einer Partei-Delegation reist er am 13. April 1948 zu einem Treffen mit dem «Ellwanger Kreis» in das Spessart-Örtchen Bad Brückenau. Adenauer ist entschlossen, einen «Bundesrat» in jedem Falle zu verhindern. Zwar ist er Föderalist, vor allem aber ist er Parteipolitiker. So wie Schumacher es abgelehnt hat, Ministerpräsident einer SPD-geführten Landesregierung zu werden, um den Rücken für den Aufbau der Partei frei zu haben, weist Adenauer, Vorsitzender der nordrhein-westfälischen CDU-Landtagsfraktion, jeden Gedanken daran zurück, als einflussreicher Minister in das nordrhein-westfälische Kabinett des ihm zunehmend «verhaßten»[17] linken Parteifreunds Karl Arnold einzurücken. Für Schumacher sind die Ministerpräsidenten nicht mehr als servile Befehlsempfänger der westlichen Alliierten, die süddeutschen Regierungschefs im Länderrat der US-Zone nennt er verächtlich «Zaunkönige», provinzielle Figuren, deren Horizonte an den Landesgrenzen enden. Adenauers Sympathie für die «Zaunkönige» – auch er nennt sie so – ist nicht viel größer. Wie Schumacher rechnet er fest damit, dass die entscheidende Rolle bei der Neugestaltung Deutschlands die Parteien spielen werden, nicht die Länder: «Unter keinem Vorwand sind, das muss eindeutig festgelegt werden, die Ministerpräsidenten zu etwas anderem legitimiert, als ihre Länder zu verwalten.»

Schumacher befürchtet, eine CDU-Mehrheit im Bundesrat könnte die wirtschaftspolitischen Reformen eines sozialdemokratisch dominierten Bundestages verhindern, Adenauer entsetzt sich angesichts der Vorstellung, die SPD – «unser gefährlichster Feind» – werde mit Hilfe von Mehrheiten im Bundesrat und Bundestag unverrückbare Fundamente des neuen Staatsgebildes legen. Er und die Christdemokraten der britischen Zone sympathisieren deshalb mit einem «Senat» als zweiter Kammer, der teilweise von den Landtagen gewählt wird, dem aber auch Vertreter der Berufsstände angehören sollen.

In fast allen Fragen können sich die 23 Christdemokraten aus den drei westlichen Besatzungszonen auf ihrem Treffen in Bad Brückenau einigen, auch auf den Namen der neuen Republik: «Deutschland soll ein Bundesstaat mit der Bezeichnung ‹Bundesrepublik Deutschland› sein.» Aber es gelingt ihnen nicht, sich auf einen Kompromiss zwischen dem Bundesrats- und dem Senatsmodell zu verständigen. Die Lösung, die der Parlamentarische Rat schließlich findet, wird so erstaunlich sein wie die Art und Weise ihres Zustandekommens.

Sie ist wichtig für die künftige politische Machtverteilung, aber nicht entscheidend für das Selbstverständnis der neuen Republik. Dieses entsteht auf dem Schutt des zerschlagenen Deutschland, genauer: auf den Trümmern des zerstörten Bildes, in dem der deutsche Staat sich jahrhundertelang zu erkennen glaubte. Die Westdeutschen haben es nach dem Krieg nicht zusammengesetzt. Sie haben ein neues gemalt, nicht erst im Parlamentarischen Rat, sondern in den Verfassunggebenden Versammlungen der Länder. Es waren damals viele Maler am Werk, Vertreter der verschiedensten Schulen, aber die Staats-Bilder, die damals entstanden, glichen einander in den wesentlichen Punkten bis ins Detail. Das Bild, in dem der neue Staat sich künftig selbst erkennen sollte, zeigte ihn nicht mehr als Herrn, sondern als Diener der Menschen, nicht mehr allmächtig, sondern an die Grundrechte gebunden. Als sich der Parlamentarische Rat darüberbeugte, war das Bild fast fertig.

Die «kopernikanische Wende»

Die Teilung Deutschlands war eine zunächst von niemandem gewollte Folge der Nachkriegspolitik, aber die Aufteilung Westdeutschlands in Länder war ein Produkt alliierter Planung. Größe und Zuschnitt der neuen Bundesländer orientierten sich an Größe und Zuschnitt der Besatzungszone, der sie angehörten, und an politischen und wirtschaftlichen Erwägungen der zuständigen Besatzungsmacht, nicht immer an der Vernunft, in keinem Fall an den Wünschen der Deutschen. Sie wurden nicht gefragt. Neben den alten Stadtstaaten Bremen und Hamburg hat nur Bayern – abgesehen von dem Verlust der Pfalz – die Neuvermessung Westdeutschlands durch die Siegermächte ohne Umbildung überstanden. In der britischen Zone wurde die frühere preußische Provinz Hannover, eingeschlossen Schaumburg-Lippe, mit Oldenburg und Braunschweig zum Land Niedersachsen zusammengelegt, die Rheinprovinz mit Westfalen zu Nordrhein-Westfalen. Frankreich hatte zwar mit 6 Millionen Einwohnern die kleinste Zone, aber – anders als die

Briten und die Amerikaner – kein geschlossenes Zonengebiet. Das Konstrukt Rheinland-Pfalz schufen die Franzosen aus der bisher bayerischen Pfalz, aus linksrheinischen Gebieten des früheren Landes Hessen-Darmstadt und aus Ländereien der preußischen Provinzen Hessen-Nassau und Rheinland. Neu gegründet wurden die Länder (Süd-)Baden und Württemberg-Hohenzollern, in die amerikanische Zone fiel hingegen das Land Württemberg-Baden (erst 1952 wurden die drei Länder zusammengelegt). Mit der Fusion von Hessen-Darmstadt und Hessen-Nassau zu (Groß-)Hessen hatten die Amerikaner immerhin einen alten Plan der Deutschen nach 1918 aufgegriffen. Schon der Vater der Weimarer Reichsverfassung, Hugo Preuss, hatte die Verbindung der beiden Länder vorgesehen.

Zwar haben die Amerikaner die Länder ihrer Zone feierlich «Staaten» genannt – darin sollte der gewünschte föderalistische Aufbau des neuen Gesamtstaats zum Ausdruck kommen –, aber das war Etikettenschwindel. Was den Staaten fehlte, war ein Minimum an souveräner Staatsgewalt. Die Ministerpräsidenten, die Regierungen und die Landtage konnten beschließen, was sie wollten, es genügte ein Federstrich der Militärgouverneure, und alle Beschlüsse wurden Makulatur. Ein amerikanischer Berater der US-Militärregierung hatte den Länderrat, in dem die Ministerpräsidenten ihrer Zone saßen, mit einer großen Glaskugel verglichen, «in deren Wasser die Goldfische unbehindert ihr Leben führen, aber ständig darauf kontrolliert werden, ob sie sich miteinander vertragen»[18]. Anfang 1946 füllten die Amerikaner das nächste Wasserglas und setzten als Goldfische die Verfassunggebenden Landesversammlungen hinein. Im Februar bekamen die Ministerpräsidenten der amerikanischen Zone von der Militärregierung den Auftrag, entsprechende Wahlen anzuberaumen und bis zum Jahresende genehmigungsfähige Verfassungen vorzulegen.

Wenige Monate nach den Amerikanern beschlossen auch die Franzosen, dass die Länder ihrer Zone sich eine Verfassung geben sollten – die Briten zogen erst später nach –, und in Freiburg, der Hauptstadt des Landes Baden, konstituierte sich eine Beratende

Landesversammlung. Während sie tagte, wurde die badische Öffentlichkeit von einem doppelten Justizskandal aufgewühlt. Heinrich Tillessen, einer der beiden Mörder des Weimarer Reichsfinanzministers Matthias Erzberger, war von einem Freiburger Gericht – unter dem Vorsitz eines Richters namens Göring – vom Vorwurf des Mordes freigesprochen worden. Das Urteil hatte Richter Göring mit dem Amnestie-Gesetz vom 21. März 1933 («Verordnung des Reichspräsidenten über die Gewährung von Straffreiheit») begründet, wonach «für Straftaten, die im Kampfe für die nationale Erhebung des Deutschen Volkes, zu ihrer Vorbereitung oder im Kampfe für die deutsche Scholle begangen sind, Straffreiheit» gewährt wurde.[19] Göring hatte keinen Anlass gesehen, an der Gültigkeit nationalsozialistischen Rechts zu zweifeln. Eine Gruppe im Gerichtssaal anwesender Freiburger Studenten hatte das Urteil mit Jubel aufgenommen.

Doch war die französische Militärregierung mit der Entscheidung unzufrieden. Sie hatte Göring abgesetzt und ihr genehme Richter mit der Rechtfindung im Falle Tillessen beauftragt. Daraufhin hatte der höchste Justizbeamte Badens, der deutsche Ministerialdirektor Paul Zürcher, aus Protest seinen Rücktritt erklärt. Der «Spiegel» schrieb: «Die Juristen der Zone bedauern, daß die Militärregierung sich veranlaßt gesehen hat, den Grundsatz von der Unverletzlichkeit (sic!) des Richters anzutasten. Aber weitaus die meisten von ihnen bedauern noch mehr, daß ein deutsches Gericht diese Maßnahme herausgefordert hat, indem es einen Mörder auf Grund einer Nazi-Klausel straflos ausgehen ließ.»[20]

Dieser Fall schien die Bedenken deutscher Politiker zu bestätigen: Welchen Sinn sollte es haben, vollständige Verfassungen auszuformulieren, wenn die Besatzungsmacht sie jederzeit ignorieren konnte, mit Kompetenzen für die Landtage, an deren Beschlüsse sich die Militärregierung nicht halten mussten, mit Garantien der richterlichen Unabhängigkeit, über die sich die Siegermächte ohne weiteres hinwegsetzen konnten? Carlo Schmid, von der württembergisch-badischen Regierung mit dem Entwurf einer Landesverfassung beauftragt, hat auf die Bedenken erwidert: «Ich glaube, es ist gut, daß wir jetzt schon unter der Fremdherrschaft unsere Staatsgesinnung schaffen, ihr Ausdruck verleihen, damit jetzt in dieser verhältnismäßigen Windstille etwas gedeihen könnte, das bei stürmischem Klima, wie es die reine Freiheit bringt, vielleicht in seinem Wachstum mehr gefährdet wäre als heute.»[21] Für Schmid sollten die Landesverfassungen, die 1946 in den Ländern der amerikanischen und französischen Zone entstanden, «Bausteine» für eine «künftige Reichsverfassung» sein.

Aber sie wurden sehr viel mehr. Nicht erst das Grundgesetz hat die Lehren aus dem Scheitern der Weimarer Republik und aus der nationalsozialistischen Gewaltherrschaft gezogen, sondern bereits die Verfassungen der Länder. Nicht erst die Autoren des Grundgesetzes, sondern die Autoren der Länderverfassungen haben den Staat vom Sockel gestoßen und die Person an seine Stelle gesetzt. Das war nur natürlich, denn etliche waren an beiden Arbeiten beteiligt: Carlo Schmid, Adolf Süsterhenn, Georg August Zinn, Ludwig Bergsträßer oder Heinrich von Brentano.

Der Austausch auf dem Sockel ist damals fast unbemerkt geblieben. Das lag am Gelärme im Streit der Parteien um die «zweite Kammer» und den «Staatspräsidenten», der nicht nur die gewählten Versammlungen beherrschte, die mit der Ausarbeitung der Verfassungen beschäftigt waren, sondern auch die Presse. Vor allem aber lag es an der Geräuschlosigkeit, mit der die Verfassungsautoren den Austausch überall vollzogen, so einmütig, als gäbe es keine Parteiprogramme und keine deutsche Verfassungstradition. Von den Besatzungsmächten hatten sie hier nichts zu befürchten. Die Militärregierungen hatten sogar angeordnet, in die Verfassungen seien Grundrechte hineinzuschreiben. Welchen Rang und welche Verbindlichkeit sie haben würden, hatten die Deutschen zu entscheiden.

Hat Konrad Adenauer Carlo Schmid gelesen oder ist Carlo Schmid bei Konrad Adenauer in die Schule gegangen? Als Ursache der deutschen Malaise hatte Adenauer beklagt, das deutsche Volk habe «den Staat zum Götzen gemacht und auf den Altar erhoben; die

Einzelperson, ihre Würde und ihren Wert hatte es diesem Götzen geopfert».[22] In der weitgehend von Schmid geschriebenen Verfassung für Württemberg-Baden war es mit dem Götzendienst vorbei. In Artikel 1 – der fast aufs Wort genau einem Passus der von Walter Menzel formulierten SPD-Richtlinien entsprach – wurde der Götze von einst zum Dienen verpflichtet: «Der Mensch ist berufen, in der ihn umgebenden Gemeinschaft seine Gaben in Freiheit und in der Erfüllung des ewigen Sittengesetzes zu seinem und der anderen Wohl zu entfalten. Der Staat hat die Aufgabe, ihm hierbei zu dienen.» (Artikel 1)

Der Staat als Diener der Freiheit, nicht nur der Deutschen, sondern des Menschen – das war die «kopernikanische Wende»[23] im deutschen Staatsverständnis, die sich in den Länderverfassungen, später im Entwurf des Verfassungskonvents von Herrenchiemsee und danach im Grundgesetz vollzog. Noch die Weimarer Verfassung hatte die Grundrechte als freiwillig gewährte Angebote des Staates betrachtet, auf die die Bürger keinen Anspruch hatten und die jederzeit widerrufen werden konnten. Die Vorstellung, dass der Mensch von Geburt an unveräußerliche, vorstaatliche Rechte habe, «sei zum Glück für die Rechtswissenschaft nunmehr endgültig überwunden», hatte 1905 eine wissenschaftliche Untersuchung triumphierend vermeldet.[24] Das bedeutete zugleich den Rückfall des deutschen Staatsrechts hinter die amerikanischen Menschenrechtserklärungen und hinter die deutsche Aufklärung. Das Naturrecht – mochte es nun christlich oder humanistisch begründet sein – ist nach dem Krieg über New York nach Deutschland zurückgekehrt. In ihrer Charta vom 26. Juni 1945 hatten die Vereinten Nationen ihren «Glauben an grundlegende Menschenrechte, an die Würde und den Wert der menschlichen Persönlichkeit» beteuert und auf diese Weise an die amerikanischen Menschenrechtserklärungen angeknüpft. Darauf bezogen sich die Schöpfer der Länderverfassungen und damit – teils bewusst, teil unbewusst – auch auf das Menschenbild des Kreisauer Kreises.

Die Weimarer Verfassung – vom früheren Berliner Polizeipräsidenten Albert Grzesinski 1943 in New York als die «demokratischste der Welt» gefeiert – hatte nur «Grundrechte und Grundpflichten der Deutschen» gekannt, ein wenig versteckt im zweiten Hauptteil. Entscheidend aber war, dass diese «Grundrechte» keine verbindlichen, einklagbaren Rechte waren, sondern politische Proklamationen, die den Deutschen etliche Freiheiten verhießen, allerdings ohne die Möglichkeit, sie auf dem Rechtsweg durchzusetzen.

Nach dem neuen Staatsverständnis hingegen sind Träger der Grundrechte nicht mehr nur Deutsche, sondern im Prinzip alle Menschen, unabhängig von ihrer Nationalität. Und als vorstaatliche, «natürliche» Rechte, die jedermann aus eigener Vollkommenheit dem Staat gegenüber zustehen, müssen sie auch einklagbar sein. Entsprechend hieß es nun beispielsweise in der hessischen Verfassung, die Grundrechte «binden den Gesetzgeber, den Richter und die Verwaltung unmittelbar» (Art. 26). Das war der entscheidende Satz. Er bedeutet: Der Staat herrscht nicht nur durch das Recht, er wird selbst vom Recht, von den Grundrechten beherrscht.

Fast so bemerkenswert wie das neue Staatsverständnis, das aus den Nachkriegsverfassungen der Länder sprach, war die grundsätzliche Übereinstimmung ihrer geistigen Väter. Den Entwurf der rheinland-pfälzischen Landesverfassung hat Adolf Süsterhenn geschrieben, ein erzkatholischer, sittenstrenger Jurist, der die Menschenrechte unter Berufung auf Albertus Magnus und Thomas von Aquin mit dem christlichen Naturrecht begründete. Die hessische Verfassung, in wesentlichen Teilen erarbeitet von den Sozialdemokraten Georg August Zinn und Ludwig Bergsträßer und dem Christdemokraten Heinrich von Brentano, war ein Kompromiss der beiden großen Parteien, die Verfassung Württemberg-Badens hat Carlo Schmid entworfen, der die Menschenrechte sehr nüchtern als Normen begriff, die man «in einem weltweiten Consensus in den Begriff der Demokratie eingeflochten hat»[25]. Trotz unterschiedlicher geistiger Provenienz und Parteizugehörigkeit gelangten alle in dem entscheidenden Punkt zu demselben Ergebnis: Zweck des Staates ist allein der Mensch, der Schutz der Menschenwürde seine vornehmste Aufgabe. Die Grundrechte rückten an die erste Stelle. Fast alle Länderverfassungen – nicht die bayerische – eröffneten mit ihnen, erst danach folgten die Artikel über die Organisation des Staates.

Diese «kopernikanische Wende» hat zugleich eine Debatte beendet, in der sich Jahre zuvor das ganze Elend der deutschen Verfassungstradition gezeigt hatte. Erstmals wurde in den Länderverfassungen auch der Gesetzgeber an die Grundrechte gebunden, das heißt, zum ersten Mal in der deutschen Geschichte bekamen die Gerichte – Verfassungs- oder Staatsgerichtshöfe – die Aufgabe, Gesetze auf ihre Verfassungsmäßigkeit zu überprüfen. Diese Normenkontrolle passte nicht in die deutsche Rechtstradition: Im 19. und im ersten Drittel des 20. Jahrhunderts waren Parlamente und Grundrechte fast ausschließlich als Schutz vor der monarchischen Exekutive begriffen worden. Parlamente galten als «Hüter der Freiheit», nicht als potenzielle Bedrohung der Freiheit, die von ihnen verabschiedeten Gesetze entsprechend als Waffen im Kampf gegen monarchische Willkür. Aber an die Gefahren, die von Parlamenten drohen, hatte schon zu Beginn des 19. Jahrhunderts John Marshall, Chief Justice am amerikanischen Supreme Court, erinnert und in einer spektakulären Entscheidung am 24. Februar 1803 daraus Konsequenzen gezogen: «Die Kompetenzen des Parlaments sind genau bestimmt und beschränkt, und damit diese Schranken nicht übertreten oder vergessen werden, dazu ist die Verfassung ein schriftliches Dokument. Zu welchem Zweck werden die Kompetenzen beschränkt und zu welchem Zweck wird diese Beschränkung schriftlich fixiert, wenn solche Schranken jederzeit durch diejenigen übertreten werden können, welche in Schranken zu weisen beabsichtigt war?»[26] Das war die Begründung, mit der John Marshall seinem obersten Gericht das Recht zur Normenkontrolle zuerkannte: Gesetze sind unwirksam, wenn sie der Verfassung widersprechen.

Nach dem Ersten Weltkrieg hatte Marshalls Botschaft immerhin Österreich erreicht, das 1920 seinem Verfassungsgericht ebenfalls das Recht zur Normenkontrolle gab. Deutschland kannte zwar einen Staatsgerichtshof – angeschlossen an das Reichsgericht in

Leipzig –, der allerdings in erster Linie für Streitigkeiten zwischen einem Land und dem Reich oder zwischen den Ländern zuständig war. Das Recht zur Normenkontrolle hatte er nicht, und als das Reichsgericht es sich im Streit um ein Gesetz zu nehmen versuchte, war es zum Eklat gekommen. Die Richter hatten schließlich nachgegeben, und der Präsident des Reichsgerichts – Walter Simons – hatte bekannt, einem deutschen Richter komme es nicht zu, sich «über den souveränen Gesetzgeber zu stellen».[27]

So wird auch noch 1946 der Freiburger Richter Göring empfunden haben. Aber der systematische Missbrauch der Gesetzgebung nach 1933 hatte das Bild vom «souveränen Gesetzgeber» ein für alle Mal desavouiert. Die Bindung der Legislative an die Grundrechte und die verfassungsgerichtliche Kontrolle der Gesetze waren die Konsequenzen. Vor allem bei der Errichtung des Bayerischen Verfassungsgerichtshofes diente das österreichische Verfassungsgericht als Vorbild. Dafür hatte Hans Nawiasky gesorgt, der in Wien zum Kreis um Hans Kelsen, dem Spiritus Rector des österreichischen Verfassungsgerichts, gehört hatte.

Als im August 1948 der Verfassungskonvent von Herrenchiemsee zusammenkam, um die Arbeit des Parlamentarischen Rates vorzubereiten, lag den Teilnehmern ein «Bayerischer Entwurf eines Grundgesetzes» in 94 Artikeln vor. Auch an ihm war Nawiasky maßgeblich beteiligt. Der Entwurf enthielt die Einrichtung eines Bundesverfassungsgerichts, gestaltet nach dem Vorbild des Bayerischen Verfassungsgerichthofes. Im Bundesverfassungsgericht fand der Austausch auf dem Sockel – Staat gegen Person – später sein unbestrittenes Symbol.

Die «kopernikanische Wende» im Staatsbild hat damals niemanden erregt, kaum dass sie zunächst überhaupt öffentlich bemerkt worden ist. Ein wenig mehr Aufmerksamkeit fand da schon die Reaktion der Länderverfassungen auf die parlamentarische Selbstzerstörung der Weimarer Republik. Bis zur Machtübernahme Hitlers am 30. Januar 1933 hatten sich 20 Kabinette zerschlissen. Es war ein Konstruktionsfehler der Verfassung gewesen, dass Bündnisse einander bekämpfender Parteien zwar Regierungen hatten stürzen können, ohne aber selbst regierungsfähig oder -willig zu sein.

Ein Jahr vor dem Ende der Weimarer Republik hatte der sozialdemokratische Jurist und Politikwissenschaftler Ernst Fraenkel – wie Carlo Schmid ein Doktorand Hugo Sinzheimers – ein Instrument entwickelt, um diesen Fehler zu beheben: «Unser Vorschlag geht dahin, einem Mißtrauensvotum des Parlaments gegen den Kanzler oder Minister nur dann die Rechtsfolge des Rücktrittszwanges zu verleihen, wenn die Volksvertretung das Mißtrauensvotum mit dem positiven Vorschlag an den Präsidenten verbindet, eine namentlich präsentierte Persönlichkeit an Stelle des gestürzten Staatsfunktionärs zu setzen.»[28] Für die Weimarer Republik war Fraenkels «konstruktives Misstrauensvotum» zu spät gekommen. Aber in Verfassungsentwürfen emigrierter Sozialdemokraten wie auch in den «Grundsätzen für die Neuordnung» des Kreisauer Kreises war es festgeschrieben und fand jetzt, in verschiedenen Varianten, Eingang in die Verfassungen der Länder Württemberg-Baden, Baden, Württemberg-Hohenzollern und Bremen. Die erste Initiative zur Einführung des konstruktiven Misstrauensvotums war von Carlo Schmid mit seinem Entwurf der Verfassung für Württemberg-Hohenzollern ausgegangen.

Gestritten wurde in den Länderversammlungen um anderes, außer um die «zweite Kammer» und den «Staatspräsidenten» vor allem um das Elternrecht – das einklagbare Recht, seine Kinder auf eine Bekenntnisschule zu schicken –, in den Nachkriegsjahren eine Grundsatzfrage, die später im Parlamentarischen Rat zu heftigsten Kontroversen mit den Kirchen führte. Gestritten wurde auch mit den Besatzungsmächten, die die Verfassungen zu genehmigen hatten und entsprechend auf die Beratungen Einfluss zu nehmen versuchten, meistens diskret und behutsam, manchmal direkt.

Um einen künftigen Zusammenschluss der Länder Württemberg-Baden (amerikanische Zone) und Württemberg-Hohenzollern (französische Zone) nach dem Ende der Besatzungszeit nicht zu gefährden, setzte sich Carlo Schmid bei der französischen Militärregierung Ende 1946 dafür ein, die bereits beschlossene Verfassung

Württemberg-Badens für Württemberg-Hohenzollern zu übernehmen. Dagegen wehrte sich erfolgreich der württembergisch-hohenzollernsche CDU-Politiker Lorenz Bock – wenig später Staatspräsident des Landes –, der um jeden Preis die Übernahme einer von einem Sozialdemokraten geschriebenen Verfassung verhindern wollte. Daraufhin war Bock selbst mit der Ausarbeitung einer Verfassung beauftragt worden, bei der ihn der damals 77 Jahre alte Präsident des Oberlandesgerichts Tübingen, Emil Niethammer, unterstützte. Bis zu seiner Pensionierung 1937 war Professor Niethammer Reichsgerichtsrat in Leipzig gewesen, nach 1945 mit einem der ersten nach dem Krieg publizierten juristischen Aufsätze zur «Fortdauernden Wirksamkeit der Entscheidungen des Reichsgerichts» hervorgetreten. Darin hatte er die Rechtsprechung des Reichsgerichts in der NS-Zeit gelobt, es habe alle Entscheidungen «auf Menschlichkeit, Wahrheit und Gerechtigkeit ausgerichtet». Um jedem Zweifel vorzubeugen, hatte Niethammer hinzugesetzt: «Das gilt grundsätzlich für alle Entscheidungen» – also auch für die «Rassenschande»-Urteile des Reichsgerichts, also auch für seine Rechtsprechung zum «bürgerlichen Tod» der Juden.[29]

Die französische Militärregierung hat dem Bock-Niethammer-Entwurf im März 1947 die Zustimmung verweigert – er sei autoritär und entschieden undemokratisch.[30] Erst ein neuer, zwischen den Christdemokraten und Carlo Schmid ausgehandelter Kompromiss wurde genehmigt.

Kaum weniger energisch war der Eingriff des stellvertretenden US-Militärgouverneurs Lucius D. Clay in die hessische Verfassungswirklichkeit. Am 1. Dezember 1946 wurden die hessischen Bürger zu zwei Abstimmungen gerufen. Zur Entscheidung stand der Entwurf der hessischen Landesverfassung, mit einem zweiten Stimmzettel sollten die Wähler gesondert über deren Artikel 41 abstimmen: «Mit Inkrafttreten dieser Verfassung werden 1. in Gemeineigentum überführt: der Bergbau (Kohle, Kali, Erze), die Betriebe der Eisen- und Stahlerzeugung, die Betriebe der Energiewirtschaft und das an Schienen oder Oberleitungen gebundene Verkehrswesen;

2. vom Staate beaufsichtigt und verwaltet die Großbanken und Versicherungsunternehmen und diejenigen in Ziffer 1 genannten Betriebe, deren Sitz nicht in Hessen liegt.»

Der Abstimmung über den hessischen Sozialisierungsartikel waren heftige Auseinandersetzungen mit der amerikanischen Militärregierung vorausgegangen. Alle Länderverfassungen sahen die Möglichkeit der Vergesellschaftung von Schlüsselindustrien vor, aber am weitesten ging die hessische Regelung. Das betraf nicht nur den Umfang der Sozialisierung, sondern auch die äußerst beschränkte Entschädigung, die nur nach «sozialen Gesichtspunkten» (Art. 39) gezahlt werden sollte. Eine der entschiedensten Befürworterinnen entschädigungsloser Enteignung war die SPD-Abgeordnete und Rechtsanwältin Elisabeth Selbert gewesen: «Haben Sie sich denn eine Sozialisierung so vorgestellt, daß wir sozialisierungsreife Betriebe nun in Gemeineigentum überführen und dann vielleicht durch einen Taxator oder Wirtschaftsprüfer abschätzen lassen, was dieser Betrieb wert ist und den Betrag, der dafür in Frage kommt, auf ein Bankkonto überweisen? Das wäre ja Kapitalismus im Kapitalismus. Dann würde ja an einer anderen Stelle wieder Einkommen angehäuft, was wir ja gerade beseitigen wollen.»[31]

Die Volksabstimmung über den Sozialisierungsartikel hatte General Clay verlangt. Er war nicht nur ein entschiedener Föderalist, sondern auch überzeugt, dass freies Unternehmertum jeder anderen Wirtschaftsform überlegen sei. Und er war sicher, dass die Deutschen, vor die Wahl gestellt, sich ebenfalls zum Kapitalismus bekennen würden. Das war ein Irrtum: 76,8 Prozent stimmten für den Verfassungsentwurf, 71,9 Prozent für Artikel 41. Das Votum war nicht überraschend. Erstens gingen die meisten Deutschen in den ersten Nachkriegsjahren davon aus, dass noch auf Jahre das einzige Ziel der Wirtschaft darin bestehen werde, den Bedarf der Bevölkerung zu decken. Zweitens vertraten keineswegs nur Sozialdemokraten die Ansicht, neben Staat und Gesellschaft sei auch die Wirtschaft zu demokratisieren. «Bei einer Formaldemokratie in der Politik und beim Vorhandensein eines Absolutismus in der

Wirtschaft kann niemals eine Grundlage für eine sinnvolle Neuordnung des wirtschaftlichen und gesellschaftlichen Lebens gefunden werden.»[32] Dieser Äußerung des nordrhein-westfälischen CDU-Politikers Karl Arnold hätte damals kaum jemand widersprochen. Und drittens gab es ein ebenso egoistisches wie pragmatisches Motiv, der Sozialisierung in Hessen zuzustimmen – die meisten Großbetriebe befanden sich in der Verfügungsgewalt der Besatzungsmächte.

Clay hat das von ihm selbst verlangte Votum der hessischen Bürger ignoriert. Als einige Monate später die hessische Landesregierung unter Berufung auf Artikel 41 die von der US-Militärregierung treuhänderisch verwaltete I. G. Farbenindustrie übernehmen wollte – bis 1945 der weltgrößte Chemiekonzern –, untersagte Clay dies. Vor Bildung einer gesamtdeutschen oder einer übergeordneten deutschen Regierung würden die USA keine Sozialisierung in Deutschland akzeptieren. Damit war die künftige Wirtschaftsordnung in Westdeutschland zwar keineswegs festgeschrieben. Aber den damit eingeschlagenen Weg haben die Deutschen weder in Herrenchiemsee noch im Parlamentarischen Rat in Bonn wieder verlassen.

An der Bedeutung der Verfassungen, die sich die Länder der amerikanischen und der französischen Zone 1946/47 gaben, haben die Eingriffe der Militärregierungen nichts geändert. Wie gravierend der Bruch mit dem überkommenen Staatsbild war, den sie vollzogen, hat sich damals allerdings nicht sogleich herumgesprochen. Dass der Staat künftig der Freiheit seiner Bürger zu dienen habe und nicht umkehrt der Bürger der Sicherheit des Staates, verpflichtete diesen auf eine ungewohnte Rolle, die er offensichtlich erst noch üben musste. Zwischen September 1948 und Februar 1949 wurden in Hessen 11266 Hausdurchsuchungen angeordnet. In 65 Prozent der Fälle lag keine richterliche Anordnung vor. In Württemberg-Baden fehlte sie in 91, in Bayern in 84 Prozent der Fälle. In allen drei Ländern stand das Grundrecht der Unverletzlichkeit der Wohnung in der Verfassung ebenso wie das Gebot einer richterlichen Anordnung bei Hausdurchsuchungen: «Das hessische Innenministerium erklärte, die Polizeibeamten seien bisher nach der Strafprozeßordnung von 1946 und nicht nach der hessischen Verfassung geschult worden; in Zukunft werde die Polizei darauf hingewiesen werden, daß die Bestimmungen der Verfassung einzuhalten seien.»[33]

4. Der Weg nach Bonn

Gerhard Simons, 27 Jahre, ehemaliger Hauptmann, als 547. Soldat der Wehrmacht mit dem Eichenlaub zum Ritterkreuz des Eisernen Kreuzes ausgezeichnet, erprobte im Sommer 1948 die Grenzen der Versammlungsfreiheit. Der stellvertretende AStA-Vorsitzende und Student der Elektrotechnik führte einen Demonstrationszug mit 1500 Kommilitonen der Technischen und der Tierärztlichen Hochschule Hannover vor den niedersächsischen Landtag an. Simons wusste, dass sie damit gegen das Bannmeilengesetz verstießen, aber das Motiv entschuldigte den Rechtsbruch: Hunger.

Der junge Mann, Enkel des früheren Reichsaußenministers und Reichsgerichtspräsidenten Walter Simons, war Entbehrungen gewohnt. Als Batterie-Chef eines Artillerie-Regiments hatte er an der Ost-Front gekämpft, seine Abteilung aus scheinbar aussichtslosen Lagen gerettet, Kälte und Hunger ertragen, das Kriegsende im Lazarett erlebt. Nie hatte er geklagt. Hitler hatte ihm für seine Tapferkeit im August 1944 in der «Wolfsschanze» das Eichenlaub verliehen, persönlich, in derselben Baracke, in der wenige Wochen zuvor der Stenograph Heinrich Berger von Graf Stauffenbergs Bombe zerfetzt worden war. Als er Hitler in die Augen gesehen hatte, waren dem Enkel die Worte des zum Nationalsozialismus bekehrten Großvaters eingefallen, der nach einer Begegnung mit dem Diktator gerufen hatte: «Diese Augen! Das ist die Rettung Deutschlands!» So hatte in jenem Augenblick auch der junge Simons in der «Wolfsschanze» empfunden – der Blick Hitlers als Trost und Entschädigung für alle Entbehrungen.[1]

Vier Jahre später war aus dem gläubigen Hauptmann ein ausgehungerter Student geworden, der die gewählten Abgeordneten des niedersächsischen Landtags mit einer Demonstration für Essensgeld in die Knie zwingen wollte. Aber die Leere in den Bäuchen der Studenten hatten nicht die Landespolitiker verschuldet: Wie Millionen Deutsche litten Simons und seine Kommilitonen unter den Folgen der Währungsreform, die die drei westlichen Besatzungsmächte gegen russischen Protest verkündet hatten. Mit Stichtag 21. Juni 1948 hatte die Deutsche Mark die Reichsmark abgelöst. Zahlungsmittel waren die 300 Milliarden Reichsmark, die im Umlauf waren, ohnehin seit Kriegsende nicht mehr gewesen. Gehälter und Steuern wurden zwar weiterhin in dieser Währung gezahlt, aber kaufen ließ sich davon nichts. Wer etwas brauchte – den Wintermantel, einen Kochtopf, Schuhe –, der organisierte es sich auf dem «Schwarzen Markt» und zahlte mit Zigaretten, Schokolade oder Mehl. Die Naturalwirtschaft war mit der Währungsreform schlagartig beendet. Jeder Einwohner erhielt erst 40, einen Monat darauf noch einmal 20 Mark in bar. Davon profitierten Grundbesitzer und Aktionäre, Verlierer waren die Sparer. Nicht der Einspruch der US-Militärregierung gegen die Sozialisierungspläne in den Ländern hat die Wirtschaftsordnung der späteren Bundesrepublik vorweggenommen, sondern die Währungsreform. Die Enteignung der Millionen Habenichtse war brutal, aber – nach kurzer Zeit – erfolgreich.

Die Russen reagierten zunächst mit einer Währungsreform in ihrer Zone. Am 23. Juni versuchte die SED, in der Berliner Stadtverordnetenversammlung ein Verbot der D-Mark für ganz Berlin durchzusetzen. Es kam zu Tumulten, der Antrag wurde abgelehnt. Um Mitternacht stellten die im Osten liegenden Elektrizitätswerke die Stromversorgung ein. In Berlin gingen die Lichter aus. Die Blockade hatte begonnen. 24 Stunden später starteten die ersten Flugzeuge der britischen und US-Luftstreitkräfte die «Operation Vittles» (Operation Lebensmittel) zur Versorgung der Berliner.

Währungsreform und Blockade haben die Teilung Deutschlands beschleunigt, nicht in Gang gesetzt. Seit der Bildung der Bizone wies jede Entscheidung der Siegermächte in diese Richtung. Im März 1947 hatte US-Präsident Truman die neue Doktrin verkündet, allen «freien Völkern», die Schutz und Zuflucht vor dem Kommunismus suchten, Unterstützung zu gewähren. Mit dieser Rede vor dem amerikanischen Kongress hatte Truman zum ersten Mal von einer Zweiteilung der Welt in ein westlich-demokratisches und ein östlich-kommunistisches System gesprochen. Jede Nation müsse sich in Zukunft für eine der beiden Seiten entscheiden. Politisch setzten die Amerikaner auf eine Strategie der Eindämmung («containment») des unterstellten russischen Hegemoniestrebens, wirtschaftlich auf den Wiederaufbau Europas. In Berlin wurde der Konflikt auf engstem Raum ausgetragen. Das Schicksal der zerbombten Stadt schien stellvertretend für das Schicksal der «freien Welt» zu stehen.

Nach der gescheiterten Außenministerkonferenz im März/April 1947, auf die sich das Friedensbüro in Stuttgart ebenso intensiv wie vergeblich vorbereitet hatte, war von den USA und Großbritannien beschlossen worden, die Bizone zur Keimzelle eines künftigen West-Staats zu machen. Im Juni 1947 wurden in Frankfurt der Wirtschaftsrat und ein Exekutivrat gebildet, Vorformen eines Parlaments und eines Kabinetts, in denen sofort der Machtkampf zwischen CDU/CSU und SPD begann. Im selben Monat verkündete der amerikanische Außenminister George Marshall das «Europäische Wiederaufbauprogramm» – den «Marshall-Plan» –, das die westeuropäischen Demokratien gegen kommunistische Einflussnahme immunisieren sollte. Es war klar, dass die wirtschaftliche Gesundung West-Europas mit einem sterbenskranken Deutschland nicht gelingen würde, die Einbindung der drei westlichen Besatzungszonen von Anfang an geplant. Damit wurde auch die Währungsreform unvermeidlich. Denn Wirkung konnten die Kredite, die Westdeutschland wieder auf die Beine helfen sollten, nur in einem Markt mit einer stabilen Währung entfalten.

Studenten sparen nicht. Die Verwüstungen, die die Währungsreform am Vermögen der westdeutschen Sparer bewirkte, waren jedenfalls nicht der einzige Grund, der Gerhard Simons und seine 1500 Kommilitonen im Sommer 1948 vor dem Hannoveraner Landtag protestieren ließ. Ludwig Erhard, Direktor der Verwaltung für Wirtschaft in der Bizone – de facto der Wirtschaftsminister –, hatte am Tag der Reform ohne Absprache mit den Besatzungsmächten die Bewirtschaftung (Rationierung) und Preisbindung teilweise aufgehoben, nicht jedoch den Lohnstopp (das geschah erst im Oktober). Die Folge war ein rasanter Preisanstieg, bis Oktober 1948 sollte sich allein der Kohlepreis mehr als verdoppeln.

Nicht nur die Studenten in Hannover protestierten. Der Deutsche Gewerkschaftsbund (DGB) rief zum Generalstreik auf und verlangte eine staatliche Kontrolle der Preise und den Rücktritt Erhards. Schon bei der Wahl des – von den Liberalen vorgeschlagenen und von der CDU mitgewählten – parteilosen, ehemaligen bayerischen Wirtschaftsministers hatten die Sozialdemokraten im Februar 1948 aus Protest nur weiße Stimmzettel abgegeben. Sie sahen im Vertreter der sozialen Marktwirtschaft ihren natürlichen Gegner, ebenso wie Jakob Kaiser, der sogar von Berlin nach Frankfurt geeilt war, um die Wahl Erhards zu verhindern. Bei ihren zwei Misstrauensanträgen gegen Erhard im Sommer und Herbst 1948 hatten die Sozialdemokraten zwar die Mehrheit der aufgebrachten Bevölkerung und der Presse hinter sich, aber nicht die Mehrheit im Wirtschaftsrat. Auch Adenauer und die CDU bezweifelten Erhards Kompetenz, bis sich Anfang 1949 die ersten Erfolge zeigten. Allerdings war Adenauer nicht bereit, sich dem Druck der SPD zu beugen, und hielt am ungeliebten Wirtschaftsdirektor fest.

Den Folgen der Währungsreform konnten sich auch die jungen Demonstranten vor dem niedersächsischen Landtag nicht entziehen. Aber nach einigem Gerangel mit der Polizei ist ihnen am Ende doch etwas Bemerkenswertes gelungen: Eine Abordnung mit Gerhard Simons an der Spitze wurde vom Ältestenrat empfangen. Einige Stunden später hatte die Delegation ihm zwei Zusagen abgerungen. Jeder bedürftige Student sollte ein einmaliges Überbrückungsgeld bekommen, und eine Darlehnskasse für bedürftige Studenten sollte gegründet werden, «ein Vorläufer des späteren BAföG», wie Gerhard Simons in seinen Lebenserinnerungen scheinbar beiläufig vermerkte.[2]

Wenige Tage nach diesem Erfolg erhielt Simons Post aus Berlin. Der Brief war in englischer Sprache geschrieben und kam von seinem Vater. Hans Simons gratulierte seinem Sohn zum gelungenen studentischen Protest: «It is good to know that you have been busy in an attempt to do something about the general situation of students.»[3] Der persönliche Teil war bald beendet. Danach war es nicht mehr der Brief eines Vaters an den Sohn, sondern das vernichtende Zeugnis eines zwischen Verzweiflung und Resignation taumelnden Lehrers, der seinen Schüler nur noch als hoffnungslosen Fall betrachtet. Der Schüler von Professor Hans Simons war wieder einmal das deutsche Volk. Und die Enttäuschung, die es dem New Yorker Hochschullehrer und Mitarbeiter der amerikanischen Militärregierung in den Sommermonaten des Jahres 1948 bereitete, war fast so groß wie die, die Simons vor seiner Flucht in die Emigration schon einmal erlebt hatte.

Als Idealist hatte Hans Simons die politische Bühne in Weimar betreten, und als ein von den Nazis gedemütigter Verkäufer von Rheumamitteln hatte er Deutschland 1935 verlassen. 1919 hatte er seinen Vater – damals, ein Jahr vor dessen Ernennung zum Außenminister, Leiter der Rechtsabteilung des Auswärtigen Amtes – zu den Versailler Friedensverhandlungen begleitet. Zur selben Zeit hatte der Jurastudent mit anderen die «Deutsche Liga für den Völkerbund» gegründet, die den Deutschen beibringen wollte, sich als Teil der Völkergemeinschaft zu begreifen. Er war promovierter Jurist, Völkerrechtler, Verfassungsexperte und junger Regierungsrat im Reichsinnenministerium, als ein prominenter Nachfolger seines Vaters, Außenminister Walther Rathenau, am 24. Juni 1922 ermordet wurde. Der Mord an Rathenau war der 354. politische Mord durch Rechtsextremisten, die Republik geriet in Aufruhr, aber sie wehrte sich nicht, und in der *Weltbühne* rief Kurt Tucholsky: «Walther Rathenau soll nicht umsonst gefallen sein. Wenn ihr wollt, dann habt ihr an seiner Bahre endlich die Republik.» Regierungsrat Simons hatte an der Seite des Innenministers Adolf Köster gesessen, als Tucholsky seinen Plan zur «Inszenierung der Republik» vorgestellt und gefordert hatte, den «Geburtstag der Verfassung» am 11. August mit einem großen, fröhlichen Volksfest im Berliner Lustgarten zu feiern.[4] Simons hatte nicht an die ausgelassene Liebe des Volkes zur Verfassung geglaubt, aber Tucholsky hatte das Fest bekommen. («Das Kind liegt in der Wiege, und wir wollen gratulieren. Und wissen nicht, ob es den nächsten Geburtstag noch erleben wird.»[5]) Der junge Beamte war Idealist, der zur Skepsis neigte, der Schriftsteller ein Skeptiker, der von Idealen träumte.

Idealist war Hans Simons noch, als er sich im selben Jahr in den Vorstand der Deutschen Hochschule für Politik aufnehmen ließ. Das von dem Liberalen Friedrich Naumann mit Unterstützung des Unternehmers Robert Bosch 1918 als «Staatsbürgerschule» gegründete Institut wollte die «Erziehung zur Politik» befördern, und das wollte auch Simons. Nachdem einer der Mitgründer, Theodor Heuss, die Hochschule wegen seiner Wahl in den Reichstag verlassen musste, hatte Simons 1925 die Leitung übernommen.[6] Er wurde Ministerialrat im Preußischen Innenministerium, Mitherausgeber der Zeitschrift *Neue Blätter für den Sozialismus*, Kommissarischer Regierungspräsident in Stettin, schließlich 1931 Oberpräsident von Niederschlesien.

Wann der Sozialdemokrat seinen Idealismus und den Glauben an die Weimarer Republik verloren hat? Später jedenfalls als seine Schwester Tula, die Assistentin des antidemokratischen und antisemitischen Verfassungsrechtlers Carl Schmitt war und dessen bedeutendsten Schüler heiratete, den künftigen NS-Staatsrechtslehrer Ernst-Rudolf Huber. Ehe Schmitt für einige Jahre zum «NS-Kronjuristen» aufstieg, hatte er sich als einer der gehässigsten Gegner der Weimarer Republik einen Namen gemacht und die Absetzung der preußischen Regierung im Juli 1932 vor dem Reichsgericht kraftvoll verteidigt. Tulas Bruder war sofort nach dem «Preußen-Schlag» aus dem Amt gejagt, ihr Mann im Jahr darauf an der NS-Stoßtruppfakultät Kiel zum ordentlichen Professor ernannt worden.

Da hat Hans Simons kurze Zeit noch immer geglaubt, die Demokratie werde in Deutschland bald wieder zurückkehren, und versucht, die Zeit bis zum Zusammenbruch der NS-Herrschaft mit der Herausgabe einer sozialistischen Untergrundzeitschrift und dem Verkauf von Rheumamitteln zu überstehen.[7] Hat er das auch noch geglaubt, als selbst sein Vater, der frühere Reichsaußenminister und Reichsgerichtspräsident Walter Simons, Musterbeispiel eines konservativ-liberalen Richters, sich nunmehr zu den Nürnberger NS-Rassegesetzen, also zur Entrechtung der Juden durch das Recht «trotz der damit verbundenen Härten»[8], bekannte? Vergeblich hatte Hans Simons schon 1933 versucht, mit seinen sozialdemokratischen Genossen Max Brauer und Rudolf Katz nach China zu entkommen. Gelungen war ihm die Emigration erst 1935. Noch im selben Jahr hatte man ihn zum Dozenten an der *New School for Social Research* in New York gemacht, einer Universität für Emigranten, fünf Jahre später zum amerikanischen Staatsbürger. Seine zweite Frau und die zwei Töchter hatten ihn in die Emigration begleitet. Zurückgelasssen hatte er seinen Sohn aus erster Ehe, Gerhard Simons, und den Idealisten, der Hans Simons bis zu seinem 43. Lebensjahr gewesen war.

Vom «Pseudo-Staat» zum Provisorium

Der amerikanische Skeptiker Hans Simons war zwölf Jahre nach seiner Emigration nicht als ehemaliger deutscher Beamter und nicht als Sozialdemokrat zurückgekehrt, sondern als Abteilungsleiter der *Civil Administration Division* der US-Militärregierung. Seinen Glauben aus Jugendtagen, ein weltumspannender Völkerbund könne den Weltfrieden befördern, hatte er längst aufgegeben, in einer polarisierten Welt, in der sich zwei Machtblöcke waffenklirrend gegenüberstünden, sei das «ein Traum, und nicht einmal ein angenehmer».[9] Der Beginn des Kalten Kriegs hatte Simons nach Deutschland geführt, nicht das Ende des Zweiten Weltkriegs. Er hatte 1947 schon nicht mehr besetztes Feindgebiet betreten, sondern den Boden des künftigen westdeutschen Staates. Entsprechend lautete sein Auftrag: Vorbereitung der Staatsgründung. Als Spezialist auf diesem Gebiet war Simons die Aufgabe zugefallen, den deutschen Politikern bei der Entstehung der Verfassung Formulierungshilfe zu leisten, was auch Beratung meinte, aber vor allem Einflussnahme.

Ein Jahr lang hatte Simons auf Parteipolitiker eingeredet und auf Ministerpräsidenten, hatte auf Konferenzen, in Hinterzimmern und in Vieraugengesprächen von den Aussichten geschwärmt, die eine solche Staatsgründung eröffne, nun gut, eine Staatsgründung ohne die sowjetische Besatzungszone, aber die vorläufige deutsche Teilung sei der Preis der Freiheit, die die Westdeutschen erwarte. Simons hatte mit offenen Karten gespielt und klargemacht, was der künftige Weststaat für die Amerikaner sei – ein wichtiger Baustein im Bollwerk gegen den Kommunismus.

Demokratie und Menschenrechte, Föderalismus und eine unabhängige Justiz in Westdeutschland seien nicht das erste Ziel der westlichen Alliierten, vielmehr Mittel zu dem Zweck, «einen Partner für die westeuropäische Integration zu finden, bessere Bedingungen für den Marshall-Plan zu schaffen und in der Mitte Europas einen Schwachpunkt zu beseitigen, der nicht länger brüchig gelassen werden durfte».[10] Die Deutschen hätten keinen Grund, sich darüber zu beklagen. Habe nicht der Vertrag von Versailles 1919 gezeigt, dass andere Absprachen der Alliierten für Deutschland nur von Nachteil seien?

Unermüdlich hatte Hans Simons die westdeutschen Politiker ermuntert, sich endlich der Unabwendbarkeit kommenden Glücks und Unglücks zu fügen – des eigenen Glücks und des Unglücks der Ostdeutschen. Dann hatte er im Sommer 1948 seinem Sohn geschrieben und sich über die «selbstsüchtigen und engherzigen» deutschen Politiker beschwert.

Wollten oder konnten die westdeutschen Politiker nicht begreifen, dass die Stunde der Staatsgründung längst geschlagen hatte? Sie führten sich auf, klagte der amerikanische Vater dem deutschen Sohn, wie ein Mädchen, das zwar wolle, aber sich nicht traue, es zu sagen, und dann auch noch auf der Garantie bestehe, anschließend nicht schwanger zu werden. Das Fehlen jeglicher politischer Phantasie sei ebenso bestürzend wie die Ängstlichkeit dieser Leute, ihre Selbstbezogenheit und Unkenntnis weltpolitischer Zusammenhänge. Unverdrossen habe er den Ministerpräsidenten und Parteiführern klarzumachen versucht, welche historische Chance die Gründung eines Weststaats biete, «but to little avail» – zwecklos.

Ein größeres Kompliment ist den westdeutschen Politikern der Nachkriegszeit nicht gemacht worden. Die «historische Chance», die die Gründung eines Weststaats bot, hätte ihnen Simons nicht erst erläutern müssen. Nichts war ihnen deutlicher bewusst, als dass sich hier für die Westdeutschen eine Gelegenheit ergab, noch vor der Strafverbüßung rehabilitiert zu werden. Nur drei Jahre nach dem Ende des Zweiten Weltkriegs hatte der Kalte Krieg die zertrümmerte Zwingburg der NS-Herrschaft, die Deutschland gewesen war, in einen wichtigen Baustein für den Wiederaufbau Europas verwandelt, der Verbrecher von gestern wurde als Partner von morgen willkommen geheißen. Die Großzügigkeit dieses Angebots – das die Siegermächte allerdings nicht freiwillig unterbreiteten, sondern genötigt durch das rapide Auseinanderbrechen der Kriegsallianz – war so atemberaubend, dass es nicht ausgeschlagen werden konnte. Und es spricht für die westdeutschen Politiker des Sommers 1948, dass sie zugleich die Empfindung hatten, es nicht, oder jedenfalls nicht ohne Zögern annehmen zu dürfen.

Wer vorsätzlich oder fahrlässig das Leben, den Körper, die Gesundheit, die Freiheit oder das Eigentum eines anderen verletzt, ist nach dem Bürgerlichen Gesetzbuch (§ 823 BGB) zum Ersatz des Schadens verpflichtet. Mittäter, Anstifter und Gehilfen haften als Gesamtschuldner, das heißt, jeder haftet für den ganzen Schaden. Die Verbrechen am Leben, den Körpern, der Gesundheit, der Freiheit und dem Eigentum anderer hatten die Deutschen begangen, aber eine Laune der Weltgeschichte wollte, dass nur die Menschen im Osten Deutschlands mit dem kollektiven Verlust ihrer Freiheit, dem massenhaften Verlust ihres Eigentums und in ungezählten Fällen mit dem Verlust ihres Lebens, ihrer körperlichen Integrität und ihrer Gesundheit dafür bezahlen würden. Die Gründung des Weststaats, das war jedem West- und jedem Ostdeutschen klar, würde nicht nur die vorläufige oder endgültige Teilung Deutschlands bedeuten, sondern die Entlassung der Westdeutschen aus der Gesamthaftung.

Diese Aussicht hat die Mehrheit der Deutschen im Westen wenig gestört. Anfang 1948 bekannte sich nur mehr einer von vier Westdeutschen zu der Hoffnung, die vier Siegermächte würden sich doch noch auf eine Regelung über Gesamtdeutschland einigen.[11] Die Politiker taten sich etwas schwerer. Dann aber entwickelten sie ein Konzept, das sie mit der Ungerechtigkeit der Weltgeschichte versöhnen sollte, von der sie profitierten. Hans Simons hat es im Brief an seinen Sohn mit dem Mädchen verglichen, das zwar wolle, aber sich nicht traue, es offen zu sagen. Die westdeutschen Politiker haben es «Provisorium» genannt.

Weststaatsgründung und deutsche Teilung standen spätestens seit dem Scheitern der letzten Außenministerkonferenz im Dezember 1947 auf dem Programm. Es genügte ein Blick in die Zeitung, um sich über die Zukunft Deutschlands auf dem Laufenden zu halten. Landauf, landab, im Westen wie im Osten, wurde die Teilung in zwei Deutschländer erwartet, hoffnungsvoll im Westen, ohnmächtig im Osten. Nicht nur die wirtschaftlichen und politischen Aussichten eines künftigen Weststaats waren verlockend, unübersehbar waren auch die Weichen längst gestellt, erst mit dem Umbau der Bizone zum «Pseudo-Staat»[12], dann mit dem Abzug der Russen aus dem Alliierten Kontrollrat im März 1948, mit der Aufnahme der drei westlichen Besatzungszonen in den Marshall-Plan, schließlich mit der Währungsreform und der Blockade Berlins.

Was den Amerikanern und Briten zur Gründung eines deutschen Weststaats fehlte, war im Frühjahr 1948 die Zustimmung Frankreichs. Auf der Londoner Sechsmächtekonferenz – mit den Beneluxländern als deutsche Nachbarstaaten – ist es ihnen gelungen, sie den Franzosen abzutrotzen. Nach äußerst zähen Verhandlungen hatte Frankreich vor allem seine Forderung, die Organisation des neuen deutschen Staates dürfe nur in einem lose verknüpften, wirtschaftlich und politisch kraftlosen Staatenbund bestehen, abgeschwächt. Das hatten nicht allein militärische Sicherheitsgarantien der Amerikaner bewirkt. Nachgeholfen hatte die Erkenntnis der Franzosen, dringend wirtschaftliche Hilfe zu benötigen, und die Angst, der Kalte Krieg könne schon bald zu einem heißen werden.

In beiden Fällen waren die USA unentbehrlich. Am 7. Juni wurde das Kommuniqué der Sechsmächtekonferenz veröffentlicht.

Drei Wochen später, am 1. Juli 1948, erschienen die elf westdeutschen Ministerpräsidenten vor den Militärgouverneuren der drei westlichen Besatzungsmächte, elf Mädchen, die alle wollten, aber sich nicht trauten, es zu sagen, und darüber hinaus die Garantie verlangten, keinesfalls schwanger zu werden.

Sie waren einbestellt, um die Londoner Empfehlungen in Empfang zu nehmen. Der Tag, an dem sie im Verwaltungsgebäude der I. G. Farbenindustrie in Frankfurt am Main, dem Sitz des amerikanischen Hauptquartiers, zu erscheinen hatten, war ihnen verraten worden, nicht jedoch Stunde und Raum. Erst drei Tage nach der Einbestellung hatten sie herausgefunden, dass man sie um 11.30 Uhr erwarte. Noch 24 Stunden vor dem Treffen hatte man ihnen telegraphisch mitgeteilt, der französische Militärgouverneur, General Koenig, sei «zeitlich verhindert» und die Zusammenkunft abgesagt. Im letzten Augenblick hatten die Amerikaner das Treffen gerettet, aber die Franzosen bestanden zumindest auf steifer Zeremonie und frostiger Atmosphäre.

Jeder Militärgouverneur trug in seiner Muttersprache eines der drei «Frankfurter Dokumente» vor, die den Deutschen anschließend in Übersetzungen ausgehändigt wurden. US-Militärgouverneur Lucius Clay verlas das erste Dokument. Darin wurden die Ministerpräsidenten beauftragt, eine «Verfassunggebende Versammlung» einzuberufen, die spätestens zum 1. September 1948 zusammenzutreten habe. Die Versammlung solle «eine demokratische Verfassung ausarbeiten, die für die beteiligten Länder eine Regierungsform des föderalistischen Typs schafft, die am besten geeignet ist, die gegenwärtige zerrissene deutsche Einheit schließlich wiederherzustellen, und die Rechte der beteiligten Länder schützt, eine angemessene Zentralinstanz schafft und die Garantien der individuellen Rechte und Freiheiten schafft». In allen Ländern sei eine Volksabstimmung über die Verfassung anzusetzen. Die Entscheidung, ob sie genehmigt werden würde, behielten sich die Militärgouverneure vor. Das zweite Dokument – freundlich vorgetragen vom britischen Militärgouverneur Sir Brian Robertson – forderte die Ministerpräsidenten auf, die Grenzverläufe ihrer Länder zu überdenken und Vorschläge für Veränderungen zu machen. Am unerfreulichsten wurde für die Deutschen der Auftritt des französischen Militärgouverneurs Pierre Koenig, sowohl was den Ton des Generals als auch den Inhalt des von ihm verlesenen dritten Dokuments betraf. Es skizzierte die Grundzüge eines künftigen Besatzungsstatuts. Danach sollten den «deutschen Regierungen» zwar bestimmte Zuständigkeiten eingeräumt werden, aber weitreichende Befugnisse und Kontrollrechte bei den Siegermächten bleiben.

Die Verhandlungen der Ministerpräsidenten, die Treffen der Parteipolitiker, die Beratungen mit den Militärgouverneuren, die Sitzungen der Landesregierungen, die auf diesen denkwürdigen Auftritt folgten, wurden damals und werden bis heute gemeinhin als «dramatisch» bezeichnet, als «Ringen um das Staatsfragment». Aber dramatisch war damals vor allem die Lage Berlins, das am 1. Juli noch über Fleischvorräte für 41 Tage verfügte, über Mehlvorräte für 26 Tage und über Trockenmilchvorräte für 38 Tage[13]; dramatisch war die Lage der Studenten in Tübingen, wo die Universität am 3. Juli schließen musste, weil die Kommilitonen nach der Währungsreform völlig mittellos waren; dramatisch war sie in Bremen, wo im Juli 1948 noch immer 57 Prozent aller Wohnungen in Trümmern lagen – erst fünf Prozent der im Krieg zerstörten Wohnungen waren wiederhergestellt.[14] Und «gerungen» wurde zum Beispiel seit drei Jahren in Schleswig-Holstein um ein menschenwürdiges Überleben der 1,2 Millionen Flüchtlinge – 43,7 Prozent der Gesamtbevölkerung –, die in Barackenlagern hausten oder in Fabrikhallen, Gartenlauben, Kegelbahnen, Ställen, Höhlen und Erdbunkern.[15] Die Frage, die die Ministerpräsidenten damals zu beantworten hatten, war nicht: Staatsgründung ja oder nein. Die «elementare Grundfrage, die einem Kompromiss nicht zugänglich war», hat der damalige württembergische Ministerpräsident Reinhold Maier (FDP) richtig bezeichnet: «… entweder einer staatlichen, zumindest staatsähnlichen Organisation Westdeutschlands zuzustimmen mit der unvermeidlichen Konsequenz einer Teilung Deutschlands, wenn nicht, was das Schicksal verhüten möge, auf Dauer, so doch auf Zeit; oder aber hochgefährlich und ohne eigene Rechte dahinvegetieren, was im Grunde gar nicht mehr möglich war».[16]

So hatten es gleich nach dem Treffen am 1. Juli auch die sozialdemokratischen Länderchefs von Hamburg, Bremen und Hessen – Max Brauer, Wilhelm Kaisen und Christian Stock – gesehen und auf eine möglichst schnelle Erledigung der Aufträge gedrängt. Carlo Schmid (SPD), stellvertretender Staatspräsident von Württemberg-Hohenzollern und Justizminister, hatte widersprochen und gewarnt, «daß das deutsche Volk jeden verdammen wird, der die Hand zu einer Spaltung Deutschlands bietet».[17] Und er stand mit dieser Haltung keineswegs allein. Christ- und Sozialdemokraten erregten sich vor allem über die Grundzüge des Besatzungsstatuts, die mit einer freiheitlichen Verfassung und der Gründung eines neuen Staates völlig unvereinbar erschienen. Die Alliierten hatten sich nicht nur die Entscheidungen über die deutsche Außenpolitik vorbehalten, die Überwachung des Außenhandels, die Kontrolle über die Reparationen, den Stand der Industrie, Dekartellisierung, Abrüstung, Entmilitarisierung und Teilbereiche der wissenschaftlichen Forschungen. Sie hatten auch angedroht, der deutschen Selbstverwaltung die gewährten Rechte bei Fehlverhalten wieder zu entziehen. Als die Ministerpräsidenten am 8. Juli im Hotel Rittersturz oberhalb von Koblenz zusammenkamen, um über die «Frankfurter Dokumente» zu beraten, rief Adenauer ihnen hinterher, er sehe «mit Sicherheit den Zeitpunkt herankommen, an dem den Deutschen nichts anderes übrig bleibt, als durch Verweigerung der Mitarbeit wenigstens ihre Ehre vor der Nachwelt zu retten».[18]

Schnell gelang es Carlo Schmid, während der drei Tage auf dem Rittersturz mit seinem Provisoriums-Konzept die Meinungsführerschaft zu übernehmen. Kein Staat solle gegründet werden, sondern lediglich ein «Zweckverband administrativer Qualität». Denn «die eigentliche deutsche Verfassung ist das Besatzungsstatut. Wir können nur ein Verwaltungsstatut gebrauchen.» Zuspruch erhielt er vor allem von der als Gast angereisten amtierenden Oberbürgermeisterin von Berlin, Louise Schröder (SPD), die die

Teilnehmer beschwor, nichts Endgültiges zu schaffen, ehe nicht «Berlin mit den übrigen Zonen wieder zu einer Einheit gekommen» ist.

Doch ob Staat oder Zweckverband, provisorisch oder nicht – das Gebilde brauchte einen Namen. «Da kam irgend jemand mit dem Wort ‹Grundgesetz› anstelle von Verfassung. Heute geht dieses Wort jedermann absolut selbstverständlich über die Lippen. Damals aber war es vielleicht in engsten Fachkreisen bekannt, aber sonst ungebräuchlich», schrieb der Liberale Reinhold Maier in seinen Memoiren über die vermeintlich spontane Entdeckung des Begriffs. Später hat sich herausgestellt, dass der Vorschlag vom Ersten Bürgermeister Hamburgs, Max Brauer, gekommen ist, einem in der Parteitradition fest eingewurzelten Sozialdemokraten, der «seinen» Lassalle und dessen berühmte Rede «Über Verfassungswesen» mit Sicherheit kannte, wonach «die Verfassung das Grundgesetz eines Landes bildet».[19] Also nur ein Streit um Worte? Keineswegs. Zumindest einige Ministerpräsidenten glaubten fest daran, den westlichen Alliierten die Zustimmung zum Provisoriums-Konzept abringen zu können: keine «Verfassung», sondern ein «Grundgesetz»; keine «Nationalversammlung», sondern ein «Parlamentarischer Rat»; und keinen Volksentscheid über das «Grundgesetz», sondern Abstimmung in den Landtagen. Im Übrigen solle das – möglichst begrenzte – Besatzungsstatut dem Grundgesetz zeitlich vorausgehen, und es werde angeregt, die Neugliederung der Länder erst einmal zurückzustellen.

Schon wenige Tage später ist Carlo Schmid gedämmert, dass er auf dem «Rittersturz» lediglich einen Pyrrhussieg errungen hatte: Die Alliierten wollten einen richtigen, wenn auch nur fragmentarischen Staat, und sie waren – wie Carlo Schmid richtig erkannte – «die Stärkeren».[20] Vor allem General Clay empörte sich über die Bockigkeit der Deutschen: «Sie haben also mit Ihren Beschlüssen Ihre wirklichen Helfer und Freunde, die Amerikaner, brüskiert.» Als er mit den Ministerpräsidenten der amerikanischen Zone «auf der frostigsten Konferenz der letzten 12 Monate» zusammenkam, warf er ihnen vor, sie hätten ihn «in seinem Ringen mit den Russen um

Berlin und um die Entwicklung Westdeutschlands alleingelassen».[21] Die Londoner Beschlüsse seien für die beteiligten Regierungen verbindlich, jede Änderung verlange neue Verhandlungen. Für die unvermeidlichen Verzögerungen trügen die Deutschen die Verantwortung.

Mit anderen Worten: Clay verweigerte den Deutschen die Garantie, nicht schwanger zu werden. Die Ministerpräsidenten waren mit dem Versuch gescheitert, mehr politische Kompetenzen zu bekommen, ohne die Verantwortung für die Konsequenzen – die Vertiefung der deutschen Teilung – tragen zu müssen. Als sie am 21./22. Juli wieder zusammenkamen – diesmal auf Schloss Niederwald bei Rüdesheim –, hatte sich alles verändert. Der Teilnehmerkreis war größer geworden. Erstmals waren auch Spitzenpolitiker der Parteien zugelassen, unter anderem der stellvertretende SPD-Vorsitzende Erich Ollenhauer für den schwer erkrankten Kurt Schumacher und Konrad Adenauer. Das war ein erstes Indiz, dass die Stunde der Ministerpräsidenten in der Nachkriegszeit zu Ende ging und die Zeit der Parteien begann. Verändert war auch die Ausgangslage: Die Grundforderung der Alliierten nach einem «Staat» wurde nicht mehr in Frage gestellt. Das lag vor allem am Auftritt des Berliner Oberbürgermeisters Ernst Reuter (SPD), der aus der abgeschnittenen Stadt gekommen war, um – im Gegensatz zu Louise Schröder – für die Bildung eines «dynamischen Kernstaats» zu werben. Die Spaltung Deutschlands werde damit nicht herbeigeführt, beteuerte er, sie sei bereits vorhanden. Ein wirtschaftlich und politisch konsolidierter Weststaat werde vielmehr eine «magnetische Wirkung» auf die gesamte Ostzone ausüben. Schlagartig war Carlo Schmid isoliert. Denn anders als auf dem «Rittersturz», wo sich Pragmatiker wie Kaisen und Brauer zurückgehalten hatten, schlugen sie sich jetzt auf die Seite Reuters.

Noch einmal ein Treffen mit den Militärgouverneuren, am 26. Juli, noch einmal zornige Generäle, bockige Deutsche, Sitzungsunterbrechungen und erregtes Geflüster. Am Ende bekamen die Deutschen, was sie wollten, da sie sich nicht länger gegen die Schwangerschaft wehrten: das «Grundgesetz», den «Parlamentarischen Rat» und die Abstimmung in den Landtagen (wenngleich das erst später entschieden wurde). Auch die Neugliederung der Länder wurde vertagt. Nur das Besatzungsstatut bekamen sie vorläufig nicht. General Koenig hatte die Versammlung mit den Worten beschlossen: «Wenn Sie akzeptieren, die volle Verantwortung zu übernehmen, können wir Ihnen sagen: En avant!»

Der Weg zum Grundgesetz war frei. Er führte über den Verfassungskonvent von Herrenchiemsee. Bereits am 1. Juli, unmittelbar nach der Übergabe der «Frankfurter Dokumente», hatte der hessische Ministerpräsident Christian Stock vorgeschlagen, einen Ausschuss zur Ausarbeitung eines «Verfassungsentwurfs» einzusetzen, damit die «Verfassunggebende Versammlung» eine Arbeitsgrundlage habe.[22] Hätte das Hans Simons gewusst, sein Urteil über die widerspenstigen Deutschen wäre vermutlich etwas freundlicher ausgefallen.

Herrenchiemsee oder Die «oberste Norm» des Grundgesetzes

Die Stimmung unter den fünf prominenten Sozialdemokraten, die in einem Raum der Stuttgarter Villa Reitzenstein, dem Sitz des Länderrats, zusammensaßen, war gedrückt. Die SPD war schlecht vorbereitet. Am nächsten Tag sollten auf Einladung des bayerischen Ministerpräsidenten Ehard auf der Insel Herrenchiemsee in Oberbayern die Beratungen beginnen, und noch immer hatte die SPD kein taugliches Verfassungskonzept. Vier der Anwesenden, Carlo Schmid, Hermann Brill, der Kieler Wirtschaftsprofessor Fritz Baade und der Vorsteher der Berliner Stadtverordnetenversammlung, Otto Suhr, würden am Konvent teilnehmen, und der nordrhein-westfälische Innenminister und Verfassungsexperte Walter Menzel war erschienen, um die Genossen mit seinem neuesten Verfassungsentwurf vertraut zu machen. Seine föderalismusfeindlichen «Richtlinien für den Aufbau der Deutschen Republik» vom März vergangenen Jahres waren inzwischen überholt. Und sein neuer Entwurf («Westdeutsche Satzung») von Ende Juli war es auch – er hatte ihn an dem Tag vollendet, als den deutschen Ministerpräsidenten das «En avant!» General Koenigs erklang. Noch immer hatte er sich nicht vom Vorbild der Weimarer Reichsverfassung gelöst, und noch immer weigerte er sich, Grundrechte in die «Satzung» hineinzuschreiben.

Brill fragte irritiert, ob Grundrechte nicht in eine Verfassung gehörten? Keineswegs, erwiderte Menzel, es gehe nur um die Vereinigung dreier Zonen, da genügten die Grundrechte in den Verfassungen der Länder. Und mit welchem Grundrecht welcher Verfassung, fragte Brill ungehalten, solle dann der Bürger gegen einen Unrechtsakt der neuen Drei-Zonen-Verwaltung klagen? «Es ist erschütternd», schrieb Brill später, «daß die vom Referenten des sozialdemokratischen Parteivorstandes vorgelegte Satzung Menschenrechte überhaupt nicht kennt ... Ein Staatsgrundgesetz ohne Menschenrechte ist ... höchstens ein Herrschaftsinstrument.»[23]

Als Brill, Schmid, Baade und Suhr am nächsten Tag auf der Herreninsel im Chiemsee anlegten, kamen sie ohnehin nicht als Sozialdemokraten, sondern als Bevollmächtigte von Hessen, Württemberg-Hohenzollern, Schleswig-Holstein und Berlin. Aber sie kamen auch, um sich ultraföderalistischen Neigungen anderer Teilnehmer entgegenzustemmen, also vor allem Bayerns, genauer: Anton Pfeiffers.

Am Morgen des 10. August trat im Alten Schloss auf Herrenchiemsee ein seltsames Gremium zusammen. Mehr als 30 Männer – Frauen waren nicht dabei – aus allen Teilen Westdeutschlands und Berlins versammelten sich, um im Auftrag und natürlich möglichst auch im Sinne der Ministerpräsidenten innerhalb von 13 Tagen eine Vorlage für das Grundgesetz zu schreiben. Das war die letzte Gelegenheit der Regierungschefs, direkten Einfluss auf die Verfassung der künftigen Bundesrepublik zu nehmen. Klar war, dass die Vorlage den Parlamentarischen Rat nicht binden würde, unklar war, worin die Arbeit der Experten eigentlich bestehen sollte: Hatten sie dem Parlamentarischen Rat nur eine Materialsammlung zu liefern, eine Richtschnur oder den Rahmen für eine Verfassung? Als die drei Unterausschüsse und das Plenum des Konvents nach nicht einmal zwei Wochen ihre Arbeit beendet hatten und die Herren auseinandergingen, hatten sie einen kompletten Verfassungsentwurf geschrieben, der für den Parlamentarischen Rat zur wichtigsten Arbeitsgrundlage wurde. Selbst dort, wo die Parlamentarischen Räte in den nächsten Monaten andere Entscheidungen getroffen haben, war «Herrenchiemsee» fast immer der Bezugspunkt.

Jedes Bundesland hatte einen Bevollmächtigten geschickt, dazu kamen Mitarbeiter und Sachverständige. Die Länder der britischen Zone hatten vor allem parteipolitisch ungebundene Fachleute entsandt. Aus der amerikanischen und französischen Zone hingegen waren einige der führenden Verfassungspolitiker gekommen, neben Schmid, Brill und Baade auch der rheinland-pfälzische Justiz- und Kultusminister Adolf Süsterhenn (CDU) und für Baden Oberlandesgerichtspräsident Paul Zürcher, der Verteidiger richterlicher Unabhängigkeit im Freiburger Fall Tillessen. Sein Mitarbeiter war Theodor Maunz, der nach 1933 als nationalsozialistischer Staatsrechtslehrer zuerst in München, später in Freiburg Karriere gemacht hatte. Die kleinste Delegation bot Hessen auf. Ministerpräsident Christian Stock und Justizminister Georg August Zinn hatten ihrem Genossen Hermann Brill, offenbar auf Betreiben der «Hannover-Clique um Menzel»[24], jegliche personelle Unterstützung verweigert.

Die größte Delegation stellte Bayern. Offizieller Bevollmächtigter war Josef Schwalber, Staatssekretär im bayerischen Innenministerium. Bekannter als er war der als Sachverständige hinzugezogene Verfassungsrechtler Hans Nawiasky, der schon im Frühjahr 1933 nicht zuletzt wegen seiner jüdischen Herkunft von seinem Lehrstuhl an der Münchener Universität vertrieben worden war (die Lehrstuhlvertretung hatte Theodor Maunz übernommen). Nawiasky war eher zufällig in den Konvent gelangt, weil der Verfassungsreferent der bayerischen Staatskanzlei, Friedrich Glum, im letzten Augenblick zurückgezogen worden war. Grund war der Aufsatz, in dem Glum den «genialen Staatsmann» Hitler 1933 für die

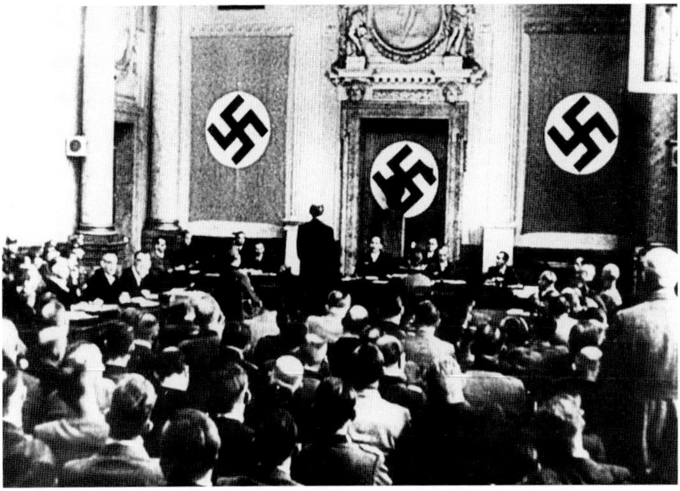

Oben: Adolf Hitler und Paul von Hindenburg im August 1933 bei einem Festakt im Ehrenmal von Tannenberg. Reichspräsident Hindenburg verstand sich selber als «Ersatzkaiser», in die Geschichtsbücher eingegangen ist er als Totengräber der Republik. Als er die Macht – wenn auch nach einigem Zögern – Hitler übergab, war die Demokratie bereits gestorben.
Unten: NS-Reichspropagandaminister Joseph Goebbels ließ die Prozesse gegen die Widerstandskämpfer des 20. Juli vor dem Volksgerichtshof in Berlin mit versteckten Kameras aufnehmen. Der Film sollte in den Kinos vorgeführt werden und die Angeklagten – im Bild der Diplomat Adam von Trott zu Solz – vor der Bevölkerung bloßstellen. Er wurde nie gezeigt.

Oben: Im Juli 1945 einigten die Siegermächte sich darauf, Deutschland in vier Besatzungszonen einzuteilen. Zwei Jahre später wurden die US-amerikanische und die britische Zone zum «Vereinigten Wirtschaftsgebiet» (Bi-Zone) zusammengeschlossen. Das war der erste Schritt zur Gründung der Bundesrepublik Deutschland.
Unten: Die Nachkriegsjahre waren nicht nur von den wachsenden Interessengegensätzen zwischen der Sowjetunion und den westlichen Siegermächten bestimmt. Frankreich verlangte unter anderem die Internationalisierung des Rheinlands und des Ruhrgebiets mit seinen großen Kohlevorkommen, scheiterte damit aber am Widerstand der USA. Im Bild eine Sitzung des Komitees der Pariser Friedenskonferenz im Palais du Luxembourg 1946.

Oben links: Zwei Bayern, zwei Föderalisten: Sozialdemokrat der eine – Ministerpräsident Wilhelm Hoegner (vorne links) –, Christsozialer der andere – Staatssekretär Anton Pfeiffer (vorne rechts). Die bayerische Verfassung, zu deren Beratung der vorbereitende Verfassungsausschuss im Juni 1946 zusammenkam, hatte Hoegner im Schweizer Exil entworfen.
Oben rechts: In Konrad Adenauer (links) und Jakob Kaiser (rechts) personifizierte sich die Zerrissenheit der CDU in den Anfangsjahren. Als das Bild entstand – am 22. Juni 1948, also einen Tag nach der Währungsreform –, hatte der konservative, bürgerliche Adenauer den Machtkampf mit dem christlichen Sozialisten Kaiser längst für sich entschieden.
Unten: Der Verfassungskonvent auf der Herreninsel im Chiemsee (August 1948) war von den elf westdeutschen Ländern eingesetzt und lieferte die wichtigste Beratungsgrundlage für den Parlamentarischen Rat.

Auf den Tag genau neun Jahre nach dem Überfall Deutschlands auf Polen nahm der Parlamentarische Rat in Bonn seine Arbeit auf. Der Eröffnungsfeier im Lichthof des Museums Alexander König – hier am Rednerpult der hessische Ministerpräsident Christian Stock (SPD) – blieben die westlichen Militärgouverneure fern, um die Sowjetunion nicht zu provozieren; dies hätte die in Moskau laufenden Verhandlungen zur Aufhebung der Berlin-Blockade gefährdet.

In der Pädagogischen Akademie am Bonner Rheinufer berieten die Mitglieder des Parlamentarischen Rates 265 Tage lang – vom 1. September 1948 bis zum 23. Mai 1949 – über das Grundgesetz. Zwar wehte die schwarz-rot-goldene Fahne vom ersten Tag an über dem Gebäude, aber erst im letzten Augenblick, unmittelbar vor der Abstimmung über das Grundgesetz am 8. Mai 1949, wurde sie zur Flagge der Bundesrepublik bestimmt.

Der Parlamentarische Rat (*oben:* die konstituierende Sitzung am 1. September 1949) hatte 65 stimmberechtigte Mitglieder. Nur als Gäste waren fünf Berliner Abgeordnete zugelassen. Insgesamt haben ihm 77 Abgeordnete angehört. Durch Todesfälle, aber auch durch freiwilliges Ausscheiden einzelner Abgeordneter gelangten Nachrücker hinein. Über die Ergebnisse der sechs Fachausschüsse (*unten:* Ausschusssitzung) beriet der Hauptausschuss unter Vorsitz Carlo Schmids (SPD). Endgültig abgestimmt wurde im Plenum unter Leitung Konrad Adenauers (CDU). Adenauer nutzte seine Stellung als Präsident des Parlamentarischen Rates zur intensiven Kontaktpflege mit hochrangigen ausländischen Politikern – erste Schritte auf seinem Weg zur Kanzlerschaft.

Der Eindruck täuscht: Selbst die Verkündung des Grundgesetzes am 23. Mai 1949 stieß in der westdeutschen Bevölkerung nur auf mäßiges Interesse. Es hat einige Jahre gebraucht, bis die Bundesbürger die Bedeutung der Verfassung erkannten.

Links oben: Die Frauen waren im Parlamentarischen Rat deutlich unterrepräsentiert. Sie wurden lediglich von Helene Wessel (Zentrum), Helene Weber (CDU), Friederike Nadig und Elisabeth Selbert (beide SPD) vertreten (von links nach rechts). Immerhin gelang es Selbert, die Formulierung im Grundgesetz durchzusetzen: «Männer und Frauen sind gleichberechtigt.».
Links unten: 12 Mitglieder des Parlamentarischen Rates stimmten am 8. Mai 1949 gegen das Grundgesetz, darunter die beiden KPD-Abgeordneten Max Reimann (vorn, sitzend) und Heinz Renner (dahinter). 53 Abgeordnete votierten mit «ja», selbstverständlich auch Carlo Schmid (vorne rechts) und – links neben ihm – Walter Menzel (beide SPD).

Oben: Bundeskanzler Adenauer begrüßt die Richter anlässlich der Eröffnung des Bundesverfassungsgerichts bei einer Feierstunde im Kleinen Haus des Badischen Staatstheaters in Karlsruhe am 28. September 1951. Die Roben hatte ein Münchener Kostümbildner entworfen, der als Vorbild eine Richtertracht der Stadt Florenz aus dem 15. Jahrhundert wählte.
Unten: Der Streit um die Notstandsgesetze der Großen Koalition (1966–1969) war eine der erbittertsten Auseinandersetzungen in der Geschichte der Bundesrepublik. Hier eine Demonstration am 30. Oktober 1966 auf dem Frankfurter «Römer».

Gleichschaltung Bayerns belobigt hatte.[25] Die Leitung des Konvents aber hatte Anton Pfeiffer, Staatssekretär der bayerischen Staatskanzlei, Kopf und Stimme des Konvents nach außen und Herr des Verfahrens im Alten Schloss. Zwar wurde er nur zum «geschäftsleitenden Vorstand» gewählt, aber die Protokollkommission beförderte ihn – ganz formlos – zum «Vorsitzenden des Konvents».[26]

Die Bayern waren bestens präpariert. Als einzige Delegation hatten sie außer «Leitgedanken für die Schaffung des Grundgesetzes» sogar einen, vor allem von Nawiasky formulierten Grundgesetz-Entwurf mit 94 Artikeln im Gepäck. Beide Texte hatten sie vorsorglich als «private Arbeiten» deklariert. Von Grundrechten war darin allerdings keine Rede. Wie Walter Menzel glaubten die Bayern, ohne sie auszukommen. Sie waren ganz auf die Föderalismus-Frage fixiert.

Tatsächlich ist dann auch um die Stellung der Länder und des Bundes, um Bundesrat oder Senat, um Steuererhebung und -verwaltung (Finanzverfassung) im neuen Staat am heftigsten gestritten worden. Nur eine andere Frage hat die Gemüter der Experten ähnlich erregt, aus gutem Grund. Denn die Weimarer Verfassung hatte auf diese Frage die falsche Antwort gegeben und war nicht zuletzt daran gescheitert. Genau genommen waren es drei Fragen: Hat der Staat in Krisenlagen ein Notverordnungsrecht? Wer übt es aus? Dürfen Grundrechte durch Notverordnungen eingeschränkt oder aufgehoben werden?

Die Weimarer Verfassung hatte den Reichstag und den Reichspräsidenten zu den mächtigsten Verfassungsorganen gemacht, in den entscheidenden Punkten dem Präsidenten jedoch ein Übergewicht gegeben. Das Parlament konnte die Regierung durch ein Misstrauensvotum zum Rücktritt zwingen (ohne zugleich eine neue Regierung wählen zu müssen) und mit Zweidrittelmehrheit die Verfassung ändern. Aber der Reichspräsident durfte die Reichsregierung ernennen und entlassen, das Parlament auflösen, und Artikel 48 erlaubte ihm, im Fall einer erheblichen Störung oder Gefährdung der öffentlichen Sicherheit und Ordnung etliche Grundrechte außer Kraft zu setzen: die Freiheit der Person, die Unverletzlichkeit der Wohnung, das Brief- und Fernmeldegeheimnis, die Meinungs- und Pressefreiheit, die Versammlungsfreiheit und die Eigentumsgarantie. Dieser «Diktaturparagraph» sollte in kritischen Phasen die Stabilität im Lande gewährleisten. Als es in der Republik dann aber kritisch wurde, hatte der Missbrauch dieses Rechts durch Reichspräsident Hindenburg den Niedergang der Republik dramatisch beschleunigt. Das Parlament war de facto weitgehend entmachtet. Der Präsident konnte jederzeit mit seiner Auflösung drohen. Seine Notverordnungen traten an die Stelle der parlamentarischen Gesetzgebung: 1930 hatte Hindenburg fünf Notverordnungen erlassen, 1931 schon 44, 1932 schließlich 60 – im selben Jahr hatte das Parlament nur noch fünf Gesetze beschlossen. Auch zum «Preußen-Schlag» im Juli 1932 hatte Präsident Hindenburg Reichskanzler Papen per Notverordnung ermächtigt.

Die Herren des Konvents waren sich nach diesen Erfahrungen einig, dass der Präsident einer neuen Republik im Zusammenspiel der Verfassungsorgane keine wichtige Rolle mehr spielen dürfe. Zwar wurde die – unter anderem von Hermann Brill erhobene – Forderung abgelehnt, auf das Amt vorläufig ganz zu verzichten. Aber der Präsident sollte künftig vorwiegend repräsentative Aufgaben übernehmen und deshalb auch nicht mehr – wie in Weimar – vom Volk gewählt werden.

Das Notverordnungsrecht hat der Konvent nicht im Zusammenhang mit dem Amt des Bundespräsidenten diskutiert, sondern mit den Grundrechten. Was als einvernehmliches Gespräch begann, wurde alsbald zu einer der aufregendsten und bedeutendsten Debatte dieser 13 Tage. Da keiner der vorliegenden Entwürfe Grundrechte enthielt, wurden Hermann Brill, Hans Nawiasky und der Bremer Oberregierungsrat Gert Feine gebeten, einen Katalog zu erarbeiten. Der Artikel, der schließlich an die Spitze rückte, trug allerdings unübersehbar die Handschrift Carlo Schmids: «(1) Der Staat ist um des Menschen willen da, nicht der Mensch um des Staates willen. (2) Die Würde der menschlichen Persönlichkeit ist unantastbar. Die öffentliche Gewalt ist in allen ihren Erscheinungsformen verpflichtet, die Menschenwürde zu achten und zu schützen.» Nawiasky schlug vor, den Artikel um den Satz zu ergänzen: «Jedes Verhalten von Amtsträgern oder Privatpersonen, das diesen Grundsatz verletzt, wird strafrechtlich geahndet.» Damit konnte er sich zwar nicht durchsetzen. Immerhin aber verlangten die Experten in ihrem Abschlussbericht, auch Privatpersonen zur Achtung der Menschenwürde zu verpflichten. («Zu denken ist etwa daran, daß ein privater Unternehmer sich an der Arbeitsversklavung beteiligt.») Das war ein Gedanke, den erst das Bundesverfassungsgericht zehn Jahre später in einem spektakulären Urteil wieder aufgegriffen hat.

Im Prinzip war man sich in allem einig – dass die Grundrechte nicht nur in die Länderverfassungen, sondern in das Grundgesetz gehörten, dass sie dort am Anfang stehen und Gesetzgeber, Gerichte und Verwaltung binden sollten, dass sie nicht in ihrem Wesensgehalt angetastet werden dürften und eine Änderung des Grundgesetzes, durch die die freiheitliche und demokratische Grundordnung beseitigt werden könnte, unzulässig sei.

Die Einigkeit endete am Mittwoch, dem 18. August, als in der 4. Sitzung des für die Grundrechte zuständigen Unterausschusses I die Debatte darüber begann, ob und in welchen Fällen es möglich sein sollte, Grundrechte durch Notverordnungen außer Kraft zu setzen. Sogleich meldete sich Hermann Brill zu Wort und verlangte, in der Verfassung müsse festgeschrieben werden, «daß die Grundrechte unabänderlich» seien. Auch «sogenannte Notstände» müssten «mit den normalen Mitteln der ordentlichen Polizei bekämpft werden».[27] Am nächsten Tag aber präsentierte Hans Nawiasky einen Entwurf, der der künftigen Bundesregierung in Fällen «erheblicher Bedrohung der öffentlichen Sicherheit und Ordnung» ein Notverordnungsrecht gab mit der Möglichkeit, Grundrechte einzuschränken. Das sei kein Angriff auf die Grundrechte, sondern diene ihrer Verteidigung, sagte Nawiasky, geschützt werde damit der freiheitliche Staat vor den Feinden der Freiheit. Wieder protestierte Brill – assistiert von Baade und Suhr – und verlangte, man müsse «einmal in Deutschland den politischen und juristischen Mut aufbringen», die Aufhebung von Grundrechten prinzipiell auszuschließen, so geschehen beispielsweise in der hessischen Landesverfassung.

Am Ende der stundenlangen, bis kurz vor Mitternacht geführten Debatte notierte Hermann Brill in seinem Tagebuch: «Es ist wirklich traurig anzusehen, wie wenig juristisches Ethos in diesen Menschen vorhanden ist. Die erbarmungslose Rechtlosigkeit ist fast spurlos an ihnen vorübergegangen. Sie sehen die Dinge in erster Linie von den schon einmal diskutierten ‹Bedürfnissen der Verwaltung›. Sie wollen einen gut funktionierenden Staatsapparat, aber sie wollen nicht, daß der Staat nur eine Funktion des Volkes sein soll. Allerdings hatten sie das an die Spitze ihrer Menschenrechte geschrieben ...»[28]

Zwei Tage später präsentierte Nawiasky im Unterausschuss einen neuen Entwurf, der ein Notverordnungsrecht der Bundesregierung mit Zustimmung des Bundesrates nicht nur bei Bedrohung der öffentlichen Sicherheit und Ordnung, sondern auch des «demokratischen Grundaufbaus» und des «Bestands des Staates» vorsah. Wie einst in Weimar sollten einzelne Grundrechte «befristet» außer Kraft gesetzt werden können: Meinungs- und Pressefreiheit, Versammlungsfreiheit, Vereinigungsfreiheit, das Postgeheimnis. Nun meldete sich erstmals in der Debatte Adolf Süsterhenn zu Wort. Das Protokoll hat seinen offenbar längeren Beitrag in nur zwei Sätzen zusammengefasst. Im ersten wandte sich Süsterhenn gegen die «allgemein zugelassene Einschränkbarkeit von Grundrechten», der zweite Satz im Protokoll der 8. Sitzung des Untersuchungsausschusses vom 21. August bezog sich speziell auf die Menschenwürde: Dieses Grundrecht «dürfe in keinem Falle einschränkbar sein, denn die Wahrung der Menschenwürde sei oberste Norm und selbst für den Verfassungsgesetzgeber unabdingbar».[29] Das war der Grundgedanke der sogenannten Ewigkeitsgarantie, mit der der Parlamentarische Rat später jeden Eingriff in den Kerngehalt des Grundgesetzes verbot (Artikel 79 Abs. III GG). Bemerkenswert war aber auch, in welchem Zusammenhang der konservative rheinland-pfälzische Justizminister die Menschenwürde als oberste Verfassungsnorm propagierte. Selbst in Notzeiten, in denen der

Staat sich von feindlichen Kräften in seiner Substanz angegriffen fühlt, sollte es ihm verwehrt sein, seinerseits die eigene Substanz anzutasten und den Schutz der Menschenwürde im Einzelfall zu relativieren.

Im Rückblick auf die Herrenchiemseer Debatte notierte Carlo Schmid: «Wie aber in Zeiten, da es für den Staat um Sein oder Nichtsein geht? Ist dann nicht jedes – auch das nicht verfassungskonforme – Mittel ‹recht›, wenn anders der Staat nicht gerettet werden kann? (…) Welchem Areopag könnte sich ein schuldig gewordener Retter stellen? Manche Leute vergessen, daß aus dem Leben der Staaten der tragische Fall nicht auszuschließen ist, daß man dem Gebot ihres Lebensrechtes nur gerecht werden kann, wenn man über ein anderes Recht hinwegschreitet. Doch damit ist man in einen Bereich eingetreten, in dem den Handelnden vielleicht sein Gewissen zu rechtfertigen vermag; von Rechts wegen freisprechen kann ihn nichts.»[30]

Die Bedenken gegen ein Notverordnungsrecht der Bundesregierung mit Zustimmung der Länderkammer hatten auf Herrenchiemsee noch keinen Erfolg. Kommentierend vermerkte das Protokoll, «die überwiegende Mehrheit des Ausschusses» habe sich für eine mögliche Suspension der Grundrechte ausgesprochen und damit das «Prinzip: ‹Demokratie als Selbstmord› abgelehnt».

Am 19. August – der Unterausschuss für Grundrechte diskutierte wieder einmal Rang und Bedeutung der Menschenwürde – meldete sich um kurz nach 16.00 Uhr der ehemalige Häftling des KZ Buchenwald, der hessische Bevollmächtigte Hermann Brill zu Wort. Auf dem Gebiet, dem er sich zuwandte, war er unbestrittener Fachmann, «die 2000 Hinrichtungen, die ich miterlebt habe, und die Leichenhaufen von verhungerten, erfrorenen und erschlagenen Menschen»[31] bildeten seine Expertise: «Ich möchte die Frage aufwerfen, ob zur Wahrung der Würde der menschlichen Persönlichkeit nicht begriffsnotwendig das Verbot der Todesstrafe gehört.» Er halte es für wünschenswert, «die Todesstrafe zumindest für politische Delikte generell zu verbieten». Unmittelbar nach Brill nahm Carlo Schmid den Gedanken auf: Seines Erachtens folge das

Verbot der Todesstrafe aus dem Schutz der Menschenwürde. «Ein solches Verbot sollte nicht nur auf politische Delikte beschränkt, sondern ganz allgemein ausgesprochen werden. Die Würde des Menschen wird beim Vollzug der Todesstrafe nicht so sehr im Delinquenten gekränkt, als in denen, die mit der Vollziehung zu tun haben.» Auch Hans Nawiasky gab sich als Gegner der Todesstrafe zu erkennen, «der er durch das Erlebnis eines Justizirrtums geworden sei», regte aber an, ihre Abschaffung nicht in den Grundrechte-Katalog, sondern in den Abschnitt über die «Rechtspflege» aufzunehmen. Das stieß auf den Protest des niedersächsischen Bevollmächtigen, Ministerialrat Justus Danckwerts. Einer der «ethisch wertvollsten Gründe» gegen die Todesstrafe sei die Würde der menschlichen Persönlichkeit, und deshalb müsse das Verbot der Todesstrafe «in diesem Zusammenhang» ausgesprochen werden. Im Übrigen solle der Konvent auf eine eigene Stellungnahme verzichten, den Parlamentarischen Rat jedoch auf die «Notwendigkeit seiner Entscheidung» verweisen.[32] So geschah es.

Als am Donnerstag, dem 19. August 1948, auf Herrenchiemsee die Debatte um die Abschaffung der Todesstrafe begann, saß die wegen zweifachen Mordes zum Tode verurteilte, 28 Jahre alte Irma K. seit mehr als einem Jahr in der rheinland-pfälzischen Haftanstalt Diez. Die Zweite Strafkammer des Landgerichts Koblenz hatte sie am 14. Juli 1947 schuldig gesprochen, ihren fünf Jahre alten Sohn Günter und die 19 Monate alte Tochter Karin im November 1945 stranguliert zu haben. Wie die Verfassungen anderer Länder, sah die rheinland-pfälzische in besonderen Fällen die Verhängung der Todesstrafe vor: «Das Leben des Menschen ist unantastbar. Es kann nur auf Grund eines Gesetzes als Strafe für schwerste Verbrechen gegen Leib und Leben durch richterliches Urteil für verwirkt erklärt werden.» Adolf Süsterhenn, der vom christlichen Naturrecht inspirierte Schöpfer der rheinland-pfälzischen Verfassung, sah in diesen beiden Sätzen durchaus keinen Widerspruch, denn die Unantastbarkeit des menschlichen Lebens verlange nach der Möglichkeit, Mord mit dem Tode zu bestrafen. So dachte Süsterhenn, und so handelte er auch. Ein Gnadengesuch Irma K.s hatte die rheinland-pfälzische Landesregierung im März 1948 mit seiner Stimme abgewiesen.[33] Als Süsterhenn auf Herrenchiemsee über Rang und Bedeutung der Menschenwürde räsonierte, hatte er seine Ressortkollegen in den anderen westdeutschen Bundesländern bereits davon unterrichtet, dass sein Land in Mainz den Bau einer Hinrichtungsstätte mit Fallbeil erwäge, und um Überlassung eventuell vorhandener Pläne gebeten. Das Einverständnis der französischen Militärregierung zur Exekution der Kindsmörderin Irma K. lag dem Justizminister vor. Was Adolf Süsterhenn fehlte, als der Verfassungskonvent über die Abschaffung der Todesstrafe beriet, war ausschließlich das Fallbeil.

Von den Debatten des Konvents um die Grundrechte, die Menschenwürde, das Notverordnungsrecht und die Todesstrafe hat die deutsche Öffentlichkeit damals nicht viel erfahren. Jeden Nachmittag um 17.00 Uhr rief der Vorsitzende Anton Pfeiffer 20 bis 30 Journalisten zur Pressekonferenz, und was er ihnen mitzuteilen hatte, betraf zumeist das, was ihn selbst und die bayerische Delegation am tiefsten berührte – den Föderalismus. Zwar fanden Pfeiffer und Nawiasky von Anfang an keine Mehrheit für die These, das Deutsche Reich sei am 8. Mai 1945 untergegangen, die neue Republik müsse also von den Ländern neu gegründet werden. Ansonsten aber durften die Bayern und die süddeutschen Ministerpräsidenten mit dem Konvent zufrieden sein. Der Entwurf von Herrenchiemsee entsprach weitgehend ihren föderalistischen Vorstellungen. Unumstritten war, dass neben dem Bundestag eine Kammer der Länder an der Gesetzgebung mitwirken solle. Umstritten war nur, wie sie ausgestaltet sein und welche Kompetenzen sie haben solle.

Selbstverständlich hielten die Bayern kompromisslos an der Bundesrats-Lösung fest. Er solle sich aus Mitgliedern der Länderregierungen zusammensetzen. Jedes Gesetz bedürfe der Zustimmung sowohl des Bundestages als auch des Bundesrates. Nicht weniger vehement traten Hermann Brill und Carlo Schmid – ganz im Sinne der Nichtanwesenden Schumacher, Menzel und Adenauer – für das Gegenmodell ein: die Senats-Lösung. Die Senatoren sollten vom Volk gewählt werden. Im Gesetzgebungsverfahren hätte der Senat ein Veto-Recht, das nur durch Zweidrittelmehrheit im Bundestag übertroffen werden könne.

Erwartungsgemäß favorisierte die Mehrheit der Konventsmitglieder die Bundesrats-Lösung. Da der Konvent aber keine Entscheidungen zu treffen, sondern lediglich Vorschläge zu machen hatte, wurden bei Differenzen beide Positionen – als Mehrheits- und Minderheitsvoten deutlich ausgewiesen – in den Abschlussbericht aufgenommen. Damit war der Konflikt aufgeschoben; wenige Tage später wurde er in Bonn in aller Schärfe fortgesetzt. Über die Frage hingegen, auf welchen Gebieten der Bund und auf welchen die Länder die Gesetzgebungszuständigkeit haben sollten, wurde erst gar nicht lange gestritten: Werde die Gesetzgebung nicht ausdrücklich dem Bund zugesprochen, solle sie bei den Ländern liegen. Keine Einigung ergab sich selbstverständlich im Streit ums Geld, also um die Steuerverteilung auf Bund, Länder und Gemeinden. Die hier bestehenden Differenzen waren prinzipieller Art und betrafen nicht allein das Problem, wer für die Besatzungskosten aufzukommen habe, der Bund oder die Länder.

Aber grundsätzliche verfassungspolitische Fragen, die noch vor wenigen Jahren gereizte Diskussionen unter den deutschen Staatsrechtslehrern ausgelöst hatten, sind auf Herrenchiemsee geräuschlos und einvernehmlich beantwortet worden. Wie in den Länderverfassungen sollte – wiederum auf Initiative Carlo Schmids – das «konstruktive Misstrauensvotum» im Grundgesetz verankert werden. Die gerichtliche Normenkontrolle wurde ebenso vorausgesetzt wie in den Ländern, und auch das «Bundesverfassungsgericht» wurde auf Herrenchiemsee – vor allem dank der Vorarbeit Hans Nawiaskys – konzipiert.

Das Bedeutende dieses Verfassungsentwurfs ist ganz still und leise, fast beiläufig entstanden. Die «kopernikanische Wende», die sich in den Länderverfassungen ereignet hatte, wurde auf Herrenchiemsee nicht einmal mehr nachvollzogen – sie war bereits Grundlage der Beratungen. Mit der Feststellung, dass der Staat dem Menschen und nicht mehr der Mensch dem Staat zu dienen habe, eröffnete der Verfassungsentwurf, und das meinte nicht nur Freiheit durch den Staat, sondern Freiheit vom Staat. Selbst das Ergebnis der Kontroverse um das Notverordnungsrecht – ein Relikt der alten Staatsgesinnung – ist ein Indiz dafür, dass die Teilnehmer des Konvents schon weiter waren, als sie glaubten. Denn fast bis zum Schluss wussten sie nicht, an welche Stelle des Entwurfes sie es setzen sollten. Sie konnten es auch gar nicht wissen, denn es passte nirgends mehr hinein.

Mit dem Verfassungskonvent von Herrenchiemsee ist am 23. August 1948 nicht nur die letzte Föderalismus-Offensive der Ministerpräsidenten zu Ende gegangen. Auch ihre Zeit als Verhandlungs- und wichtigste Ansprechpartner der westlichen Alliierten war damit vorbei. Der Parlamentarische Rat würde bereits im Zeichen der Parteien stehen, und daran ließen diese keine Zweifel. Kaum war der 95-seitige Abschlussbericht von Herrenchiemsee bekannt, verkündete der Pressedienst der SPD, es handle sich um eine «private Vereinbarung» der Ministerpräsidenten. Selbst Carlo Schmid, einer der produktivsten und engagiertesten Teilnehmer des Konvents, bezeichnete den Entwurf als eine Empfehlung der «Techniker des Verfassungsrechts». Konrad Adenauer bedankte sich zwar höflich, betonte aber zugleich die Unverbindlichkeit des Entwurfs. Der Parlamentarische Rat könne das Material «völlig frei verwerten».

Immerhin haben sich fünf Konventsmitglieder wenige Tage später in Mitglieder des Parlamentarischen Rates verwandelt, darunter drei der wichtigsten Verfassungspolitiker ihrer Parteien: Anton Pfeiffer, Adolf Süsterhenn und Carlo Schmid. Hermann Brill hingegen war bei der «Hannover-Clique» um Menzel und Schumacher in Ungnade gefallen. Das sogenannte Modellgesetz, nach dem die Landtage im Laufe des Monats August die Ratsmitglieder wählten, hatte der Chef der hessischen Staatskanzlei noch vor Herrenchiemsee entworfen. Aber im Parlamentarischen Rat, der am 1. September 1948 in Bonn seine Arbeit aufnahm, war Hermann Brill nicht mehr dabei.

Nicht alle Wege führen nach Bonn

Als die Besatzung Bonns im Frühjahr 1945 begonnen hatte, lag die zerbombte Universitäts- und Festungsstadt im südlichsten Teil der britischen Zone. Die ersten Anordnungen der Besatzungstruppen betrafen die Beseitigung der Leichen in Papiersärgen und die Mitwirkung der Bevölkerung beim Räumen der Trümmer. Von den rund 100 000 Einwohnern waren 2723 gefallen, 43 Luftangriffe hatten 1564 Zivilisten getötet. Allein ein Angriff der britischen Luftwaffe am Vormittag des 18. Oktober 1944 hatte die Bonner Altstadt nahezu vollständig zerstört, unter den zerbombten Gebäuden befanden sich die Universität, das Poppelsdorfer Schloss, Kliniken, das Stadttheater und die Beethovenhalle; die Rheinbrücke hatten die deutschen Truppen bei ihrem Abzug am Abend des 8. März 1945 selbst gesprengt. Allerdings waren lediglich etwa 18 Prozent aller Wohnungen stark beschädigt.[34] 1500 Häuser waren von den britischen Besatzungstruppen beschlagnahmt worden. Die Wohnungsnot verschärfte sich, als bis Ende 1946 mehr als 7500 Kriegsgefangene zurückkehrten. Im Barackenlager auf der Hofgartenwiese hinter den verkohlten Fassaden der Universität wurden bis April 1947 fast 146 000 Heimkehrer durchgeschleust. In den von der Wehrmacht errichteten Duisdorfer Kasernen warteten bis zu 20 000 *displaced persons* (DPs), vor allem ehemalige russische und polnische Zwangarbeiter, aber auch aus Konzentrationslagern befreite Juden, auf ihre Ausreise.

Nach einem Gang durch die Stadt im Sommer 1945 notierte der englische Dichter Stephen Spender: «Schutthaufen machen es oft unmöglich, auf dem Gehsteig zu bleiben. Jenseits des Universitätstors ist alles zerstört: der größte Teil des Hauptgebäudes der Universität, das Einkaufszentrum und der Marktplatz. Über dem Tor ragte die Mauer der Universität in gelber Farbe, überthront von der leuchtenden alten Statue des heiligen Georg vor dem Himmel und inmitten des Geästs von hohen Kastanienbäumen. Aber hinter dieser äußeren Mauer war nichts als verkohlte Leere. Zwischen Stadtzentrum und Rhein war im letzten Stadium der Kämpfe alles im Granatfeuer zerschlagen worden. Gelegentlich sah ich auf einer Mauer noch Nazi-Parolen, die überlebt hatten: SIEG ODER SIBIRIEN, LIEBER TOD ALS SIBIRIEN, DER SIEG IST UNSER, DAS IST SICHER, oder DER TAG DER RACHE KOMMT. Etwas merkwürdig Verkündigungshaftes klang aus diesen Parolen, und es hätte nicht überrascht, unter ihnen auf solche zu stoßen wie GOTT IST DIE LIEBE oder LASST ALLE HOFFNUNG FAHREN, DIE IHR HIER EINTRETET.»[35]

Drei Jahre später, im Sommer 1948, hatte sich die Lage nicht entscheidend verbessert. Die Professoren hielten längst wieder Vorlesungen, aber – nicht nur – die Studenten hungerten, die Universitätskliniken hatten wieder geöffnet, aber sie arbeiteten auf dem ummauerten Gelände einer Flakkaserne auf dem Venusberg, der Alte Zoll mit Blick auf Rhein und Siebengebirge war wieder freigegeben, aber wer hinauflief, musste sich vorsehen, nicht in die Einmannschützenlöcher zu stolpern. Wem das gelang, der sah nicht mehr die Lieblingslandschaft der deutschen Romantik, besungen von Tieck und Heine, sein Blick fiel in den Abgrund der deutschen Geschichte. Zu Füßen des Petersbergs am Ufer des Rheins lag das Hotel Dreesen, in dem Neville Chamberlain zehn Jahre zuvor versucht hatte, Hitlers Kriegswut mit «Appeasement» zu bezwingen. Jetzt lebten darin 300 Vertriebene. Ein paar Meter stromabwärts ragte ein abgesoffenes Schiff aus dem Wasser, auf seinem Bug konnte man den Namen lesen: «Weltfrieden».[36]

Der Bonner Bevölkerung ging es nicht schlechter als der Bevölkerung anderer deutscher Städte – gehungert wurde überall, und was auf dem Schwarzmarkt nicht zu kaufen oder zu teuer war, wurde zur Not gestohlen. In einem Punkt ging es ihr sogar ein wenig besser. Zwar waren 91 Prozent der Altstadt komplett zerstört, aber im Jahr 1948 war die Zahl der zur Verfügung stehenden Wohnungen in Bonn immerhin wieder auf fast 70 Prozent des Standes von 1939 gestiegen. Das war noch nicht das Ende der Wohnungsnot, doch eine spürbare Entspannung der Lage. Da drohte Anfang Juni 1948 eine Katastrophe alle Aufbaubemühungen der Bonner scheinbar mit einem Schlag zu vernichten.

Die britische Militärregierung kündigte an, erneut 1000 DPs in Bonn unterzubringen, davon 600 in der Ermekeilkaserne nahe der Bonner Innenstadt. Am 8. Juni vermeldete die «Kölnische Rundschau» («Ausgabe Bonn-Stadt») unter der Überschrift «Bonn und seine Bevölkerung protestieren» den Skandal und berichtete von einer gemeinsamen Entschließung von Stadtvertretung und Stadtverwaltung: «Mit tiefer Bestürzung nehmen die gewählten Vertreter dieser Stadt von der Absicht der Besatzungsbehörden Kenntnis, in den freigewordenen Gebäuden der sogenannten Ermekeilkaserne die heimatlosen Ausländer (displaced persons) unterzubringen. Unsere Bevölkerung erinnert sich der unglückseligen Zeit, da auch im Gebiete der Stadt Bonn und ihrer Umgebung heimat- und bodenfremde Horden plündernd und mordend zum Schrecken des Volkes wurden.»[37]

Offenbar hatten die besorgten Stadtväter drei Jahre nach Ende des Krieges die Ursachen der Heimatlosigkeit der «Horden» gründlich vergessen. Bei den «heimatlosen Ausländern» handelte es sich zumeist um von den Deutschen verschleppte russische und polnische Zwangsarbeiter, die nicht nur ihre Heimat verloren hatten, sondern ihre Existenzgrundlagen, ihre Gesundheit, in vielen Fällen auch ihre Angehörigen. Die Notwendigkeit, polnische Zwangsarbeiter nach Deutschland zu deportieren, hatte Anfang der vierziger Jahre ein leitender Mitarbeiter der Hermann Göring unterstellten «Vermögensverwaltung des ehemaligen polnischen Staates» – eine Koordinierungsstelle zur Plünderung polnischen und jüdischen Vermögens, auch «Haupttreuhandstelle Ost» (HTO) genannt – folgendermaßen begründet: «Wenn die Zahlungsbilanz des Gouvernements nicht in Ordnung ist, muß eben weniger eingeführt und mehr ausgeführt werden. Und da man drüben keine Waren hat, die man ausführen kann, bleibt eben nichts anderes übrig als Arbeitskräfte. Das war auch der ursprüngliche Plan, daß das Gouvernement etwa zwei Millionen Arbeitskräfte für das Großdeutsche Reich zur Verfügung stellen sollte.»[38] Der Mitarbeiter war der frühere preußische Finanzminister und ehemalige DDP-Reichstagsabgeordnete Hermann Höpker Aschoff, seit 1940 im Dienst der HTO.

Aber das war lange vorbei, die Aufmerksamkeit der städtischen Repräsentanten galt im Sommer 1948 ausschließlich der Gegenwart: «Verschonen Sie diese Stadt vor einem Unheil! Bewahren Sie Frauen und Mütter vor tödlicher Angst und Verzweiflung.» Begründet wurde der Protest aber nicht nur mit der Sorge um die Sicherheit der Bürger: «Ist es zu verantworten, der Bevölkerung in dieser von Besatzungsbehörden stark beanspruchten Stadt weitere Wohnräume zu nehmen?»

Der Protest hatte Erfolg. Zwei Tage später meldete die Zeitung Entwarnung: «Bonn atmet wieder auf.» Die Besatzungsbehörden hatten nachgegeben, die «freudige Botschaft» («Kölnische Rundschau») wurde von den Politikern aller Parteien stürmisch gefeiert. Der CDU-Vertreter teilte mit, er habe sich «persönlich über diese Nachricht gefreut wie selten über etwas». Der SPD-Vertreter sagte, es handle sich um einen «ausgesprochenen Erfolg, der einen starken Wert für die Zukunft besitzt». Otto Schumacher-Hellmold, Vorsitzender der FDP-Ratsfraktion und wenig später zugleich Korrespondent des NWDR im Parlamentarischen Rat, beteuerte, die drohende Vertrauenskrise zwischen Stadtvertretung und Militärregierung sei damit abgewendet und er – Schumacher-Hellmold – sei mit Dank erfüllt, «obgleich der Schrecken wegen der geplanten Maßnahmen noch nicht so schnell aus den Gliedern weichen will».[39]

Vier Wochen später, am 5. Juli 1948, ruft der Oberbürgermeister der Stadt Bonn, Eduard Spoelgen, die Vorsitzenden der Ratsfraktionen zu einer dringenden Sondersitzung ins Stadthaus: «Höchst wichtig und vertraulich!» Spoelgen eröffnet die Sitzung mit den dramatischen Worten, die versammelten Herren hätten sofort eine Entscheidung zu treffen, «die wahrscheinlich die bedeutendste Entwicklung in der fast 2000jährigen Geschichte dieser Stadt einleitet».[40] Der Chef der Staatskanzlei der nordrhein-westfälischen Landesregierung, Hermann Wandersleb, habe soeben angefragt, ob Bonn bereit sei, den Parlamentarischen Rat «für etwa zwei bis drei Monate» aufzunehmen. Die Anfrage gehe auf den Vorschlag von Landesinnenminister Walter Menzel an die westdeutschen

Ministerpräsidenten zurück, als Sitz des Rates eine Stadt in Nordrhein-Westfalen zu wählen. Er, Wandersleb, habe an Bonn gedacht, denn mit der Stadt habe er gute Erfahrungen gemacht. Die Sache eile, die Bonner Politiker müssten noch am selben Tag entscheiden. Die Runde ist von dem Vorschlag einhellig begeistert. «Wenn die Entscheidung für Bonn fallen sollte, stehen wir Gewehr bei Fuß»[41], verkündet Oberstadtdirektor Johannes Langendörfer. Wanderslebs Angebot wird einstimmig angenommen.

Am 16. August votieren acht westdeutsche Ministerpräsidenten für Bonn als Sitz des Parlamentarischen Rates, zwei für Karlsruhe, einer für Celle. Den Ausschlag hatte unter anderem ein Schreiben des nordrhein-westfälischen Ministerpräsidenten Karl Arnold mit dem Hinweis gegeben, Bonn verfüge über genügend Unterbringungskapazitäten. Zum Tagungsgebäude wurde die Pädagogische Akademie in der Görresstraße bestimmt, ein weiß gekalkter Kubus am Ufer des Rheins im Stil des Dessauer Bauhauses, zwischen 1929 und 1933 nach Plänen von Regierungsbaumeister Martin Witte ursprünglich mit dem Ziel errichtet, in Preußen die Ausbildung von Volksschullehrern zu verbessern. Die Fertigstellung hatte sich verzögert, und als der nationalsozialistische Bonner Oberbürgermeister Ludwig Rickert die Akademie am 2. Oktober 1933 eröffnete, konnte er ihre Aufgabe etwas genauer definieren: «Wenn so die äußere Form auch nicht in den neuen Geist hineinpaßt, so hoffe ich aber, daß der innere Geist so sein wird, daß Führernaturen hier heranwachsen werden, die Deutschlands Jugend in dem Geiste erziehen, wie es der neue Staat verlangt.»[42] Im Krieg hatte die Akademie als Lazarett gedient, danach als britische Briefzensurstelle, schließlich wieder als Lehrer-Akademie. Nun mussten die Studenten weichen, denn die Handwerker zogen ein, um innerhalb von sieben Tagen dem Parlamentarischen Rat ein angemessenes Quartier zu bereiten.

Und tatsächlich gelang alles in kurzer Zeit vortrefflich, auch der Wohnraummangel machte sich nicht mehr bemerkbar. In der Pädagogischen Akademie wurde die Aula in den Plenarsaal verwandelt. Plätze für die Vertreter der Alliierten, der Landesregierungen und der Presse wurden an der Fensterfront geschaffen, für das Publikum die Empore und der Musiksaal reserviert. 25 Telefon-Zellen, mehrere Fernschreibleitungen, zwei bis drei Räume für Journalisten mit 50 Arbeitsplätzen wurden eingerichtet, und die Oberpostdirektion Köln versprach, rechtzeitig 50 Leitungen zu legen, aber das müsse dann auch genügen, denn beim Treffen Chamberlains mit Hitler vor zehn Jahren hätten sogar 15 Leitungen gereicht.

Nicht weniger gab es im «Museum Alexander König» in der Koblenzer Straße zu tun, das die zweitgrößte Tier-, Jagd- und Vogelsammlung der Welt enthielt. Hier sollte der Präsident des Parlamentarischen Rates seine Diensträume haben und am 1. September die Eröffnungsfeier stattfinden. Das mächtige, repräsentative Gebäude im klassizistischen Stil, vor dem Ersten Weltkrieg errichtet, hatte den Zweiten ohne substanzielle Schäden, aber keineswegs heil überstanden.

Die Quartiersfragen waren ebenfalls schnell gelöst. Die CDU/CSU-Fraktion bekam Zimmer im nahe gelegenen Königswinter, die SPD-Fraktion im Hotel Drachenfelser Hof im benachbarten Rhöndorf. Auf Vermittlung des Vorsitzenden der Bonner FDP-Ratsfraktion und NWDR-Korrespondenten Schumacher-Hellmold mieteten sich seine Parteifreunde im edlen Hotel La Roche in der Bonner Innenstadt ein, das Zentrum zog in das Hotel Rheinterrassen, die KPD ins Hotel Grunert. Einige Ratsmitglieder beschieden sich mit billigen Quartieren, beispielsweise Carlo Schmid und der schleswig-holsteinische Justizminister Rudolf Katz, die in der Bonner Nordstadt gemeinsam eine Pension bezogen. Für die Kraftfahrer des Parlamentarischen Rates standen Schlafplätze in einem Bunker bereit, nicht sehr komfortabel, aber günstig: nur 50 Pfennig kostete die Übernachtung. Noch 25 Jahre später schwärmte der Bonner Heimat- und Geschichtsverein von den wiederbelebten Bürgertugenden in jenen Tagen: «Ein wacher Bürgersinn bewährte sich bei vielen Bonnern, als es galt, die Mitglieder des Rates und das Gefolge in Privatquartieren unterzubringen. Zum Teil haben Bonner Familien ihren Gästen die Wohnung zur Verfügung gestellt und sind selbst in die Mansarde gezogen. Manche lehnten sogar die Bezahlung ab.»[43]

Als Bonn am 5. Juli das Angebot gemacht worden war, Sitz des Parlamentarischen Rates zu werden, hatte Oberstadtdirektor Langendörfer begeistert in die Runde der führenden Kommunalpolitiker gerufen: «Bonn, das Weimar des neuen Deutschland!»[44] Die Bemerkung verriet nicht nur bestürzende historische Ahnungslosigkeit. Schon kurze Zeit später erwies sie sich aus mehreren Gründen als erfreulich falsch. Unter anderem hatte die Weimarer Reichsverfassung nur – nicht einklagbare – Bürgerrechte für die Deutschen gekannt, keine Menschenrechte für jedermann. Auf diesen entscheidenden Unterschied hatte Hermann Brill auf Herrenchiemsee verwiesen und mit einem einschlägigen Beispiel erläutert: «Man darf nicht vergessen, dass sich das deutsche Volk selbst bei der Beseitigung der Grundrechte in einem erschreckendem Ausmaß als Sklavenhalternation betätigt hat. Die Tatsache, dass es in Deutschland 9 Millionen Fremdarbeiter gab, von denen mindestens 500 000 durch die deutschen Zuchthäuser und Gefängnisse sowie Konzentrationslager gegangen sind, dass eine bis jetzt nicht festgestellte Zahl von ihnen auf die abscheulichste Art und Weise umgebracht wurde, ist ein aufrüttelndes Element in der Forderung nach der Verwirklichung der Menschenrechte in Deutschland. Die Frage, ob Grundrechte in die Verfassung aufgenommen werden sollen oder nicht, ist zu bejahen.»[45]

Hermann Höpker Aschoff war auf Herrenchiemsee nicht dabei gewesen, und als FDP-Vertreter im Parlamentarischen Rat hat Höpker Aschoff den ehemaligen KZ-Häftling Brill nicht kennengelernt. Aber er hätte ihm inzwischen sicher zugestimmt. Denn mit der Beteiligung an der nationalsozialistischen Germanisierungspolitik hatte er nur – schweren Herzens, wie es heißt – seinen Lebensunterhalt gesichert, persönlich jedoch fühlte er sich Peter Graf Yorck von Wartenburg aus dem «Kreisauer Kreis» verbunden, der von Freisler zum Tod verurteilt und in Plötzensee ermordet worden war.[46]

Die absolute Priorität der Grund- und Menschenrechte in der künftigen Bundesrepublik war Konsens der Verfassungsversammlungen der Länder und des Verfassungskonvents von Herrenchiemsee gewesen. Es war auch der Konsens des Parlamentarischen Rates. Der Konsens der Deutschen war es nicht. Es mochte Zufall sein, dass die Väter und Mütter des Grundgesetzes ausgerechnet in einer Akademie für angehende Volksschullehrer tagten, und auch das Symbolische des Termins, an dem sie ihre Arbeit begannen – er wurde von den Alliierten nur als spätester Zeitpunkt vorgegeben –, war nicht kalkuliert: Am 1. September 1948 lag der Überfall auf Polen, der Beginn des Zweiten Weltkriegs auf den Tag genau neun Jahre zurück. In dem einen wie im anderen Fall aber war es eine listige Volte der Geschichte.

5. Das Grundgesetz entsteht

1. September 1948: Die Blockade Berlins geht in den siebzigsten Tag. US-Außenminister Marshall kündigt an, die Fortsetzung der Demontagen in Westdeutschland zu überprüfen. Erstmals nach dem Krieg fährt ein deutscher Bahnpostwagen auf der Strecke Frankfurt/Main – Venlo (Niederlande) wieder ins benachbarte Ausland. Die Normalverbraucher in der Bizone sollen in diesem Monat täglich 1846 Kalorien erhalten, die Zulageberechtigung wird auf Personen beschränkt, die dauernd und regelmäßig körperlicher Arbeit nachgehen. Die Frankfurter Börse wird wieder täglich von Montag bis Freitag geöffnet. Die Tariflöhne und -gehälter im Groß- und Außenhandel werden um 15 Prozent erhöht, zunächst für das Wirtschaftsgebiet Düsseldorf und Niederrhein. Der oberbayerische Fremdenverkehr teilt mit, im Sommerhalbjahr 1948 hätten nur 18 000 Meldungen mit 56 000 Übernachtungen aus dem Ausland vorgelegen, verschleppte Personen als «Auslandsfremde» eingerechnet. Im Sommerhalbjahr 1938 habe man noch 271 000 Fremdenmeldungen aus dem Ausland mit 791 000 Übernachtungen gezählt. In der französischen Zone starten die Dreharbeiten für den ersten deutschen Nachkriegsfilm «Wohin die Züge fahren».[1]

An diesem Tag, um 13.00 Uhr, beginnt mit einem Festakt im renovierten Lichthof des Museums Alexander König in Bonn die Arbeit am Grundgesetz. Die Veranstaltung ist so bizarr wie ihre Umgebung. Im Eingang werden die Gäste von Elefantenskeletten empfangen, ein ausgestopftes Nashorn grüßt vom ersten Stock, eine präparierte Giraffe – ob ihr Kopf verhüllt ist oder nicht, ist bis heute umstritten –, ragt in einer Ecke. Die Festgesellschaft schiebt sich in den Wandelgängen des Museums vorbei an der Zoologie der gesamten Welt in zahllosen Vitrinen. Die Amerikaner erwarten den Krieg mit der Sowjetunion, die Franzosen, die Engländer, die Deutschen erwarten ihn, also erkennt ein Journalist im Gang hinter der Stirnwand des Lichthofs, «zwar durch Drapierungen dem Auge enthoben, drei mächtige sibirische Wölfe in einer großen Glasvitrine, die Lauscher aufrecht, die Seher funkelnd und die Schnauze auf einen gerissenen Hirsch gerichtet, als stumme Teilnehmer der Verfassungsgeburt. Zufall? ... Oder tiefere Bedeutung?»[2]

Die präparierte, teils notdürftig verhüllte Menagerie ist das angemessene Ambiente dieser Versammlung, Improvisation zum Auftakt eines Provisoriums. Hier wird nicht nur die Gründung einer neuen deutschen Republik, ob nun als «Staat» oder als «Staatsfragment», eingeläutet, die Teilung Deutschlands gewinnt äußerlich Gestalt. Sie ist eine Etappe des Kalten Kriegs. Die westlichen Siegermächte haben sie beschlossen, aber die Deutschen sind es, die sie selber zu vollziehen haben. Das Grundgesetz wird sie besiegeln. Die Reden, die an jenem Tag im Lichthof des Museums gehalten werden, umkreisen immer wieder diesen Punkt; die Redner wissen, dass nicht die Teilung Deutschlands der Preis für die Freiheit ist, sondern die Freiheit der Westdeutschen ein Geschenk des Kalten Krieges, der die Teilung erzwingt. Geschenkte Freiheit – geschenkt wie einem Häftling, dem die Verbüßung seiner Strafe großzügig erlassen wird, zur Bewährung. Entsprechend gedämpft ist die Stimmung. Die SPD-Abgeordnete Elisabeth Selbert fühlt sich an eine «Krematoriumsfeier» erinnert.

In den politischen Hintergrund und den präparierten Zoo fügt sich die Veranstaltung nahtlos ein. Sie ist der Staatsakt eines untoten Staates – völkerrechtlich nie gestorben, wird er politisch neu geboren. Hier tritt auch keine Nationalversammlung zusammen. Denn erstens ist die Nation geteilt, zweitens hat nicht einmal der Teil von ihr, über dessen Zukunft jetzt verhandelt werden soll, die Abgeordneten direkt entsandt – die Landtage haben sie gewählt, nicht das westdeutsche Wahlvolk. Und so soll der Parlamentarische Rat denn auch keine Verfassung schreiben, sondern die provisorische Grundlage eines provisorischen Staates schaffen. Keiner der Festgäste würde etwas anderes behaupten, die trübe Realität ist offensichtlich. Aber das Problem, das unausgesprochen diese Versammlung überwölbt und die Arbeit des Parlamentarischen Rates begleiten wird, ist nicht die fehlende formale Legitimation der Ratsmitglieder.

«Es besteht kein Zweifel darüber, dass die stärkste Partei in Deutschland die nichtorganisierte Partei der Nazis ist», hat vierzehn Tage zuvor Hermann Brill auf Herrenchiemsee festgestellt, und niemand hat ihm widersprochen. Die Experten wussten, was den Festgästen im Lichthof des Museums ebenfalls bekannt ist: Das Grundgesetz wird zwar für die Westdeutschen geschrieben, aber nicht, noch nicht in ihrem Namen. Dafür liefert auch Karl Arnold (CDU), der nordrhein-westfälische Ministerpräsident, in seiner Eröffnungsrede ein Beispiel. Nach einigen Worten über die Arbeit des Parlamentarischen Rates entfährt ihm eine Bemerkung, mit der er der Mehrheit der Deutschen, nicht jedoch der Mehrheit der Festgesellschaft aus dem Herzen spricht. Hitler, sagt er, sei «keine typische und ausschließliche deutsche Erscheinung» gewesen: «Er war vielmehr die Personifizierung des destruktiven Geistes in Europa und in der Welt, und Deutschland war, so gesehen, nur die lokale Stelle, an der das europäische Geschwür aufgebrochen war.»[3] So sehen das offenbar nicht viele Gäste. Der Beifall für Arnolds historische Betrachtung ist spärlich.

Weder die Militärgouverneure der USA, Großbritanniens und Frankreichs noch ihre Stellvertreter hören Arnolds Worte. Sie haben ihre Teilnahme abgesagt, da sie die in Moskau laufenden Verhandlungen zur Aufhebung der Berlin-Blockade nicht gefährden wollen. Im Übrigen ist im Bonner Museum versammelt, was in den drei westlichen Besatzungszonen drei Jahre nach Kriegsende Rang und Namen hat: Größen der Wirtschaft, Spitzen der Kultur, Kirchenvertreter, Mitglieder des Frankfurter Wirtschaftsrats, Journalisten aus dem In- und Ausland. Natürlich füllen auch die 65 gewählten Mitglieder des Parlamentarischen Rates die Reihen, dazu fünf Vertreter Berlins.

Zu den aufmerksamsten Zuhörern unter den Festgästen gehören die Ministerpräsidenten und die Verbindungsoffiziere der Militärregierungen. Die einen wie die anderen haben am Verlauf der

Grundgesetz-Beratungen substanzielles Interesse und versuchen vom ersten bis zum letzten Tag, Einfluss darauf zu nehmen. Die Ministerpräsidenten haben in Wiesbaden ein gemeinsames Büro eingerichtet, seine Außenstelle in Bad Godesberg vor den Toren Bonns soll die Regierungschefs auf dem Laufenden halten. Der Ort ist klug gewählt: Zwar sind in Godesberg noch immer 1 000 Wohnungen für belgische Besatzungstruppen und deren Familien beschlagnahmt, im Übrigen aber hat der behagliche Ruhesitz von Bürgermeistern, Professoren und Beamten den Krieg unbeschädigt überstanden. Besonderes Engagement zeigt wieder einmal die Bayerische Staatskanzlei, die mitten in Bonn im Haus der Landwirtschaftskammer in der Endenicher Allee eine Dienstelle unter Leitung von Regierungsdirektor Hans Wutzelhofer eingerichtet hat. Dieses Verbindungsbüro wird nicht nur Ministerpräsident Ehard fortwährend Bericht erstatten, es dient auch als Anlaufstelle für die bayerischen Ratsmitglieder aller Parteien. Im Parlamentarischen Rat können die Abgeordneten weder auf eigene Schreibkräfte noch auf Chauffeure zurückgreifen. Die Bayerische Staatskanzlei stellt den Landsleuten beides zur Verfügung und sorgt darüber hinaus – wie Anton Pfeiffer vermerkt – für «etwas bayerische Gemütlichkeit».

Noch enger werden die Militärregierungen und deren Verbindungsoffiziere die Zusammenarbeit mit den Mitgliedern des Parlamentarischen Rates gestalten. Das ist selbstverständlich, denn ausdrücklich haben sie sich die Genehmigung des Grundgesetzes vorbehalten. Ihre Versuche, auf die Beratungen ebenso effektiv wie geräuschlos einzuwirken, setzen einen möglichst ungehinderten Informationsfluss voraus. Doch ist es nicht gelungen, ein gemeinsames Büro zu installieren. Die Franzosen wollten für sich bleiben. So hat jeder Militärgouverneur sein eigenes Büro in Bonn mit Verbindungsoffizieren (Liaison Officers), Fachberatern und Verwaltungsangestellten. Chef des französischen Verbindungsstabes ist Jean Laloy, ein hoher Beamter des Pariser Außenministeriums und in späteren Jahren französischer Koordinator der deutsch-französischen Beziehungen. Das britische Verbindungsbüro leitet der Politologe Rolland Alfred Aimé Chaput de Saintonge.

Der amerikanische Verbindungsstab in der Joachimstraße 12 wird von Hans Simons geführt. Neben ihm und dem Berater von General Clay, Edward H. Litchfield, der die deutschen Länderverfassungen bereits 1947 in englischer und deutscher Sprache veröffentlicht hat, ist eine der wichtigsten Figuren der deutschstämmige Anthony F. Pabsch, im Zivilleben Chef der Onondaga Freight Company in Syracuse. Ihre Zusammenarbeit mit dem Parlamentarischen Rat beschreibt Pabsch gegenüber einem amerikanischen Journalisten mit den einfühlsamen Worten: «We observe them, then we cocktail them, dine them and lunch with them.»[4] Das ist nicht übertrieben. Die Militärregierungen werden in den nächsten Monaten auf jede erdenkliche Weise versuchen, an Informationen über die Arbeit des Parlamentarischen Rates zu gelangen. Ohnehin erhalten die Verbindungsoffiziere sämtliche Beratungsprotokolle und können jederzeit an den Verhandlungen teilnehmen. Hinzu kommen offizielle und zahllose inoffizielle Treffen der Militärgouverneure und ihrer Verbindungsoffiziere mit den deutschen Abgeordneten; wie Pabsch zutreffend beschreibt, spielen großzügige Dinner-Einladungen eine wichtige Rolle. Gezielt werden einzelne Abgeordnete dabei mit Alkohol versorgt und ausgehorcht. Das gelingt nicht mit jedem. Bedauernd registriert Chaput de Saintonge, dass Heuss bei diesen Gelegenheiten stets ins philosophische Plaudern fällt und andere, weniger vorsichtige Abgeordnete geschickt von heiklen Themen abzubringen versteht, wenn sie Gefahr laufen, indiskret zu werden.

Weil sie nichts dem Zufall überlassen wollen, greifen die Militärgouverneure auf ein ebenso fragwürdiges wie bewährtes Mittel zurück: Die Telefone von Abgeordneten der CDU/CSU und der SPD werden abgehört.[5] Davon haben die Parlamentarier offenbar bis zum Ende ihrer Arbeit nichts geahnt. Doch sie hätten ohnehin nichts dagegen unternehmen können. Der Schutz des Fernmeldegeheimnisses, den sie beschließen werden, bietet keinen Schutz vor Abhöraktionen der Besatzungsmächte.

Es liegt nicht nur an den «Bären, Schimpansen, Gorillas und anderen Exemplaren exotischer Tierwelt», dass sich Abgeordnete wie Carlo Schmid auf der Eröffnungsfeier «ein wenig verloren» vorkommen.[6] Zwar ist der Parlamentarische Rat frei und unabhängig in seinen Entscheidungen, aber frei und unabhängig ist er nur unter dem Regiment und unter der Observation der westlichen Siegermächte. Mag auch der sozialdemokratische hessische Ministerpräsident Christian Stock, der aus Proporzgründen auf den Christdemokraten Arnold erwidern darf, der Festgesellschaft versichern: «Wenn gesagt wird, in Bonn würde heute die Spaltung des deutschen Volkes vollendet, so erkläre ich hiermit vor dem ganzen deutschen Volke: Wir spalten nicht, wir führen zusammen und einigen» – unbestreitbar ist an diesem Tag nur die Spaltung, die Vereinigung nicht mehr als ein vager Wunsch zur Tagesordnung der Weltpolitik. Die Zukunft liegt immer im Dunkel, aber kaum je hat sie sich in ihm tiefer verborgen als an diesem 1. September 1948: Man erwartet den Krieg, man erwartet die Wiedervereinigung in unabsehbarer, doch nicht allzu ferner Zeit, man erwartet, spätestens bis Weihnachten die Arbeit am Grundgesetz zu beenden. Sie wird fast neun Monate dauern.

Um 15.24 Uhr trat der Parlamentarische Rat in der Aula der Pädagogischen Akademie zu seiner konstituierenden Sitzung zusammen. Das Gebäude, nach vorn führte es hinaus zu Schrebergärten, nach hinten zum Rhein, entsprach dem Charakter der Versammlung – unpathetisch, glanzlos, auf das Wesentliche konzentriert. Auch die Innenausstattung bestach nicht durch Komfort. Die Abgeordneten hatten keine eigenen Büros, keine Schreibkräfte, und die Bibliothek in Zimmer 144 bestand zunächst nur aus 69 von der nordrhein-westfälischen Landesregierung überlassenen Büchern, ehe einige Wochen später weitere 248 Werke aus der Bibliothek des Zonenbeirats der britischen Zone dazukamen.

Äußerst bescheiden waren auch die Diäten der Abgeordneten bemessen. Sie erhielten 350 Mark monatlich – selbst für damalige Verhältnisse nicht viel – und 30 Mark für jeden Sitzungstag. Damit mussten sie sowohl den Lebensunterhalt in Bonn als auch in ihrer Heimatstadt bestreiten und den beruflichen Verdienstausfall kompensieren. Schon nach einigen Wochen wurde ein Ausschuss zur Unterstützung notleidender Angeordneter eingesetzt. Denn nur wenigen, nur den prominentesten und rhetorisch versiertesten Ratsmitgliedern gelang es, ihre Einnahmen regelmäßig am Ende eines Monats in Zimmer 84 aufzustocken. Dort befanden sich Büro und Aufnahmestudio von Otto Schumacher-Hellmold, nicht nur Bonner FDP-Bürgermeister, sondern auch Korrespondent des Nordwestdeutschen Rundfunks (NWDR), der für Interviews anständig bezahlte: «Nach jedem Monatsletzten war Zahltag für die Politiker, die im abgelaufenen Monat an Rundfunksendungen beteiligt gewesen waren. Dieser spielte sich meist in recht persönlich-familiärer Weise ab. Ich legte mein Scheckheft auf den Tisch, zückte den Füller und schrieb Name und Adresse des Abgeordneten, Betrag, Datum, Unterschrift. Meist konnte ich Beträge in Höhe von DM 200,– bis DM 300,– eintragen.»[7] Nur Carlo Schmid sei es ein einziges Mal gelungen, mehr als 500 Mark einzustreichen.

Zwar hatten die Landtage die Ratsmitglieder gewählt, aber ausgewählt hatten sie die Parteiführungen. Je 27 Abgeordnete stellten die Unionsparteien und die SPD, die Liberalen fünf, über je zwei Mandate verfügten die Deutsche Partei, das Zentrum und die Kommunisten. Unter den Christdemokraten war der 72 Jahre alte Konrad Adenauer das größte politische Kaliber, aber Anton Pfeiffer, der im Dauereinsatz für den Föderalismus gestählte Chef der bayrischen Staatskanzlei, stand ihm kaum nach. Jakob Kaiser, Mitglied der Berliner Delegation, die nur mit beratender Stimme in Bonn mitwirkte, hatte seinen Einfluss fast vollständig verloren, seit er Ende 1947 von den Russen als Vorsitzender der CDU Berlins und der russischen Besatzungszone kaltgestellt worden war. Immerhin verfügte die Unions-Fraktion unter anderem mit dem rheinland-pfälzischen Justizminister Adolf Süsterhenn und dem Kieler Staatsrechtler Hermann von Mangoldt über exzellente Verfassungsrechtler. Doch selbst die Dominanz Adenauers konnte die Verwerfungen in seiner Fraktion nicht überspielen. Drei Stunden vor Beginn der Eröffnungsfeier hatte er sie in einer Fraktionssitzung zu spüren bekommen. Adenauer war mit dem Versuch gescheitert, seinen Vertrauten Süsterhenn zum Fraktionsvorsitzenden zu machen. Stattdessen wurde Erz-Föderalist Pfeiffer gewählt, den Adenauer unbedingt hatte verhindern wollen. Nicht zuletzt hatten sich die Christdemokraten an Süsterhenns «anfänglicher Haltung gegenüber dem Nationalsozialismus gestört».[8]

Was Adenauer an politischer Erfahrung mitbrachte, wog Carlo Schmid, der Vorsitzende der SPD-Fraktion, auf durch verfassungsrechtliche Expertise und durch seine intellektuelle wie rhetorische Brillanz. Das hatte auch Adenauer erkannt und deshalb wütend registriert, dass seine eigenen Parteifreunde dem Sozialdemokraten zum Mandat in Bonn verholfen hatten. Gebhard Müller (CDU), der Staatspräsident von Württemberg-Hohenzollern, und Josef Müller, der liberale Vorsitzende der CSU, hatten die Wahl Schmids eingefädelt, weil er als gemäßigter Sozialdemokrat nach ihrer Einschätzung am ehesten die Möglichkeit zu einem Verfassungskompromiss eröffnete. Im Gegenzug hatte die Hamburger SPD ihr Mandat dem Christdemokraten Paul de Chapeaurouge überlassen. Mit dem hessischen Justizminister Georg August Zinn, dem Verfassungshistoriker Ludwig Bergsträßer, dem Ludwigshafener Rechtsanwalt Friedrich Wilhelm Wagner und dem stellvertretenden Fraktionsvorsitzenden Walter Menzel standen Schmid ausgewiesene Experten zur Seite. Aber auch Schmid hatte Gegenspieler in der eigenen Partei: Was für Adenauer der bayerische Föderalismus in Gestalt von Ministerpräsident Ehard war, das war für Carlo Schmid der Führungsanspruch Kurt Schumachers. Der schwerkranke SPD-Vorsitzende, nach einer Bein-Amputation ans Bett gefesselt, versuchte, vom Krankenlager aus die Fraktion zu dirigieren, ohne direkte Anschauung des Bonner Betriebs, vor allem ohne Gespür für die besondere Atmosphäre, die schon bald die Beratungen über das Grundgesetz prägte.

Ein Kuriosum bildeten die Abgeordneten der Liberalen. Erst im Dezember 1948 schlossen sich die liberalen Landesverbände in Heppenheim zur FDP zusammen, vor der Partei trat die Fraktion in Bonn ins Leben. Weil Union und SPD gleich stark waren, fiel der kleinen, von beiden Seiten umworbenen FDP-Fraktion – vor allem ihrem Vorsitzenden Heuss, dem Bamberger Oberlandesgerichtspräsidenten Thomas Dehler und Hermann Höpker Aschoff – eine entscheidende Rolle zu. Für einen ebenso föderalistischen wie nationalistischen Kurs stand die Deutsche Partei (DP), mit der Adenauer vergeblich eine Fraktionsgemeinschaft zu bilden versuchte. Ihr Sprecher, Hans-Christoph Seebohm, ein vertriebener Schlesier, galt als eines der konservativsten Ratsmitglieder. Die im Oktober 1945 im nordrhein-westfälischen Soest rekonstituierte Deutsche Zentrumspartei, einerseits betont katholisch-föderalistisch, andererseits sozialpolitisch nach links tendierend, hatte den Chef ihrer Düsseldorfer Landtagsfraktion, den 60 Jahre alten Johannes Brockmann («Fuchs von Rinkerode») entsandt und die 51 alte Jahre Diplom-Wohlfahrtspflegerin Helene Wessel. Sprecher der zweiköpfigen KPD-Fraktion war Max Reimann, Vorsitzender seiner Partei in den drei westlichen Besatzungszonen und vom ersten Tag an die Stimme der Fundamentalopposition im Parlamentarischen Rat.

An diesem 1. September 1948 kamen nicht nur die werdenden Väter und Mütter des Grundgesetzes zusammen, hier traf auch das künftige Führungspersonal der Bundesrepublik aufeinander. Theodor Heuss (FDP) wird fast genau ein Jahr später zum ersten Bundespräsidenten gewählt werden, Konrad Adenauer (CDU) zum Bundeskanzler. Dem ersten Bundeskabinett gehört als Verkehrsminister Hans-Christoph Seebohm (DP) an, Thomas Dehler (FDP) als Justizminister mit Walter Strauß (CDU) als Staatssekretär. In den folgenden Jahren steigt Heinrich von Brentano (CDU) zum Außenminister auf, Robert Lehr zum Bundesinnenminister, später, 1966, Carlo Schmid zum Bundesminister für Angelegenheiten des Bundesrates und der Länder. Insgesamt gehören dem Parlamentarischen Rat 36 künftige Bundestagsabgeordnete an. Hermann Höpker Aschoff (FDP) wird 1951 zum ersten Präsidenten des Bundesverfassungsgerichts gewählt, Rudolf Katz (SPD) zum Vizepräsidenten. Und Hermann von Mangoldt (CDU) wird den ersten Kommentar zum Grundgesetz verfassen.

Es ist nicht überliefert, dass Carlo Schmid und Hermann von Mangoldt sich schon früher einmal in Tübingen begegnet sind, nachdem die Nationalsozialisten dem Königsberger Staatsrechtler den Vorzug vor dem politisch unzuverlässigen Privatdozenten gegeben hatten. Schmid selbst hat von Mangoldt in seinen Erinnerungen nur einmal erwähnt. Im Zusammenhang mit dessen Arbeit im Parlamentarischen Rat bescheinigte er ihm ebenso knapp wie nobel, ein «besonderer Kenner des Verfassungsrechtes» zu sein. Tatsächlich erwies sich die Zusammenarbeit Schmids und von Mangoldts als eine der ertragreichsten in der Formulierung der Grundrechte.

Problematischer entwickelte sich das Verhältnis Schmids zu seinem Hauptkontrahenten Adenauer, dem er in der Aula der Pädagogischen Akademie zum ersten Mal begegnete. Er habe, schrieb Schmid später, das Gespräch mit den Worten eröffnet: «Man hat mich vor Ihnen gewarnt. Sie kennen Ihren Ruf; vielleicht denken Sie, daß ich Ihnen diesem Ruf entsprechend begegnen werde. Sie irren sich; ich werde Ihnen jedes Wort glauben, das Sie mir sagen ...» Adenauer habe das Gespräch mit der Bemerkung beendet: «Was uns beide unterscheidet, ist nicht nur das Alter, es ist noch etwas anderes: Sie glauben an den Menschen, ich glaube nicht an den Menschen und habe nie an ihn geglaubt.» Prallten hier ein sozialdemokratischer Schöngeist und ein christdemokratischer Menschenfeind aufeinander? Es war wohl eher die Eröffnung eines Rollenspiels, das – geprägt von gegenseitigem Misstrauen – das Verhältnis der beiden Politiker bis zum Abschluss der Arbeit am Grundgesetz bestimmte.

Als das Gespräch stattfand, war die erste Runde dieser Konkurrenz bereits entschieden – zugunsten Konrad Adenauers: Nicht Carlo Schmid, sondern Adenauer war auf der konstituierenden Sitzung des Parlamentarischen Rates zum Präsidenten gewählt worden, und zwar aufgrund einer Absprache mit den Sozialdemokraten. Zum Ausgleich hatten die Christdemokraten dem SPD-Fraktionschef Carlo Schmid den Vorsitz im Hauptausschuss eingeräumt. Die Sozialdemokraten hatten geglaubt, einen glanzvollen Coup zu landen, indem sie dem alten, in der westdeutschen Bevölkerung nur mäßig bekannten Adenauer das vermeintlich rein repräsentative Amt des Präsidenten überließen. Mit der Leitung des Hauptausschusses dachten sie die Stelle zu besetzen, von der aus dem Grundgesetz ein sozialdemokratisches Profil verpasst werden könnte. «Damit beging die Sozialdemokratische Partei einen entscheidenden Fehler», wie Schmid rückblickend erkannte. Denn schneller als den Sozialdemokraten war Adenauer klar geworden, welche Möglichkeiten das Amt des Präsidenten boten. War er bisher lediglich Parteiführer gewesen, stieg er nun auf zum Repräsentanten des höchsten deutschen Gremiums und damit zum natürlichen Ansprech- und Verhandlungspartner der westlichen Siegermächte.

Seine Parteifreunde hatten Adenauer gedrängt, nach dem Amt zu greifen, weil sie glaubten, es werde für ihn der erste Schritt aufs Altenteil. Die SPD hatte ihn dazu ermuntert, weil sie hoffte, ihn so als politischen Gegenspieler aus dem Weg zu räumen. Wieder einmal hatten alle sich in ihm getäuscht. Kaum gewählt, wandelte Adenauer sich zum «ersten Mann des zu schaffenden Staates»[9], ständig auf Reisen, vertieft in Gespräche mit Staatsmännern aus aller Welt, und in Bonn vor allem von dem Ehrgeiz beseelt, die Arbeit am Grundgesetz so schnell wie möglich zu beenden. Inhaltlich hat Adenauer im Grundgesetz keine Spuren hinterlassen. Heuss hat später boshaft bemerkt, nicht einmal ein Komma gehe auf Adenauers Anregung zurück.

Grundrechte – klassisch und modern

Verfassungsfragen sind Machtfragen. Die Krisen, in die der Parlamentarische Rat in den nächsten Monaten stürzte, die scharfen Auseinandersetzungen innerhalb der Fraktionen, zwischen den Fraktionen, zwischen den Ratsmitgliedern und den Ministerpräsidenten und vor allem den Militärgouverneuren betrafen ausnahmslos die Machtverteilung in der künftigen Republik. Die Zuweisung der Gesetzgebungskompetenzen zwischen Bund und Ländern, die Mitwirkungsrechte der Länder bei der Gesetzgebung des Bundes, die Erhebung, Verwaltung und Verteilung der Steuern – immer geht es darum, wer staatliche Macht ausübt und wie sie kontrolliert wird, kurz: darum, wer das Sagen hat im Land. Aber was darf, was muss, was soll er sagen und was tun – und was nicht? Das ist die grundsätzliche Frage. Der Charakter eines Staates entscheidet sich an der Antwort, die seine Verfassung darauf gibt.

Würde das Grundgesetz als Organismus beschrieben, dann schlüge sein Herz in den Grundrechten. Das Herz haben vor allem zwölf Abgeordnete des Parlamentarischen Rates in Zimmer 178 auf dem II. Stock der Pädagogischen Akademie zum Schlagen gebracht. Die meisten der insgesamt 36 Sitzungen des Ausschusses für Grundsatzfragen haben in diesem Zimmer stattgefunden, und die freundliche, zwar sachliche, aber ungezwungene Atmosphäre, in der hier die Grundrechte in 77 Stunden auf den Weg in die Verfassung gebracht wurden, entsprach dem Geist, den sie verbreiten sollten.

Nach dem Vorbild der Unterausschüsse des Konvents von Herrenchiemsee hatte sich der Parlamentarische Rat sechs Fachausschüsse gegeben, deren Ergebnisse im Hauptausschuss unter dem Vorsitz Carlo Schmids gebündelt und über die endgültig vom Plenum unter Leitung Adenauers – sofern er denn zugegen war – abgestimmt wurde: 1. Grundsatzfragen, 2. Organisation des Bundes sowie Verfassungsgerichtshof und Rechtspflege, 3. Zuständigkeitsabgrenzung, 4. Finanzfragen, 5. Wahlrechtsfragen, 6. Besatzungsstatut. Naturgemäß traten in keinem anderen Ausschuss die ideologischen Differenzen der Abgeordneten so deutlich zutage wie im Grundsatz-Ausschuss, und es ist bemerkenswert, dass die Zusammenarbeit darunter kaum gelitten hat. Es lag nicht nur daran, dass der Ausschuss – im Unterschied zu den anderen Ausschüssen – Kampfabstimmungen vermied und dem Hauptausschuss gegebenenfalls zwei Varianten zur Entscheidung vorlegte; mehr noch lag es an der Kompetenz seiner Mitglieder. Den Vorsitz führte der Christdemokrat Hermann von Mangoldt, der die Debatten ebenso souverän wie straff gestaltete. Schriftführer war der Liberale Theodor Heuss. Obwohl Kunsthistoriker und Nationalökonom, war er durchaus Experte in Verfassungsfragen; er hatte soeben ein Buch über «1848 – Die gescheiterte Revolution» geschrieben. Von den Sozialdemokraten waren Carlo Schmid und der Verfassungshistoriker Ludwig Bergsträßer die auffälligsten Akteure. Entscheidend aber war, dass sich die Abgeordneten – wie bereits die Experten von Herrenchiemsee – vom ersten Tag an über Rang und Bedeutung der Grundrechte in der neuen Republik einig waren, ungeachtet aller ideologischer Gegensätze im Einzelnen.

Warum Grundrechte? «Der Staat soll nicht alles tun können, was ihm gerade bequem ist, wenn er nur einen willfährigen Gesetzgeber findet, sondern der Mensch soll Rechte haben, über die auch der Staat nicht soll verfügen können. Die Grundrechte müssen das Grundgesetz regieren …»[10] Welche Aufgabe hat der Staat unter dem Regiment der Grundrechte? «Höchstwert ist für uns die Freiheit und Würde der menschlichen Persönlichkeit … Der Staat hat die Aufgabe, die persönliche Freiheit und Selbständigkeit des einzelnen Menschen zu schützen …»[11] Worin besteht also die entscheidende Funktion der Grundrechte? «Was die Grundrechte betrifft, so sind sie ein Stück des Staates; aber sie sind gleichzeitig Mißtrauensaktionen gegen den Mißbrauch der staatlichen Macht.»[12] Alle Äußerungen sind in der ersten Generaldebatte des Plenums des Parlamentarischen Rats am 9. September 1948 gefallen. Aus dem Zusammenhang genommen, könnten sie von einem einzigen Redner stammen. Aber gesprochen wurden sie von dem Sozialdemokraten Carlo Schmid, dem Christdemokraten Adolf Süsterhenn und dem Liberalen Theodor Heuss.

Das Grundrechts-Verständnis, das sich bereits in den Länderverfassungen entwickelt und im Entwurf von Herrenchiemsee ausgesprochen hatte, bildete auch die Basis der Beratungen der Grundsatz-Auschusses: Demnach sollten die Grundrechte das Grundgesetz eröffnen, möglichst konkret, für Gesetzgeber, Verwaltung und Rechtsprechung verbindlich sein und nicht in ihrem Wesensgehalt angetastet werden dürfen. Das war unumstritten, die Frage war nur: Welche Grundrechte sollen es sein? Schon am 21. September präsentierte Ludwig Bergsträßer dem Ausschuss eine Aufstellung, für die er sich aus drei Quellen bedient hatte: Erstens die Vorentwürfe zur Erklärung der Menschenrechte der

Vereinten Nationen, zweitens die hessische Landesverfassung, an der er als Vorsitzender des Verfassungsausschusses mitgewirkt hatte, drittens den Entwurf von Herrenchiemsee. Der Katalog enthielt im Wesentlichen die «klassischen», also individuelle Grundrechte – beispielsweise die Meinungs- und Versammlungsfreiheit, den Schutz des Brief-, Post- und Fernmeldegeheimnisses, Anspruch auf den gesetzlichen Richter, Rückwirkungsverbot für Strafgesetze etc. –, aber auch zumindest eine bemerkenswerte Besonderheit.

Es ist nicht bekannt, was der damalige Ministerpräsident von Schleswig-Holstein, Hermann Lüdemann (SPD), von Artikel 14 in Bergsträßers Grundrechte-Katalog gehalten hat: «Fremde genießen den Schutz vor Auslieferung und Ausweisung, wenn sie unter Verletzung der in dieser Verfassung niedergelegten Grundrechte im Ausland verfolgt werden und nach dem Geltungsbereich dieses Grundgesetzes geflohen sind.» Damit hatte Bergsträßer eine ganz ähnliche Formulierung des Konvents von Herrenchiemsee aufgegriffen. Zu den Erfahrungen der Verfolgten der NS-Diktatur gehörte nicht nur das Exil, sondern auch das verweigerte Exil. Als Reaktion auf diese Erfahrung das Asylrecht im Grundgesetz festzuschreiben, war naheliegend.

Aber angesichts der verheerenden wirtschaftlichen Lage Westdeutschlands war sie erstaunlich. Der Zweite Weltkrieg hatte 5,25 Millionen Deutschen das Leben gekostet, doch durch Flüchtlinge und Vertriebene hatte sich die Zahl der Einwohner in den vier Besatzungszonen 1946, verglichen mit dem Jahr des Kriegsbeginns 1939, um mehr als zehn Prozent erhöht. Rund 7 Millionen waren in den Westzonen untergekommen. Am stärksten belastet war das wirtschaftlich ohnehin notleidende Schleswig-Holstein, das mehr als 1,2 Millionen Flüchtlinge (67 Prozent der Gesamtbevölkerung) aufgenommen hatte und mit ihrer Versorgung überfordert war. Die Menschen waren teilweise in Erdbunkern, Ställen und Höhlen untergebracht und lebten unter katastrophalen Bedingungen. Bereits im Sommer 1947, auf einer Flüchtlingskonferenz in Bad Segeberg, hatte der schleswig-holsteinische Ministerpräsident

Lüdemann die anderen Länder angefleht, einen Teil der Flüchtlinge zu übernehmen – vergeblich.

Nachdem die westlichen Siegermächte in Nr. II der Frankfurter Dokumente die Ministerpräsidenten zur Neuordnung der Länder aufgefordert hatten, war Lüdemann erneut aktiv geworden und hatte verzweifelt («Die Not eines Landes!») die Bildung eines wirtschaftlich leistungsfähigeren Landes «Unterelbe» verlangt, bestehend aus Schleswig-Holstein, Hamburg und einigen Gebieten Niedersachsens – wiederum vergeblich. Auf Antrag des Hamburger Bürgermeisters Max Brauer – ebenfalls SPD – wurde am Abend vor Beginn des Bonner Grundgesetz-Beratungen Lüdemanns Antrag abgelehnt und der Ausschuss zur Überprüfung der Ländergrenzen aufgelöst. Damit war nicht nur die Neugliederung der Länder endgültig gescheitert – ausgenommen die Fusion Württembergs und Badens 1953 –, auch das Flüchtlingselend in Schleswig-Holstein nahm immer dramatischere Ausmaße an.

Darüber war Hermann von Mangoldt, 1946/47 schleswig-holsteinischer Innenminister, bestens unterrichtet, als er im Grundsatz-Ausschuss des Parlamentarischen Rates am 19. November Bergsträßers Vorschlag aufgriff, ein Grundrecht auf Asyl zu schaffen. Zwar hatte von Mangoldt zu Beginn der Arbeit gefordert, bei der Erarbeitung der Grundrechte «bescheiden (zu) sein in dem, was wir aufnehmen». Aber er bestand – unterstützt von Carlo Schmid – auf einem unbeschränkten Asylrecht. Obwohl er wusste, dass jeder weitere Flüchtling die ausgezehrten Haushalte der Länder – zumal Schleswig-Holsteins – noch mehr belasten und die Unterbringungskatastrophe verschärfen würde, verlangte er den Schutz politischer Flüchtlinge ohne Wenn und Aber, also ohne gesetzliche Beschränkungen: «Nimmt man eine solche Beschränkung auf, dann kann die Polizei an der Grenze machen, was sie will. Es ist dann erst eine Prüfung notwendig, ob die verfassungsmäßigen Voraussetzungen des Asylrechts vorliegen oder nicht. Diese Prüfung liegt in Händen der Grenzpolizei. Damit wird das Asylrecht vollkommen unwirksam. Wir haben dafür Erfahrungen aus dem letzten Krieg, namentlich von der Schweiz her. Man kann das Asylrecht nur halten, wenn man die Bestimmung ganz einfach und schlicht faßt: Politisch Verfolgte genießen Asylrecht.» Mit diesem Wortlaut ist das Grundrecht auf Asyl als Artikel 16 schließlich in das Grundgesetz gelangt.

Von Mangoldt sprach noch von den Erfahrungen des letzten Krieges, da wurde schon mit dem nächsten gerechnet. Während der Parlamentarische Rat in Bonn über das Grundgesetz beriet, schlossen sich am 4. April 1949 in Washington zehn westeuropäische Staaten, Kanada und die USA zum Nordatlantikpakt (Nato) zusammen. Es verstand sich von selbst, dass die entstehende Bundesrepublik vorerst nicht Mitglied des Bündnisses werden würde, die Demontagen zur Entmilitarisierung Deutschlands waren noch nicht einmal abgeschlossen. Aber ebenso verstand sich von selbst, dass die künftige Bundesrepublik – zumindest aus Sicht der USA – ein wichtiger Baustein im Bollwerk gegen den Kommunismus sein würde. Kein deutscher Politiker hätte es damals gewagt, in der Öffentlichkeit über einen Beitrag zu dem Bündnis zu reden. Wenige Jahre nach dem totalen Zusammenbruch stieß die von den Alliierten angeordnete Entmilitarisierung auf größten Zuspruch in der deutschen Bevölkerung unabhängig von der politischen Überzeugung. «Nie wieder Krieg!» war nicht nur eine Parole, sondern entsprach dem kollektiven Bewusstsein. Die Bundesrepublik ist der Nato – nach heftigsten parlamentarischen Auseinandersetzungen und lautstarken Protesten aus der Bevölkerung – erst am 6. Mai 1955, einen Tag nach Aufhebung des Besatzungsstatuts, beigetreten, aber Politiker und Journalisten diskutierten schon im Herbst 1948 diese Perspektive.

Mit seiner Forderung, den Krieg verfassungsrechtlich zu ächten, war Carlo Schmid bereits in den Beratungen über die Verfassung für Württemberg-Baden mit Theodor Heuss aneinandergeraten. Die Auseinandersetzung wiederholte sich nun im Parlamentarischen Rat. Schmid wollte nicht nur den Aufbau einer neuen deutschen Armee verhindern, sondern zugleich das Entstehen «sogenannter Wehrsportgruppen», unter deren Deckmantel – wie in der Weimarer

Republik – der Aufbau einer Armee verschleiert werden konnte. Das Grundgesetz müsse darüber hinaus ein unmissverständliches Verbot der Waffenproduktion enthalten. In Deutschland dürften selbst mit Genehmigung der künftigen Bundesregierung «keine Kanonen» mehr gebaut werden. Eine verfassungsrechtliche Ächtung des Krieges, widersprach Heuss, sei rein «deklaratorisch», gut gemeint also, aber ohne praktische Bedeutung. Heuss hatte die Mehrheit hinter sich. Am Ende wurden nur «Handlungen, die geeignet sind, einen Angriffskrieg vorzubereiten», in Artikel 26 Absatz 1 für verfassungswidrig erklärt und unter Strafe gestellt. Auch mit seiner zweiten Forderung ist Schmid gescheitert. «Zur Kriegsführung bestimmte Waffen dürfen nur mit Genehmigung der Bundesregierung hergestellt, befördert und in Verkehr gebracht werden. Das Nähere regelt ein Bundesgesetz.» So stand es schließlich in Artikel 26 Absatz 2 GG.

Die Mehrheit, die Schmid im Parlamentarischen Rat fehlte, hatte er in der Bevölkerung. Das machte sich in Eingaben von Bürgern bemerkbar, die ebenfalls die Ächtung des Krieges verlangten. Andere forderten zumindest ein Grundrecht auf Kriegsdienstverweigerung, und darin hatten sie neben Carlo Schmid in den SPD-Abgeordneten Friederike Nadig, Jugendfürsorgerin und Mitglied des nordrhein-westfälischen Landtags, und Fritz Eberhard, dem Leiter des Büros für Friedensfragen, rührige Fürsprecher. Keiner von ihnen war Radikalpazifist, aber sie empfanden, wie es Schmid formulierte, dass «der Staat nicht das Recht hat zu verlangen, daß jemand gegen den Spruch seines Gewissens Menschen tötet».[13] Ein entsprechendes Grundrecht erschien ihnen nicht nur wichtig, sondern auch dringend geboten.

Der Grundsatz-Ausschuss diskutierte noch über den von Nadig eingebrachten Antrag («Niemand darf gegen sein Gewissen zum Kriegsdienst mit der Waffe gezwungen werden. Das Nähere bestimmt das Gesetz.»), da erläuterte Eberhard auf einer Kundgebung der «Friedensgesellschaft» in Göttingen das Dilemma eines deutschen Soldaten im nächsten Krieg: «Stellen wir uns real vor, um was es bei diesem möglichen Krieg geht: Um die Menschenwürde. Ich will die mögliche Lage ganz krass beschreiben. Man würde da vielleicht kämpfen müssen auf der Seite des amerikanischen Monopolkapitalismus gegen völlig gutwillige russische Soldaten. Aber auch auf Seiten der Verteidiger der Menschenwürde gegen das Sowjetsystem, das sie mit Füßen tritt.»[14] Daraus leitete Eberhard ein Recht auf Kriegsdienstverweigerung ab, mit ähnlicher Begründung lehnte Heuss es ab. Es sei «unglücklich, in eine demokratische Verfassung grundsätzlich hineinzuschreiben, daß jeder sich drücken darf, auch wenn es sich um einen Verteidigungskrieg handelt».[15] Nach heftigen Debatten hat sich schließlich der Standpunkt durchgesetzt, das künftige Gemeinwesen müsse darauf verzichten, Kriegsdienstverweigerung aus Gewissensgründen unter Strafe zu stellen. Heuss' Antrag, den Artikel aus dem Grundgesetz zu streichen, wurde im Hauptausschuss mit 15 gegen zwei Stimmen abgelehnt.

Auf das neue Grundrecht haben sich lange Zeit nur wenige berufen; es blieb jahrelang praktisch ohne gesellschaftliche Relevanz. Ungleich weitreichender waren die gesellschaftspolitischen Konsequenzen, die das Engagement der Abgeordnete Elisabeth Selbert bewirkte. Sie betrafen die Interessen mehr als der Hälfte der deutschen Bevölkerung.

In der Bibel steht, die Frau sei dem Manne untertan, und so stand es – mit anderen Worten – auch im Bürgerlichen Gesetzbuch (BGB) vom 1. Januar 1900. Zwar hatten die Frauen 1918 das Wahlrecht bekommen, und die Weimarer Verfassung hatte sie mit denselben «staatsbürgerlichen» Rechten versehen wie die Männer. Im Übrigen aber galt das Bibelwort in der Fassung des BGB. Der Ehemann konnte das Arbeitsverhältnis seiner Frau kündigen, er verwaltete ihr Vermögen – und war auch dessen Nutznießer –, er gab der Ehefrau und den gemeinsamen Kindern seinen Namen, er bestimmte den Wohnsitz der Familie und die Schule der Kinder.

Es war mehr als ein «Quasi-Stürmlein» (Heuss), was am 30. November in der 26. Sitzung des Grundsatz-Ausschusses begann. An diesem Tag legte die SPD-Abgeordnete Friederike Nadig den von ihrer Kollegin Elisabeth Selbert formulierten Antrag vor, den Katalog der Grundrechte um einen einfachen Satz zu ergänzen: «Männer und Frauen sind gleichberechtigt.» Niemand hat die Konsequenzen, die ein solches Grundrecht haben würde, im Ausschuss präziser formuliert als der Liberale Thomas Dehler: «Dann ist das Bürgerliche Gesetzbuch verfassungswidrig.» Das ging nicht nur dem Bamberger Oberlandesgerichtspräsidenten deutlich zu weit. Als der Ausschuss nach langer Diskussion an diesem Tag auseinanderging, hatte er sich auf die der Weimarer Verfassung entlehnten Formulierung verständigt: «Männer und Frauen haben die gleichen staatsbürgerlichen Rechte und Pflichten.» Das Verbot der Diskriminierung der Frauen sollte lediglich mit der Regelung erreicht werden: «Niemand darf seines Geschlechtes, seiner Abstammung, seiner Rasse, seiner Sprache, seiner Heimat und Herkunft, seines Glaubens, seiner religiösen oder politischen Anschauungen wegen benachteiligt oder bevorzugt werden.» Das hätte das Familienrecht des Bürgerlichen Gesetzbuchs nicht angetastet und die volle Gleichberechtigung der Frauen auf unbestimmte Zeit vertagt, denn die Vorschriften, die dem Ehemann fast die Vormundschaft über seine Frau einräumten, wurden von der Justiz, aber auch von den männlichen Politikern ganz überwiegend nicht als Benachteiligung der Frauen angesehen.

Über diese Fassung sollte der Hauptausschuss am 3. Dezember in der ersten Lesung unter dem Vorsitz Carlo Schmids beraten. Damit schien die Debatte bereits beendet zu sein. Doch hat sie nach dem 30. November erst richtig begonnen. Dafür sorgte die 52 Jahre alte Elisabeth Selbert. Sie hatte sich selbst dazu verpflichtet. Kurz nach der Konstitution des Parlamentarischen Rates hatte sie in der Zeitschrift *Die Genossin* geschrieben: «Das Werk ihrer Befreiung muß in erster Linie das Werk der Frauen selbst sein.»[16]

Wäre es nach dem Willen der hessischen SPD gegangen, dann hätten dem Parlamentarischen Rat nicht vier, sondern nur drei Frauen angehört. Elisabeth Selbert wäre nicht dabei gewesen. Nach einem fragwürdigen Verfahren hatte der SPD-Bezirk Hessen-Nord zwei Männer – den hessischen Justizminister Georg August Zinn und den Kasseler Regierungspräsidenten Fritz Hoch – nominiert und auf die Kasseler Rechtsanwältin und Landtagsabgeordnete dankend verzichtet. Nur mit Hilfe des SPD-Frauenbüros beim Parteivorstand in Hannover und mit direkter Unterstützung Kurt Schumachers war Selbert doch noch nach Bonn gelangt, als Abgeordnete Niedersachsens.[17]

Was ihre Position zur Gleichberechtigung betraf, so war sie zunächst selbst in der eigenen Fraktion Außenseiterin. Keine Partei hatte die Gleichberechtigung der Frauen in ihr Programm aufgenommen. Die Verbesserung der sozialen Lage der Frauen («Gleicher Lohn für gleiche Arbeit») wurde zwar von den Sozialdemokraten gewünscht, aber die volle rechtliche Gleichstellung war eine Forderung, die aus der Ecke radikaler Feministinnen zu stammen schien und entsprechend belächelt wurde. Als Selbert ihre Fraktion dafür zu gewinnen suchte, stieß sie nicht nur bei männlichen Kollegen – wie dem «Klugschieter» (Selbert) Zinn – auf Widerstand, auch Friederike Nadig äußerte zuerst Bedenken: «Du kannst doch nicht das ganze Familienrecht außer Kraft setzen oder ändern wollen, das bedeutet ja ein Rechtschaos.» – «Das überlaß dann mal den Juristen, dafür zu sorgen, daß es kein Rechtschaos gibt», hatte die Juristin der Sozialfürsorgerin erwidert.[18] Elisabeth Selbert betrachtete sich weder als Feministin noch als radikal. Die Regelung, mit der sie schließlich doch noch die – allerdings sehr zurückhaltende – Unterstützung ihrer Fraktion gewann, war ein Kompromiss. Dem Gesetzgeber sollte bis zum 31. März 1953 Zeit gegeben werden, das Bürgerliche Gesetzbuch im Sinne der Gleichberechtigung zu reformieren.

Mit elf zu neun Stimmen lehnte der Hauptausschuss am 3. Dezember in der ersten Lesung der Grundrechte den erneut eingebrachten SPD-Antrag zur Gleichberechtigung ab. Diesmal hatte Selbert persönlich das Wort ergriffen: «Es ist eine Selbstverständlichkeit, daß man heute weiter gehen muß als in Weimar und daß man den Frauen die Gleichberechtigung auf allen Gebieten geben muß … Die Frau, die während der Kriegsjahre auf den Trümmern gestanden und den Mann an der Arbeitsstelle ersetzt hat, hat heute einen moralischen Anspruch darauf, so wie der Mann bewertet zu werden.»

Bemerkenswert an der folgenden Debatte war, dass kein Ausschuss-Mitglied der Begründung Selberts widersprach. Aber nur wenige waren bereit, die Konsequenz zu ziehen. Von Mangoldt erinnerte an die vorausgegangene Debatte im Grundsatz-Ausschuss: «Wir waren durchaus der Auffassung, daß die Frauen den Männern gleichgestellt werden sollten. Wir waren nur der Auffassung, wenn wir den Antrag in der hier vorgeschlagenen Formulierung vorsehen würden, könnten sich daraus rechtliche Konsequenzen ergeben, die sich nicht übersehen lassen …» Der FDP-Abgeordnete Max Becker bedauerte ebenfalls, dass die Gleichberechtigung aus gesetzes-technischen Gründen unmöglich sei. Die CDU-Abgeordnete Helene Weber trat für die absolute Gleichberechtigung ein und forderte im selben Atemzug nur eine relative: «Auch wir sind für die Gleichberechtigung der Frau. Ich hatte einen Antrag eingebracht, bei gleicher Leistung gleichen Lohn zu gewähren.» So ging die Debatte dahin. Carlo Schmid unterstützte Elisabeth Selbert, der Kommunist Heinz Renner sprang ihr bei, der CSU-Abgeordnete Wilhelm Laforet erklärte den Weg «der Frau Kollegin» für «richtig» – genützt hat es nichts. Hat wirklich niemand die versteckte Drohung bemerkt, mit der Selbert ihre letzte Wortmeldung beendet hatte: «Alle ‹Aber› sollten hier ausgeschaltet sein, da mit den Stimmen der Frauen als Wählerinnen als denjenigen Faktoren gerechnet werden muß, die für die Annahme der Verfassung ausschlaggebend sind, nachdem wir in Deutschland einen Frauenüberschuß von sieben Millionen haben und wir auf 100 männliche Wähler 170 weibliche Wähler rechnen.»[19]

Bis heute ist nicht geklärt, ob die Eingaben der Wählerinnen, die in den folgenden Wochen vom Parlamentarischen Rat die volle Gleichberechtigung im Grundgesetz verlangten, «Körbe» oder sogar «Wäschekörbe» füllten. Sie sind zum größten Teil nicht erhalten. Aber gesichert ist, dass Elisabeth Selbert in diesen Wochen – unterstützt von Frauenverbänden und Medien – einen Proteststurm entfachte, der den Widerstand gegen die Gleichberechtigung im

Parlamentarischen Rat in kürzester Zeit zusammenbrechen ließ. Landauf, landab forderte sie in Vorträgen die Frauen zum Einsatz in eigener Sache auf, und landauf, landab hatte sie damit Erfolg. Gewerkschaftsfrauen, darunter 40 000 Metallarbeiterinnen aus der britischen Zone und 90 000 Frauen des Gewerkschaftsbunds Baden-Württemberg, schickten Eingaben nach Bonn, Betriebsbelegschaften, beispielsweise der Gesamtbetriebsrat von Henschel & Sohn, die Mitarbeiterinnen des Arbeitsamtes Frankfurt am Main, der Frauenausschuss der Deutschen Dunlop Gummi AG, schlossen sich an. In Petitionen unterstützten sämtliche weiblichen Landtagsabgeordnete der westlichen Zonen – nur die bayerischen Parlamentarierinnen hielten sich zurück – Selberts Gleichberechtigungs-Artikel. Auch überparteiliche Frauenausschüsse, die Frauenverbände und Frauenringe, Ortsgruppen des Akademikerinnenbundes riefen zum Protest.[20] Eine sehr kleine, aber wichtige Frauengruppe hatte Elisabeth Selbert persönlich in ihre Kampagne einbezogen – die Ehefrauen der Bonner Abgeordneten.

Am 18. Januar 1949 lagen dem Hauptausschuss in seiner zweiten Lesung zwei Anträge zur Gleichberechtigung der Frauen vor. Der CDU-Antrag lautete jetzt: «Männer und Frauen haben die gleichen Rechte und Pflichten. Die Gesetzgebung hat dies auf allen Rechtsgebieten zu verwirklichen.» Die SPD hielt an der Formulierung Selberts fest. Hatte es jemals Widerstand gegen die volle Gleichberechtigung der Frauen im Parlamentarischen Rat gegeben? Keiner der früheren Widerständler mochte sich daran erinnern. Die Frau des hessischen CDU-Abgeordneten Walter Strauß saß unter den Zuhörern[21], als ihr Mann die Auseinandersetzungen der vergangenen Monate im Namen der deutschen Männer zum Missverständnis erklärte: «Ich glaube, daß ich für die überwiegende Anzahl aller deutschen Männer und insbesondere aller deutschen Ehemänner spreche, wenn ich sage, daß der Grundsatz der Gleichberechtigung von Mann und Frau uns zumindest seit 1918 bereits so in Fleisch und Blut übergegangen ist, daß uns die Debatte etwas überrascht hat.» Weder er noch Helene Weber oder Theodor

Heuss vermochten Meinungsverschiedenheiten zu erkennen. Dann wurde abgestimmt. Der Gleichberechtigungsartikel Elisabeth Selberts wurde ohne Gegenstimmen angenommen: «Männer und Frauen sind gleichberechtigt.»

Am 6. Mai 1949 steht die Guillotine in Zelle 27 im Keller der Haftanstalt Mainz zur Vollstreckung der Todesstrafe an der zweifachen Kindsmörderin Irma K. bereit.[22] Die Messer sind geliefert, der Henker ist bestellt. Nach monatelangen Verhandlungen mit der Schlosserei Tiggemann in Hamm über den Bau der Guillotine und mit dem Henker – 375 Mark sind auf sein Postscheckkonto zu überweisen – haben die Beamten des rheinland-pfälzischen Justizministers Adolf Süsterhenn alle Vorbereitungen zur Hinrichtung Irma K.s getroffen. Am Morgen desselben Tages steht in Köln die 37-jährige Kellnerin Gertrud Swinka vor Gericht. Der «Giftmischerin», angeklagt im bis dahin spektakulärsten Fall der Nachkriegsjahre, wird vorgeworfen, sieben Frauen durch mit Morphium präparierte «Vitamintabletten» ermordet und ausgeraubt zu haben. Der Staatsanwalt beantragt die Todesstrafe. Zur selben Zeit tritt das Plenum des Parlamentarischen Rates zur Debatte und Abstimmung über den Artikel zusammen: «Die Todesstrafe ist abgeschafft.»

Der Weg ins Grundgesetz, den er bis zu diesem 6. Mai genommen hat, ist einer der merkwürdigsten in den gesamten Beratungen des Rates. Auf Herrenchiemsee hatten Carlo Schmid und Hermann Brill für ihn gestritten, und auch in Bonn befürwortet die Mehrheit der SPD-Fraktion – späteren Bekundungen zufolge – ihn von Anfang an. Aber kein Wort fiel darüber in den Sitzungen des Grundsatz-Ausschusses, erst im Dezember 1948 ging im Hauptausschuss der Antrag ein, das Grundgesetz um die Bestimmung zu ergänzen: «Das keimende Leben wird geschützt. Körper- und Leibesstrafen sind verboten. Die Todesstrafe wird abgeschafft.». Doch nicht die Sozialdemokraten hatten den Antrag gestellt, sondern Hans-Christoph Seebohm für die Deutsche Partei. Der national-konservative, gebürtige Oberschlesier, 45 Jahre alt, Spross einer Bergwerkdynastie, 1947/48 niedersächsischer Minister für

Aufbau und Arbeit, hatte sich gleich in den ersten Wochen in Bonn den zweifelhaften Ruf eines Vielredners und nervenden Antragsstellers erworben. Er war nicht populär, schon gar nicht bei den Sozialdemokraten, Carlo Schmid hielt ihn schlicht für verrückt.

Aber das erklärt nicht, warum sich in der ersten und zweiten Lesung des Hauptausschusses nur und ausgerechnet der Kommunist Heinz Renner auf Seebohms Seite schlug. Hatten die Sozialdemokraten den ultrakonservativen Seebohm im Verdacht, er trete einzig deshalb für die Abschaffung der Todesstrafe ein, weil er verurteilte Nazi-Größen vor der Hinrichtung bewahren wolle? Weder für den Verdacht noch für seine Berechtigung finden sich Anhaltspunkte. «Ich habe mich immer und regelmäßig gegen die Vollstreckung von Todesstrafen ausgesprochen. Ich halte es für notwendig, dass wir diesen Satz in die Verfassung aufnehmen, um ein ganz klares und eindeutiges Bekenntnis zum Recht auf körperliche Unversehrtheit abzulegen.» Gegen das von Seebohm geforderte Bekenntnis sprach sich nicht nur der SPD-Abgeordnete Otto Heinrich Greve aus, sondern auch der Liberale Theodor Heuss: «Infolgedessen halte ich die Nennung des keimenden Lebens als eine Sonderfrage wie die Nennung der Todesstrafe für überflüssig.» Nach der zweiten Lesung war Seebohms Antrag mit neun gegen sechs Stimmen bei sechs Enthaltungen abgelehnt worden.[23]

Am 10. Februar 1949, in der dritten Lesung des Hauptausschusses, war es mit dem einsamen Kampf des Nationalkonservativen Seebohm und des Kommunisten Renner vorbei. Nun nahmen Carlo Schmid und der rheinland-pfälzische Landtagsabgeordnete und Rechtsanwalt Friedrich Wilhelm Wagner sich der Sache an. Der ehemalige sozialdemokratische Reichstagsabgeordnete Wagner war vor den Nazis um die halbe Welt geflohen. 1933 war er in die Schweiz emigriert, 1935 nach Straßburg, 1937 nach Paris, 1941 über Spanien und Portugal in die USA. Erst 1947 war der inzwischen 53-Jährige nach Deutschland zurückgekehrt. Am 10. Februar äußerte er sich zur Todesstrafe: «Ich muß sagen, man sollte es im Jahre 1949 nicht mehr notwendig haben, diesen Antrag ausführlicher zu begründen. Wenn Sie mit dem Töten der Menschen, mit dem Töten von Mensch zu Mensch ein Ende machen wollen, können Sie auch nicht dem Staat das Recht geben, Menschen zu töten. Es wird nicht besser, wenn der Staat einem Menschen das Leben nimmt, als wenn es der Einzelne nimmt. Es ist, was es war: eine Barbarei.»[24]

Wie dachten die Christdemokraten? Offenbar war die Fraktion auch in dieser Frage gespalten. Walter Strauß schlug vor, die Frage nicht weiter zu vertiefen, sondern sich in den Fraktionen zu besprechen, sein Kollege Heinrich von Brentano erbat ebenfalls Bedenkzeit und Schluss der Debatte. Da meldete sich Adolf Süsterhenn zu Wort, der rheinland-pfälzische Justizminister, auf dessen Geheiß die Beamten seines Hauses in den vergangenen Monaten die Hinrichtungsstätte für Irma K. vorbereitet hatten. Süsterhenn ging direkt auf die Argumente Wagners ein: «Machtanwendung als solche ergibt noch nicht den Tatbestand der Barbarei. Es kommt vielmehr darauf an, ob die Macht im Dienste des Rechts angewandt wird.»[25]

Abgestimmt wurde nicht an diesem Tag. Erst drei Monate später, am 5. Mai, trat der Hauptausschuss zu seiner vierten und letzten Lesung zusammen, und es war klar, dass Süsterhenn versuchen würde, in einer großen Rede die Mehrheit für die Todesstrafe im Ausschuss zu sichern. Doch am Morgen dieses Tages verunglückte er auf der Fahrt von Koblenz nach Bonn so schwer, dass er seine politische Laufbahn für die nächsten Jahre beenden musste. Nun machte sich der 72 Jahre alte Hamburger Notar Paul de Chapeaurouge (CDU) zum Anwalt der Todesstrafe im Hauptausschuss. Die Stimmung hatte sich in den vergangenen Monaten allerdings gedreht. Am Ende votierten 15 Abgeordnete für die Abschaffung der Todesstrafe, nur noch vier dagegen, zwei enthielten sich. Am nächsten Tag, in der neunten Sitzung des Plenums, sollte die endgültige Entscheidung fallen, und Chapeaurouge war entschlossen, das Blatt noch einmal zu wenden.

Am 6. Mai beantragen zehn CDU/CSU-Abgeordnete, darunter de Chapeaurouge, den Grundgesetz-Artikel zu streichen. Allen Mitgliedern des Parlamentarischen Rates war eine eilig geschriebene polemische Denkschrift de Chapeaurouges «Um die Todesstrafe» übergeben worden, in der der Abgeordnete, ausdrücklich unter Berufung auf den Fall der Kölner «Giftmischerin» Gertrud Swinka, die Beibehaltung der Todesstrafe fordert. Der Mordfall bildet auch den Hintergrund der Rede de Chapeaurouges im Plenum, in der er erklärt, die Todesstrafe sei «im Augenblick» nicht entbehrlich. Im Übrigen sei es nicht die Aufgabe des Parlamentarischen Rates, im Grundgesetz «irgendwie präjudizierend» zur Todesstrafe Stellung zu nehmen. Es wäre verfehlt, «wenn wir hier im Parlamentarischen Rat eine Vorwegnahme kommender Kämpfe um die Todesstrafe treffen würden».[26]

Unmittelbar nach ihm erteilt Adenauer dem Abgeordneten Wagner das Wort. Dessen Erwiderung gehört zu den beeindruckendsten Debatten-Beiträgen der Bonner Grundgesetz-Beratungen: «Der Herr Kollege Dr. de Chapeaurouge hat in seiner Begründung etwas ausgeführt, das ich politisch für absolut unverständlich halte. Er sagt, unsere junge deutsche Demokratie brauche die Todesstrafe zu ihrem Schutz. Er stellt damit der jungen deutschen Demokratie ein sehr schlechtes Zeugnis aus. Ich glaube, wenn die junge deutsche Demokratie sich nur mit Hilfe der Todesstrafe halten kann, dann wird sie niemals zur Welt kommen, dann werden wir in Deutschland nie und nimmer eine Demokratie haben. Wir haben mehr Vertrauen zur jungen deutschen Demokratie. Wir glauben nicht, daß wir sie mit Hilfe der Todesstrafe aufrechterhalten können. Wir meinen vielmehr, wir können sie nur aufrechterhalten, indem wir das Leben schützen, indem wir nicht den Grundsatz aufstellen, daß die Demokratie das Recht habe, Menschenleben zu vernichten … Wenn wir heute, meine Damen und Herren, zur Frage der Todesstrafe Stellung nehmen, so haben wir hinter uns die Erfahrung jener schrecklich blutigen Hitlertyrannei, in der das Leben systematisch mißachtet wurde, der nichts heilig war, in der man Menschen gemordet hat, zunächst im kleinen, dann im größeren, dann im Riesenmaßstab. Wenn der Staat nicht beginnt, von sich aus mit der Tötung von Menschen aufzuhören, wenn er nicht von sich aus beginnt, das Morden einzustellen, dann wird es auch mit den großen Völkermorden niemals ein Ende nehmen. Denn das ist der Beginn. Sie mögen die Dinge betrachten, wie Sie wollen ... Nun weist Herr Dr. de Chapeaurouge darauf hin, in Köln sei siebenmal die Todesstrafe beantragt worden, und am gleichen Tag habe der Hauptausschuß beschlossen, die Todesstrafe abzuschaffen. Ja, meine Damen und Herren, diese Straftaten sind begangen worden, obwohl Sie die Todesstrafe haben. Sie könnten so argumentieren, wenn wir die Todesstrafe nicht hätten und Sie wollten sie jetzt auf Grund solcher Prozesse einführen. Sie können aber jetzt nicht so argumentieren, wie Sie es getan haben. Wir selbst haben immer schon unter dem Eindruck gestanden, daß trotz der Todesstrafe Straftaten grausigster Art begangen worden sind. Es ist eine große Kurzsichtigkeit, es ist ein oberflächliches Denken, zu glauben, daß durch Grausamkeit der Strafen Verbrechen bekämpft oder gar ausgerottet werden könnten. Nein, wer wirklich in die Probleme hineingestiegen ist, weiß: Je grausamer die Strafen, desto grausamer die Verbrechen. Wer wirklich sich mit der Frage der Todesstrafe ernstlich befaßt hat, der weiß, daß sie nicht imstande ist, irgendein Verbrechen zu verhindern, daß sogar der Satz gerechtfertigt ist, daß die Verbrecher, die dazu veranlagt sind, durch die Todesstrafe zu ihrer Tat eher angereizt als von ihr abgeschreckt werden ... Wenn Sie sagen, auch andere Länder haben die Todesstrafe nicht in ihrer Verfassung stehen: nun, was andere Länder haben und nicht haben, ist deren Sache. Aber wir Deutsche haben eine ganz andere Veranlassung als andere Länder, gerade in diesem Punkt einen anderen Weg zu gehen. Bei uns ist der Tod umgegangen, bei uns hat man Todesstrafen verhängt und vollstreckt in einem so schrecklichen Ausmaß, daß kein anderes Volk wie wir so Veranlassung hat, eine klare Entscheidung gegen die Todesstrafe zu fällen ...»[27]

Nach dieser Rede Wagners wird der Antrag, die Abschaffung der Todesstrafe aus dem Grundgesetz zu streichen, mit so deutlicher Mehrheit abgelehnt, dass Präsident Adenauer auf eine namentliche Abstimmung verzichtet. Dann lässt Adenauer über den Artikel 103 in der Fassung des Hauptausschusses abstimmen, per Handaufheben. Die Abgeordneten der Union stimmen zur Hälfte, geschlossen die Abgeordneten von SPD, Zentrum, Deutsche Partei und KPD für die Abschaffung der Todesstrafe, von der FDP nur Thomas Dehler. Präsident Adenauer verkündet: «Der Artikel 103 ist angenommen.» So hat es Dr. Vinzenz Koppert zusammen mit seinen Kollegen am 6. Mai 1949 stenographiert.

Es war, da hatte Paul de Chapeaurouge ganz sicher recht, eine Entscheidung gegen die Mehrheit des Volkes. Nach einer Umfrage aus dem Jahr 1949 waren damals 74 Prozent der Deutschen für die Beibehaltung der Todesstrafe, nur 21 Prozent für die Abschaffung, fünf Prozent unentschieden.

Zwar wurde die «Giftmischerin» Gertrud Swinka vom Landgericht Köln am nächsten Tag noch zu vierfacher Todesstrafe verurteilt, aber nach dem Inkrafttreten des Grundgesetzes am 23. Mai 1949 wurde das Urteil nicht mehr vollstreckt. Auch Irma K., die 697 Tage auf den Henker gewartet hatte, verdankte dem Parlamentarischen Rat ihr Leben. Das für sie konstruierte Richtgerät kam ins Museum, der Henker erwirkte Jahre später ein Ausfallhonorar. Im Oktober 1969 wandelte der neu gewählte rheinland-pfälzische Ministerpräsident Helmut Kohl (CDU) die Todesstrafe in lebenslange Zuchthausstrafe um, nach einer weiteren Gnadenentscheidung Kohls wurde Irma K. am 31. Juli 1970 aus der Haft entlassen.

Weder die Militärgouverneure noch die Ministerpräsidenten haben die Formulierung der Grundrechte beeinflusst. Aber gewaltig war der Druck der evangelischen und noch mehr der katholischen Kirche. Am 20. November 1948 schickte Joseph Kardinal Frings, der Vorsitzende der Bischofskonferenz und frischgebackenes Mitglied der CDU, dem Parlamentarischen Rat einen geharnischten Brief. Er sei «besorgt», schrieb der Kardinal, dass Fragen von «entscheidender Bedeutung» von den Abgeordneten bisher nicht beachtet worden seien, und fordere die Sicherung religiöser «Lebensordnungen»: das Elternrecht – also den einklagbaren Anspruch der Eltern darauf, ihre Kinder auf eine Bekenntnisschule zu schicken –, den Schutz von Ehe und Familie, Bestimmungen über die «Unverletzlichkeit des menschlichen Lebens» und die Anerkennung des

1933 mit dem NS-Regime geschlossenen Reichskonkordats. Der Brief zeigte sofort Wirkung. Schon vier Tage später bezogen die Abgeordneten von Union, Zentrum und Deutscher Partei Position, und damit kam der Parlamentarische Rat – zumindest für kurze Zeit – dahin, wovor ihn nicht nur Theodor Heuss hatte bewahren wollen: «in Teufels Küche».

Weder die Sozialdemokraten noch die Liberalen waren bereit, den Kirchen Privilegien einzuräumen. Umgekehrt war es für die Union ausgeschlossen, den sozial- und wirtschaftspolitischen Forderungen der SPD nachzugeben. Deshalb hatten die Fraktionen zu Beginn der Beratungen ein «Gentlemen's Agreement» getroffen: Das Grundgesetz sollte nur rechtsverbindliche, klassische Grundrechte enthalten, «Lebensformen» aller Art sollten ausgeschlossen sein. Die Aufgabe des Rates sei, sagte Heuss, ein funktionierendes Verfassungssystem zu schaffen, nicht die Diskussion über «Religionsphilosophie» oder «Sozialphilosophie». Ohnehin hätte keine der beiden großen Fraktionen ihr Weltbild im Grundgesetz durchsetzen können: Sie hätten dazu die Stimmen der Liberalen gebraucht, die sich religiösen oder kirchlichen Ansprüchen der einen Seite ebenso verschlossen zeigten wie sozialstaatlichen Forderungen der anderen. Das hatte einer einvernehmlichen Verabschiedung des Sozialisierungsartikels (Art. 15) – angelehnt an einen entsprechenden Vorschlag des Herrenchiemseer Konvents – durchaus nicht im Wege gestanden: «Grund und Boden, Naturschätze und Produktionsmittel können zum Zwecke der Vergesellschaftung durch ein Gesetz ... in Gemeineigentum ... überführt werden.» Die Entscheidung lag damit beim Parlament, hing also von einer künftigen parlamentarischen Mehrheit ab.

Nach dem erfolgreichen Vorstoß der Kirchen aber war die Absprache hinfällig geworden. Die befürchteten Auseinandersetzungen folgten im Grundsatz- und im Hauptausschuss auf dem Fuße. Am leichtesten fiel noch – wenn auch mit Formulierungshilfe des deutschen Sprachvereins – die Einigung auf den späteren Art. 6 GG zu Ehe und Familie. Das Versprechen, beide stünden «unter dem besonderen Schutze der staatlichen Ordnung», war nur

Deklaration, erst der dritte Absatz verbindlich: «Gegen den Willen der Erziehungsberechtigten dürfen Kinder nur auf Grund eines Gesetzes von der Familie getrennt werden ...» Lebhafter wurde die Debatte, als die SPD im Hauptausschuss beantragte, die Gleichstellung des unehelichen Kindes und seine Verwandtschaft mit dem leiblichen Vater ins Grundgesetz zu schreiben. Hier kam es zum Disput zwischen den vier Müttern der Verfassung. Die beiden SPD-Abgeordneten Selbert und Nadig sprachen dafür, die Zentrumsabgeordnete Wessel und die CDU-Abgeordnete Weber dagegen. Mit knapper Mehrheit wurde der Antrag schließlich abgelehnt. Die Regelung, die ins Grundgesetz gelangte, klang vertraut: «Den unehelichen Kindern sind durch die Gesetzgebung die gleichen Bedingungen für ihre leibliche und seelische Entwicklung und ihre Stellung in der Gesellschaft zu schaffen wie den ehelichen.» Ganz ähnlich stand es bereits in der Weimarer Verfassung.

Dann aber der Streit um das Elternrecht – die Kampagne der Kirchen war mindestens so kraftvoll wie die Kampagne Elisabeth Selberts, aber bei weitem nicht so erfolgreich. Möglich war die Auseinandersetzung nur, weil die Kirchen erwarteten, die überwältigende Mehrheit der Eltern Westdeutschlands würde ihre Kinder auf Konfessionsschulen schicken wollen. Als Adolf Süsterhenn, einer der engagiertesten Fürsprecher des Elternrechts, die Einführung des entsprechenden Grundrechts im Grundsatzausschuss beantragte, bezeichnete er es als das «natürliche Recht» der Eltern, den «religiös-weltanschaulichen Charakter der Schule» zu bestimmen; der Staat habe für ein entsprechendes Angebot an Schulen zu sorgen. Um den Druck auf den Parlamentarischen Rat zu erhöhen, organisierten die Kirchen eine Volksinitiative, die immerhin zu etwa 500 Eingaben beispielsweise von Pfarreien und Elternausschüssen führte, andererseits auch zu erheblichem Widerstand – mehr als 50 000 Lehrer protestierten.

Einer der entschlossensten Gegenspieler der Kirchen im Parlamentarischen Rat war Theodor Heuss. Die Einmischung der Kirchen empfand er als «Wichtigtuerei», die «weit über das Maß» hinausgehe: «Was heißt denn das Elternrecht als Grundrecht?

– Kinder zu kriegen! Was denn sonst?» Heuss wünschte eine weltanschaulich «offene» Verfassung, die allen Bürgern – ob konfessionell gebunden oder ungebunden – die gleichen Entfaltungsmöglichkeiten bieten sollte. So sah es auch die Mehrheit des Parlamentarischen Rates. Die Lösung, die nach langen Debatten mit den Kirchen und in den Ausschüssen gefunden wurde, stellte die Kirchen nicht zufrieden, war aber ein gelungener Kompromiss. Das «Elternrecht» wurde – in Artikel 7 GG – beschränkt auf die Garantie des Religionsunterrichts. Und Heuss war es sogar gelungen, in demselben Artikel (Absatz 4) das Recht zur Errichtung privater Schulen unterzubringen. Durchsetzen konnte sich die katholische Kirche hingegen im Wesentlichen mit der Anerkennung des zwischen dem Vatikan und der Regierung Hitlers geschlossenen Reichskonkordats. Sie wurde versteckt in Artikel 123 Abs. 2 GG, wonach Staatsverträge aus der Zeit vor 1945, die sich auf die Landesgesetzgebung beziehen, bis zu einer neuen Regelung «unter Vorbehalt» in Kraft bleiben.

Bedeutend war der Streit um das Elternrecht weniger wegen des Niederschlags, den er am Ende in Artikel 7 GG fand. Denn die katholische Kirche hatte sich nicht damit begnügt, ihre Gläubigen zum Einsatz für dieses Grundrecht aufzurufen und mit den Fraktionen des Parlamentarischen Rates darüber zu verhandeln. Die katholische Kirche – genauer: der Bischof von Münster, Michael Keller – hatte angedroht, im Falle eines Scheiterns des Elternrechts den Gläubigen die Ablehnung des Grundgesetzes zu empfehlen. Noch immer galt ja die Aufforderung der Alliierten, das Volk am Ende über das Grundgesetz abstimmen zu lassen. Kellers Drohung hatte Folgen. Die meisten deutschen Politiker fürchteten ohnehin, die Abstimmung über das Grundgesetz könne zu einer Abstimmung über das mit Bangen erwartete Besatzungsstatut und über die äußerst unpopuläre Politik der Besatzungsmächte werden. Auch hätte eine Volksabstimmung über das Grundgesetz der Versicherung widersprochen, in Bonn werde nur das provisorische Fundament für ein provisorisches Staatsgebilde gelegt. Noch im Dezember 1948 hieß es aus dem SPD-Vorstand in Hannover, eine Ratifizierung des

Grundgesetzes durch die Landtage, also ohne Volksabstimmung, sei die einzige Chance, «relativ schnell zu Ende zu kommen».

Bis dahin war der Hauptausschuss im Parlamentarischen Rat stillschweigend davon ausgegangen, dass es eine Volksabstimmung geben werde. Nach dem Wort aus Hannover plädierten die SPD-Abgeordneten plötzlich für die Ratifizierung durch die Landtage, hatten aber noch immer die Union und die Liberalen – vor allem Thomas Dehler und Max Becker – gegen sich. Das änderte sich schlagartig, als Bischof Keller Anfang Februar 1947 das «Nein» der Gläubigen zum Grundgesetz in Aussicht stellte. Konrad Adenauer erkannte die drohende Gefahr und leitete sofort den Kurswechsel der Unionsfraktion ein. Am Ende hielten nur die FDP und der Christdemokrat Heinrich von Brentano an der Forderung nach einer Volksabstimmung über das Grundgesetz fest.

«Alle Staatsgewalt geht vom Volke aus. Sie wird vom Volke in Wahlen und Abstimmungen ausgeübt.» Art. 20 Abs. 2 GG ist interessant weniger durch das, was er gewährt, als vielmehr durch das, was er wortlos verweigert: Volksbegehren und Volksentscheid. Das Grundgesetz kennt nur Wahlen, Abstimmungen kennt es nur in dem Fall der Änderung von Ländergrenzen (Art. 29 GG). Auch am plebiszitären Defizit des Grundgesetzes hatte die Kampagne der katholischen Kirche entscheidenden Anteil. Ohnehin hat die Frage, ob und wieweit dem Volk Möglichkeiten direkter Mitwirkung an der Politik gegeben werden solle, im Parlamentarischen Rat von Anfang an nur «übereinstimmendes Desinteresse»[28] gefunden. Lediglich vier Abgeordnete setzten sich für plebiszitäre Instrumente ein. Zwar hatte sie Walter Menzel auch in seinem zweiten Entwurf einer «Westdeutschen Satzung» vorgesehen, zentrale Bedeutung hatten sie jedoch weder für ihn noch für die gesamte SPD. Wichtiger war, den Handlungsspielraum des Parlaments zu garantieren. Gehör verschaffte sich in Bonn vor allem einer der entschiedensten Gegner der Volksabstimmungen, Theodor Heuss. In der «Zeit der Vermassung und Entwurzelung», warnte er, würden sie zu einer «Prämie für jeden Demagogen».[29]

In diese Kerbe schlug auch der schleswig-holsteinische Justizminister Katz (SPD), als er im Hauptausschuss auf seine persönlichen Erfahrungen in der Weimarer Republik verwies und damit seine Ablehnung plebiszitärer Instrumente im Grundgesetz begründete. Bemerkenswert war jedoch seine Äußerung, es sei «unpraktisch, in den jetzigen aufgeregten Zeiten derartige Zweifelsfragen zum Gegenstand großer Debatten zu machen».[30] Der unausgesprochene Anlass der Aufregung war allen Mitgliedern des Hauptausschusses bekannt. Das katholische Zentrum hatte Anfang Dezember in einem hastig geschriebenen Antrag gefordert, den Volksentscheid ins Grundgesetz aufzunehmen. Dahinter stand die Hoffnung, nach Inkrafttreten des Grundgesetzes mit Hilfe des Plebiszits doch noch das Elternrecht durchsetzen zu können. Nicht nur die Erinnerungen an Weimar, sondern auch der Widerstand gegen die aktuelle Einflussnahme der katholischen Kirche und die Einführung der Konfessionsschule haben SPD und FDP zu entschiedenen Gegnern der Volksabstimmungen gemacht.[31] Der Antrag des Zentrums scheiterte mit 18 zu drei Stimmen im Hauptausschuss.

Das Staatsschauspiel – neue Rollen in einem alten Stück

Schon die Verfassungen der Länder und der Entwurf von Herrenchiemsee hatten den Staat vom Sockel geholt und an seiner statt den Menschen draufgestellt. Die Rolle allerdings, die der neue Staat zu spielen haben würde, musste in Bonn noch verbindlich beschrieben werden. Sein Verhältnis zu den Bürgern wurde durch die von der Menschenwürde-Garantie überwölbten Grundrechte – als «Mißtrauensaktionen gegen den Mißbrauch staatlicher Macht» (Heuss) – bestimmt. Aber in welchem Verhältnis sollten die Staatsgewalten zukünftig zueinander stehen, wie war die Macht zwischen Legislative, Exekutive und Judikative zu verteilen, und wie ließen sich diese Machtverhältnisse stabilisieren? Die Weimarer Republik war nicht an Konstruktionsfehlern ihrer Verfassung gescheitert, sondern am bedrückenden Mangel an Republikanern. Daran erinnerte Heuss die Kritiker der Weimarer Verfassung im Parlamentarischen Rat: «Heute hat man die Angewohnheit, zu sagen: Weil der Hitler an die Reihe gekommen ist und von den Paragraphen der Weimarer Verfassung nicht daran gehindert werden konnte, ist die Verfassung schlecht gewesen. So primitiv ist die Motivreihe des Geschichtsprozesses nicht.» Andererseits waren die Konstruktionsfehler offensichtlich. Der nach perfektem demokratischem Maß gezimmerten Verfassung war es ergangen wie jenem Haus in einer Geschichte Jonathan Swifts, das so vollkommen nach allen Gesetzen des Gleichgewichts errichtet war, dass es sofort zusammenstürzte, als sich ein Sperling darauf setzte.

Der Versuch, ein Gleichgewicht der Kräfte herzustellen, war in Weimar das präsidial-parlamentarische Mischsystem gewesen. Präsident und Parlament – beide direkt vom Volk gewählt – waren die entscheidenden Akteure in einem Spiel, in welchem dem Präsidenten als «Ersatzkaiser» jedoch das letzte Wort zukam. Auf das dramatische Scheitern dieser Konstruktion hatte bereits der Konvent von Herrenchiemsee reagiert und sich für ein rein parlamentarisches System entschieden, in dem der Bundespräsident im Wesentlichen repräsentative Aufgaben erfüllen sollte. Neben dem Bundestag fiel nun der Bundesregierung – vor allem dem Bundeskanzler – die zentrale Rolle zu.

Die Entmachtung des Staatsoberhaupts war auf Herrenchiemsee vorgeschlagen, aber in einem Punkt nur halbherzig vollzogen worden: Immerhin sollte der Bundespräsident ein aufschiebendes Veto gegen einen vom Bundestag «benannten» Bundeskanzler einlegen dürfen. Der Parlamentarische Rat gab ihm nur noch für den ersten Wahlgang ein Vorschlagsrecht, an das sich der Bundestag nicht einmal halten muss. Ein Bundespräsident, der nichts mehr zu sagen, sondern vor allem zu reden hat, sollte nicht direkt gewählt werden. Denn die Entscheidung des Volkes über die Besetzung eines Amtes, dessen Inhaber nichts zu entscheiden hat, wäre des Guten zu viel. Also einigte sich der Parlamentarische Rat darauf, den Präsidenten alle fünf Jahre von der Bundesversammlung wählen zu lassen, die aus den Mitgliedern des Bundestages und der gleichen

Zahl von Mitgliedern besteht, die von den Landtagen gewählt werden.

So wenig, wie der Bundespräsident bei der Wahl des Bundeskanzlers mitzureden hat, so wenig kann er zu seinem Sturz beitragen. Nach der Weimarer Verfassung konnten Reichspräsident und Reichstag gleichermaßen den Kanzler zu Fall bringen. Diese Kompetenz sprach der Parlamentarische Rat nur noch dem Bundestag zu, band den Sturz des Kanzlers jedoch an die Voraussetzung, gleichzeitig einen neuen Kanzler zu wählen. Dieses konstruktive Misstrauensvotum wurde in der Öffentlichkeit als Antwort auf die instabilen Weimarer Verhältnisse betrachtet und war auch so gemeint. Der Vorschlag des Herrenchiemseer Konvents war zwischen den Fraktionen in Bonn vollkommen unumstritten. Aber als «Patentlösung» (von Mangoldt) hat es niemand betrachtet. Denn sobald der Kanzler im Parlament verliere, räsonierte von Mangoldt im Hauptausschuss, sei bereits mit Koalitionsverhandlungen hinter seinem Rücken zu rechnen. In dieser Situation sei auch der Bundestag kaum noch arbeitsfähig. Außerdem war man sich bewusst, dass das konstruktive Misstrauensvotum keine wirkliche Antwort auf Weimar war. Nur zweimal hatte in der Weimarer Republik ein «destruktives» Misstrauensvotum – also ohne gleichzeitige Wahl des Nachfolgers – einen Reichskanzler gestürzt. Gescheitert waren die Kanzler zumeist am Zerfall der Koalitionen, davor konnte der Parlamentarische Rat in Bonn auch die künftigen Bundeskanzler nicht bewahren.

Um künftige Regierungen zu stabilisieren, ersannen die Abgeordneten ein weiteres Instrument. Die Weimarer Reichsverfassung hatte das Recht des Staatsoberhaupts, den Reichstag aufzulösen, an zwei Bedingungen geknüpft. Erstens durfte die Auflösung nur «einmal aus dem gleichen Anlaß» erfolgen, und zweitens musste der Reichskanzler gegenzeichnen (Art. 25). Beide Bedingungen hatten sich in der Praxis als wirkungslos erwiesen. Ein neuer Anlass war stets schnell gefunden, und von Misstrauensvoten bedrohte Kanzler waren naturgemäß nicht bereit, sich der Auflösung des Parlaments zu widersetzen. Nach dem Krieg hatten einige Länder in ihren Verfassungen den Parlamenten das Recht zur Selbstauflösung gegeben, aber der Konvent von Herrenchiemsee hatte diesen Weg für das Grundgesetz abgelehnt. Das Recht zur Selbstauflösung würde es dem Parlament und den Parteien zu leicht machen, sich aus der Verantwortung zu stehlen. Die Regelung, die der Parlamentarische Rat am Ende fand, wurde vom schleswig-holsteinischen Justizminister Rudolf Katz (SPD) formuliert, die sogenannte Vertrauensfrage in Art. 68 GG. Wird ein Antrag des Bundeskanzlers, ihm das Vertrauen auszusprechen, von der Mehrheit der Mitglieder des Bundestages abgelehnt, kann der Kanzler dem Bundespräsidenten die Auflösung des Bundestages vorschlagen. Bemerkenswert war die Interpretation, die Katz seiner Formulierung gegeben hat. Die Vertrauensfrage biete nicht nur einen Ausweg aus «einem ernsthaften politischen Konflikt», vielmehr handle es sich um ein Auflösungsrecht auch für den Fall, «daß die Bundesregierung den Wunsch hat, eine wichtige politische Frage durch das Volk entscheiden zu lassen».

Die Sorge um die Stabilität der künftigen Bundesregierungen, die Autorität des Kanzlers und die Kompetenz des Bundespräsidenten – all das sprach kaum dafür, dass hier eine Versammlung nur einen Notbehelf errichten wollte und keinen vollwertigen Staat. Wie provisorisch sollte das Bonner Provisorium eigentlich werden? Das war von Anfang an zwischen den Fraktionen umstritten. Die Union und die Liberalen wünschten eine vollwertige Verfassung als Fundament einer stabilen staatlichen Ordnung, provisorisch nur insofern, als ihr Geltungsbereich räumlich – also vorläufig ohne die sowjetische Besatzungszone – und zeitlich begrenzt sein würde. Die Sozialdemokraten hingegen hielten, zumindest offiziell, an dem Gedanken fest, auch die inhaltliche Ausgestaltung der Verfassung solle provisorisch sein. Sie hofften, auf eine künftige gesamtdeutsche Verfassung wesentlich mehr Einfluss nehmen zu können. Aber schnell wurde klar, dass in Bonn eine vollständig ausgestattete Verfassung entstand, nicht nur ein grob geschnitzter Klotz, der auf Vollendung wartete, eher eine gediegen gearbeitete Skulptur, der nicht einmal der Feinschliff fehlen würde. Das zeigte sich nirgends deutlicher als in der Ausgestaltung des Präsidentenamtes: In einer provisorischen Verfassung, wie sie den Sozialdemokraten vorschwebte, war das Präsidentenamt entbehrlich; auch in seinen zwei Grundgesetz-Entwürfen hatte Walter Menzel es gestrichen. Sobald es dann zwar gerettet, aber entmachtet und die Frage zu entscheiden war, wem die Kompetenzen zugesprochen werden sollten, die der Präsident einst hatte, sobald es also politische Macht zu verteilen galt, war von Provisorium keine Rede mehr.

Wohin mit der Macht, die das Notverordnungsrecht des Art. 48 in der Weimarer Verfassung dem Präsidenten verliehen hatte? Für welche Notstandsfälle sollte es überhaupt noch in Betracht kommen und mit welchen Folgen für die Geltung der Grundrechte? Alle Fragen, über die sich schon die Teilnehmer des Konvents von Herrenchiemsee zerstritten hatten, wurden in etlichen Ausschüssen des Parlamentarischen Rates wieder und wieder diskutiert. Keine andere Debatte ist in Bonn derart konfus verlaufen. So unübersehbar wie die Zahl der Vorschläge der einzelnen Ausschüsse und Unterkommissionen, so unklar war bereits, was unter einem Notstand zu verstehen sei: Ein Gesetzgebungsnotstand nur infolge höherer Gewalt oder auch infolge parlamentarischer Obstruktion, also bewusst herbeigeführter Blockade des Bundestags? Sollte das (als Artikel 111 vorgesehene) Notverordnungsrecht von der Bundesregierung mit Zustimmung des Bundesratspräsidenten ausgeübt werden, oder bedürfte es zusätzlich der Zustimmung des Bundestagspräsidenten? Carlo Schmid warnte – wie bereits auf Herrenchiemsee – vor einer Suspendierung der Grundrechte, Rudolf Katz vor dem Notverordnungsrecht im Allgemeinen. Denn ganz gleich, mit welchen rechtsstaatlichen Sicherungen man das Notverordnungsrecht versehe, immer werde mit diesem Instrument «sich die nächste Diktatur den Weg an die Macht eröffnen»; es sei vollkommen klar, «daß alle antidemokratischen Aktionen später, ob richtig oder falsch», mit Hilfe des Notstandsverordnungsrechtes eingeleitet würden.[32]

Im Mai 1949, kurz vor der Verabschiedung des Grundgesetzes,

war der umstrittene Artikel 111 plötzlich in der Versenkung verschwunden. Der Hauptausschuss beschloss in seiner 51. Sitzung ohne nähere Begründung, ihn zu streichen. Offenbar war den Abgeordneten klar geworden, dass das Notverordnungsrecht der künftigen Bundesrepublik – ob im Falle eines Bürgerkriegs oder einer Naturkatastrophe – sich noch für einige Jahre ohnehin nicht aus dem Grundgesetz ergeben werde, sondern aus dem Besatzungsstatut.

Im Missbrauch des Notverordnungsrechts hatte sich der Niedergang der Weimarer Demokratie gespiegelt. Der Rechtsstaat der Weimarer Republik hingegen konnte nicht untergehen, weil es ihn nie gegeben hatte. Auch das war eine der Ursachen für den Zusammenbruch der Demokratie. Aus gutem Grund hat deshalb der Parlamentarische Rat über keine andere Berufsgruppe so intensiv diskutiert wie über die Angehörigen der Justiz. Denn der Rechtsstaat, der in der Weimarer Republik nie viel mehr als ein Lippenbekenntnis gewesen war, sollte beim Aufbau der neuen Republik eine zentrale Rolle spielen.

Der Parlamentarische Rat räumte jedem, der «durch die öffentliche Gewalt in seinen Rechten verletzt» ist (Artikel 19 Absatz 4), die Möglichkeit, den Rechtsweg zu beschreiten, ein, schrieb die Garantie richterlicher Unabhängigkeit ins Grundgesetz (Art. 97), schuf Bundesgerichte der ordentlichen, der Verwaltungs-, der Finanz- und – auf Druck der Gewerkschaften – der Arbeits- und Sozialgerichtsbarkeit. Vor allem aber wurde nach der Entmachtung des Staatsoberhaupts ein neuer «Hüter der Verfassung» eingesetzt: das Bundesverfassungsgericht. Wenn der Staat nicht mehr nur durch Gesetze regierte, sondern seinerseits von den Grundrechten beherrscht werden würde, dann würde dieses Gericht als verbindlicher Interpret der Grundrechte ein wichtiger Machtfaktor der Bundesrepublik werden.

Die Aufwertung der Grundrechte und die Aufwertung des Rechtsstaats gingen Hand in Hand, und das bedeutete zugleich eine erhebliche Aufwertung der Justiz insgesamt als «dritte Säule» der Demokratie. Damit das gelingen konnte, musste in Bonn ein neues

Richterbild gezeichnet werden, das den Richter nicht mehr als unpolitischen Justizbeamten im Dienst unhinterfragt geltender Paragraphen zeigte.

Nach dem Blutschutzgesetz von 1935 galt in Deutschland: «§ 1 Eheschließungen zwischen Juden und Staatsangehörigen deutschen oder artverwandten Blutes sind verboten. § 2 Außerehelicher Verkehr zwischen Juden und Staatsangehörigen deutschen oder artverwandten Blutes ist verboten. § 3 Juden dürfen weibliche Staatsangehörige deutschen oder artverwandten Blutes unter 45 Jahren in ihrem Haushalt nicht beschäftigen. § 4 Juden ist das Hissen der Reichs- und Nationalflagge und das Zeigen der Reichsfarben verboten.» Am 12. Januar 1940 verurteilte das Amtsgericht Hamburg den jüdischen Angeklagten M. zu vier Jahren Zuchthaus. Er hatte 1930 geheiratet, sich 1937 scheiden lassen und ein Jahr später seine geschiedene Frau als Haushälterin angestellt. Gemäß einer geheimen Rundverfügung des Reichsjustizministeriums vom 22. Oktober 1942, betreffend die «Überführung jüdischer und asozialer Strafgefangener» in Konzentrationslager, wurde M. im Januar 1943 nach Auschwitz deportiert.

Von den 26 Richtern und Staatsanwälten, die in Hamburg den Großteil der Rassenschande-Sachen bearbeitet hatten, hatten 18 den Krieg überlebt, elf wurden wieder als Richter eingestellt, wie alle anderen NS-Richter in Deutschland wurde nicht einer strafrechtlich zur Verantwortung gezogen. Im Dezember 1948 meldete sich in Bonn der Hamburger Abgeordnete Paul de Chapeaurouge zu Wort. Der 72-Jährige war nicht nur der Vater eines der Hamburger Rassenschande-Richter – des späteren Bundesverwaltungsrichters Edmund de Chapeaurouge –, er war auch Opfer der NS-Diktatur. Am 4. März 1933 hatte ihm der sozialdemokratische Polizeiherr (Innensenator) Hamburgs, Adolph Schönfelder, Alterspräsident des Parlamentarischen Rates, das Amt übergeben, zwei Tage später hatte es de Chapeaurouge wieder verloren, und seine Notarszulassung hatte er erst nach dreijährigen Schikanen zurückerhalten. In Bonn gab de Chapeaurouge zu Protokoll, bisher seien in Hamburg keine «Missstände» aufgrund der Tatsache aufgetreten, dass Richter früher der

NSDAP angehört hätten. Damit unterstützte er den Bamberger Oberlandesgerichtspräsidenten Thomas Dehler, der in der NS-Zeit ebenfalls unter anderem wegen seiner jüdischen Ehefrau diskriminiert worden war. Der Liberale befand grundsätzlich, es sei falsch, die «deutschen Richter» damit zu belasten, «daß die deutsche Politik gefehlt» habe. Er könne den Richtern bescheinigen, dass sie in ihrer Mehrzahl «heroisch» gegen das Unrecht gekämpft und sich «im Rahmen des Möglichen für das ewige Recht» eingesetzt hätten.[33]

Das war nicht nur angesichts der 32000 Todesurteile, die die deutsche Justiz in der nationalsozialistischen Zeit gefällt hatte, eine mutige These. Der Willfährigkeit, mit der sich die deutsche Justiz nach 1933 in den Dienst des NS-Regimes gestellt hatte, entsprach die Ablehnung, mit der große Teile der Richterschaft zuvor der Weimarer Demokratie begegnet waren. Der Vorwurf Walter Menzels, die Justiz habe zur «Unterhöhlung des demokratischen Staates» einen entscheidenden Beitrag geleistet, traf die Sache entschieden besser. Sein Fraktionskollege Rudolf Katz klagte, erst jetzt seien den Landesregierungen die erforderlichen Personalunterlagen zugesandt worden, und wie sich zeige, seien in etlichen Fällen belastete Richter ohne die gebotene Nachprüfung eingestellt worden. Vielleicht lag es daran, dass 1948 in der britischen Zone 30 Prozent der Gerichtspräsidenten und 80 bis 90 Prozent der Landgerichtsdirektoren ehemalige Parteigenossen waren.[34] Das Fehlen der Personalakten mag auch der Grund gewesen sein, weshalb der schleswig-holsteinische Justizminister Katz unter anderem Sievert Lorenzen als Gerichtsassessor eingestellt hatte, der der Parteikanzlei von den Volksgerichtshof-Verfahren gegen die Widerstandskämpfer des 20. Juli Bericht erstattet hatte; Graf Helmuth von Moltke, hatte er geschrieben, sei «ein ungewöhnliches Charakterschwein»[35].

Nach diesen Erfahrungen mit deutschen Richtern verlangten die Sozialdemokraten, dass nicht mehr allein die fachliche Qualifikation über die Einstellung als Richter entscheiden dürfe; zusätzlich müsse die «demokratische Zuverlässigkeit» geprüft werden. Die Personalkontrolle solle bei der Auswahl von Bundesrichtern ein Richterwahlausschuss leisten, besetzt mit Landesministern und einer gleichen Anzahl von Parlamentariern (Art. 96 Abs. 2). Dem widersetzte sich die FDP, vor allem Thomas Dehler, der vor einer Auswahl nach «politischen Gesichtspunkten» warnte. Auch die Union gab der Forderung der Sozialdemokraten erst nach, nachdem die süddeutschen Ministerpräsidenten sich ebenfalls für den Richterwahlauschuss ausgesprochen hatten. Da die Landesregierungen im Ausschuss gut vertreten sein würden, war dem Föderalismus Genüge getan. Der Überprüfung der «demokratischen Zuverlässigkeit» künftiger Bundesrichter stand damit nichts mehr im Wege.

Die Gefahr, auch die Bonner Demokratie könne an sich selbst zerbrechen, am fehlenden Engagement der Demokraten ebenso wie am Missbrauch der Demokratie durch ihre Feinde, haben die Parlamentarischen Räte mit einem ganzen Bündel Sicherungen zu bannen versucht. Bereits in einigen Landesverfassungen – etwa in Bayern und in Württemberg-Baden – wurden Anträge auf Verfassungsänderungen, die dem demokratischen Grundgedanken der Verfassung widersprechen, für unzulässig erklärt, und in der hessischen Verfassung war nicht nur die «Errichtung einer Diktatur, in welcher Form auch immer», verboten (Artikel 150 Abs. 1 S. 2), sondern auch festgelegt worden: «Diese Grundrechte sind unabänderlich; sie binden den Gesetzgeber, den Richter und die Verwaltung unmittelbar» (Artikel 26). Der Parlamentarische Rat schließlich hob mit Art. 79 Abs. 3 GG die sogenannte Ewigkeitsklausel aus der Taufe, die den bundesstaatlichen Aufbau, die Unantastbarkeit der Menschenwürde, die Grundrechtsbindung der drei Staatsgewalten sowie die Bestimmung der Bundesrepublik zum demokratischen und sozialen Bundesstaat zu unabänderbaren Grundsätzen erklärt. Den Abgeordneten war bewusst, dass sie damit keine Revolution verhindern könnten, aber immerhin sollte so – nach Dehlers Worten – einer Revolution die «Maske der Legalität» genommen werden.

Schon in seiner ersten Rede vor dem Plenum hatte Carlo Schmid am 8. September das Selbstverständnis der neuen Demokratie formuliert: «Demokratie ist nur dort mehr als ein Produkt einer bloßen Zweckmäßigkeitsentscheidung, wo man den Mut hat, an sie als etwas für die Würde des Menschen Notwendiges zu glauben. Wenn man aber diesen Mut hat, dann muß man auch den Mut zur Intoleranz denen gegenüber aufbringen, die die Demokratie gebrauchen wollen, um sie umzubringen.» Carlo Schmid und der Parlamentarische Rat haben die Idee der «abwehrbereiten Demokratie» nicht erfunden – sie wurde 1937 von Karl Loewenstein, dem amerikanischen Autor des Aufsatzes «Militant Democracy and Fundamental Rights», formuliert –, aber sie haben sie im Grundgesetz zu voller Entfaltung gebracht. Mit Artikel 18 GG sollte das systematische Engagement gegen die Demokratie verhindert werden. Danach kann das Bundesverfassungsgericht gegen jeden die «Verwirkung» von Grundrechten aussprechen, wenn sie «zum Kampfe gegen die freiheitlich demokratische Grundordnung mißbraucht» werden. Und einvernehmlich verständigten sich die Abgeordneten in Bonn auch auf die Möglichkeit eines Parteienverbots, ebenfalls durch das Bundesverfassungsgericht. Es solle gegen Parteien ausgesprochen werden dürfen, die «darauf ausgehen, die freiheitliche demokratische Grundordnung zu beeinträchtigen oder zu beseitigen oder den Bestand der Bundesrepublik Deutschland zu gefährden» (Art. 21 Abs. 2 GG).

Hier meldete sich nicht nur eine «abwehrbereite Demokratie» zu Wort, sondern zum ersten Mal der deutsche Parteienstaat, der die in Deutschland gepflegte und nach den Weimarer Erfahrungen befestigte Tradition der Parteienverachtung überwunden hat: «Die Parteien wirken bei der politischen Willensbildung des Volkes mit.» Damit wurden die deutschen Parteien in die politische Leitungsebene berufen. Das war konsequent. Denn ein parlamentarisches System, wie es im Grundgesetz errichtet wurde, kann nicht die Parteien ignorieren, die die Parlamente beherrschen. Andererseits war den Abgeordneten keineswegs bewusst, wie tief dieser kleine, unscheinbare Satz schon nach kurzer Zeit das politische Leben der Bundesrepublik prägen würde.

Krisen und ein großer Bluff

Die Macht in der neuen Republik wurde verteilt, wie es sich für Machtfragen gehört – durch Kraftproben, Intrigen, Kompromisse, Überrumpelung und Drohgebärden, überwiegend geräuschvoll, verschwiegen im entscheidenden Augenblick.

Am 26. Oktober 1948 trafen sich im Bonner Hotel «Königshof» der bayerische Ministerpräsident Hans Ehard (CSU) und der sozialdemokratische Verfassungsexperte Walter Menzel zu einem vertraulichen Nachtmahl. Arrangiert hatte das Treffen Anton Pfeiffer, der als stiller Teilnehmer dabeisaß. Als sich die kleine Runde nach zwei Stunden trennte, hatte Ehard große Teile der Unionsfraktion im Parlamentarischen Rat – vor allem Konrad Adenauer – hintergangen, Menzel die Mehrheit der SPD-Fraktion – vor allem Fraktionschef Carlo Schmid –, und die künftige Bundesrepublik hatte einen Bundesrat.

Auf den ersten Blick hatte sich damit der Föderalist Ehard in seinem Kampf um den Bundesrat gegenüber den sozialdemokratischen Widersachern durchgesetzt. Aber auch Menzel hatte bekommen, was er und der Parteivorstand in Hannover wollten – der Bundesrat würde nicht gleichberechtigt mit dem Bundestag an der Gesetzgebung mitwirken. Carlo Schmid und viele Fraktionskollegen hatten die Senats-Lösung favorisiert, weil sie von nicht an Länderinteressen gebundenen Senatoren weniger Widerstand gegen die Gesetzgebung des Bundestags erwarteten. Noch wenige Tage vor Menzels Aktion hatten Schmid und Katz für das Senatssystem plädiert, Schmid hatte den Anhängern der Bundesratslösung zugerufen, sie seien «Verteidiger des Bürokratismus». Nachdem er von dem nächtlichen Kuhhandel und der Zustimmung Schumachers erfahren hatte, entdeckte auch er – ohne lange zu murren – die Vorteile der Bundesrats-Lösung.

Bei Adenauer hat es deutlich länger gedauert. Er wollte «unter keinen Umständen»[36] auf einen «vollwertigen», also gleichberechtigten Senat verzichten. Dahinter standen, wie fast stets bei Adenauer, weniger dogmatische Überzeugungen, sondern sehr pragmatische Erwägungen. Zum einen wollte er den Einfluss der Länder gering halten – deshalb ein Senat –, zum anderen schloss er nicht aus, dass die SPD den Bundestagswahlkampf «unter dem Motto der Sozialisierung von Eisen, Kohle, Elektrizität, Chemie usw.» führen werde und «mit der KPD die Mehrheit bekommt». Für diesen Fall empfahl es sich, über den Senat dem Bundestag gleichberechtigt entgegentreten zu können. Wie die SPD, war auch die CDU/CSU-Fraktion in dieser Frage gespalten. Aber die Anhänger des Bundesrats-Systems besaßen ein Übergewicht. Es wurde erdrückend, als die Einigung zwischen den Sozialdemokraten und den bayrischen Föderalisten bekannt wurde. Schon am übernächsten Morgen, am 28. Oktober um 9.00 Uhr, lud Adenauer – am Vorsitzenden Pfeiffer vorbei – zu einer Fraktionssitzung und tobte: «Ich habe seit drei Jahren keinmal menschlich ein solches Bedauern empfunden wie über die Vorgänge der letzten Tage.» Die Partei befinde sich in einer «äußerst gefährlichen Krise». Zusätzlich aufgebracht hatte ihn der Mitteilungsdrang eines Unionsabgeordneten, der Anthony Pabsch unverzüglich über die Bundesrats-Lösung unterrichtet hatte, woraufhin der hocherfreute US-Verbindungsoffizier seinerseits sofort die Presse informierte. Gleichwohl, die Sache war entschieden und das Senatsmodell vom Tisch.

Auch die volle Gleichberechtigung des Bundesrates fand – ganz im Sinne Menzels – im Parlamentarischen Rat keine Mehrheit. Die FDP, vor allem Thomas Dehler, hatte von Anfang an auf eine Kompromisslösung gesetzt. Dehler hatte ein eigenes Modell der Zweiten Kammer vorgeschlagen, «die zu einem Drittel aus ständigen Mitgliedern, nämlich den bestellten Vertretern der Länderregierungen, zu zwei Dritteln aus von den Länderparlamenten gewählten Senatoren» bestehen sollte. Nachdem klar war, dass es zu einer reinen Bundesrats-Lösung kommen würde und damit jede Kompetenzerweiterung des Bundesrates den Einfluss der Länderregierungen auf die Gesetzgebung verstärken würde, stimmten die Liberalen mit den Sozialdemokraten gegen die volle Gleichberechtigung der Zweiten Kammer.

Die Deutschen und die westlichen Siegermächte standen seit Beginn der Bonner Grundgesetz-Beratungen vor einem Dilemma. Die Abgeordneten des Parlamentarischen Rates kannten nicht den genauen Wortlaut der Londoner Empfehlungen vom Juni 1947, wussten also nicht, welchen Spielraum sie hätten, ohne eine Ablehnung des Grundgesetzes durch die Besatzungsmächte zu riskieren. Andererseits verbot sich eine zu intensive Kontaktaufnahme mit den Alliierten, um entsprechende Informationen zu erhalten, wollte man nicht den Vorwurf riskieren, von ihnen abhängig zu sein. Umgekehrt hatten die Alliierten zwar kein Interesse an einem Scheitern des Grundgesetzes, aber vor allem die Militärgouverneure der USA und Frankreichs, Clay und Koenig, waren entschlossen, ihre föderalistischen Forderungen durchzusetzen. Die «Verbindung von SPD und FDP», die Adenauer angesichts der Querelen in den eigenen Reihen schon frühzeitig mit Argwohn beobachtet hatte, wurde im Verlaufe des Oktobers enger. Die SPD pochte auf die Finanzhoheit des Bundes und auf eine Bundesfinanzverwaltung und fand im ehemaligen preußischen Finanzminister Hermann Höpker Aschoff ihren entschiedensten Fürsprecher, und die Mehrheit der Union stimmte einer Bundesfinanzverwaltung schließlich zu. Doch nicht nur Carlo Schmid ahnte, dass die Militärgouverneure so viel Zentralismus kaum akzeptieren würden. Deshalb hatte er von Anfang an darauf bestanden, dass vor der Ausarbeitung des Grundgesetzes das Besatzungsstatut erlassen werden müsse.

Tatsächlich intervenierten die Militärgouverneure am 22. November. In einem von den Leitern der Verbindungsstäbe überreichten Aide-Mémoire forderten sie insbesondere eine Zweite Kammer, die mit genügend Befugnissen zur Wahrung der Länderinteressen ausgestattet sein müsse, und eine Finanzverfassung, die die Verfügung des Bundes über öffentliche Finanzen zugunsten der Länder beschränke. Das Aide-Mémoire entsprach nicht nur, was die Deutschen nicht wussten, dem Wortlaut der Londoner Empfehlungen, war also überhaupt nicht verhandelbar. Es entsprach auch so genau den Vorstellungen der Christdemokraten, insbesondere der süddeutschen Föderalisten, dass die Vermutung nicht von der Hand zu weisen war, die Militärgouverneure hätten wunschgemäß gehandelt.

Den Verdacht des konspirativen Verhaltens zog vor allem Konrad Adenauer Ende des Jahres 1948 in der «Frankfurter Affäre» auf sich. Sie wuchs sich binnen weniger Tage zu einer handfesten Krise aus. Als sie nach wochenlangen Querelen beigelegt wurde, war das politische Klima im Parlamentarischen Rat vergiftet, Adenauer von der SPD-Fraktion «gerügt» worden und Carlo Schmid mit den Nerven am Ende. Zu Neujahr schrieb er deprimiert seinem Kollegen Theodor Heuss: «Ich werde schon nicht desertieren, wenngleich es mir gerade in diesen Wochen schwerfällt, zu bleiben.»[37] Und der besonnene Heuss hatte geantwortet: «Ich denke, wir werden beide uns bemühen müssen, Dramatisierungen zu vermeiden, damit überhaupt etwas möglich wird ...»[38] Aber innerhalb der FDP-Fraktion war die Empörung über Adenauer nicht geringer als in der SPD.

Dazu bestand einiger Anlass. Am 16. Dezember war eine von Ratspräsident Adenauer angeführte siebenköpfige Delegation des Parlamentarischen Rates zu einem Gespräch mit den Militärgouverneuren nach Frankfurt am Main gereist. Zumindest die Abgeordneten der SPD, Carlo Schmid und Walter Menzel, und der Liberale Hermann Höpker Aschoff glaubten, der Termin sei von den Gouverneuren angeregt worden, um die Deutschen endlich über die Grundzüge des Besatzungsstatuts zu informieren. Adenauer wusste es besser. Erstens war der Gesprächsvorschlag von ihm gekommen, zweitens hatte er trotz Drängens der Gouverneure darauf verzichtet, Themen zu benennen, über die die Delegation zu reden wünsche. Da die Militärgouverneure zum Besatzungsstatut nichts Neues sagen konnten – unmittelbar vor dem Treffen hatten sie sich darüber vollkommen zerstritten –, war das Gespräch auf die heiklen Themen des Parlamentarischen Rates gekommen. Für diesen Fall hatte Adenauer zuvor den Kollegen versprochen, nur die Mehrheitsmeinung des Hauptausschusses zu vertreten. Als es jetzt aber so weit war, hatte Adenauer vorgetragen, insbesondere das Problem der Zweiten Kammer und der Finanzverfassung sei noch «offen geblieben», und die Militärgouverneure um eine entsprechende «Klarstellung» gebeten. Damit hatte Adenauer nicht nur seine Kollegen hintergangen. In den folgenden Auseinandersetzungen hatte ihn Carlo Schmid gewarnt, eine Einflussnahme der Militärgouverneure auf die Grundgesetzberatungen, die der Union zur Durchsetzung ihres Föderalismusmodells verhelfe, stelle die SPD vor die Alternative: Unterwerfung oder Nein.[39]

Die Affäre war am 5. Januar, dem 73. Geburtstag Adenauers, beigelegt worden. Das Misstrauen jedoch blieb. Und die Einflussnahme ließ auch nicht lange auf sich warten. Am 2. März 1949 teilte der britische Militärgouverneur Robertson als Sprecher der Alliierten der Delegation des Parlamentarischen Rates mit, dass der Grundgesetz-Entwurf in acht Punkten von den Forderungen des Memorandums vom 22. November abweiche. Das war noch kein Veto der Siegermächte, aber es kündigte sich darin an. Der Parlamentarische Rat stürzte in seine tiefste Krise.

Von Mitte Dezember 1948 bis Mitte Januar 1949 hatte der Hauptausschuss über den Grundgesetz-Entwurf in zweiter Lesung beraten, die Fraktionen waren sich in den entscheidenden Punkten nähergekommen, der Durchbruch war allerdings noch nicht erreicht. Man war schwer in Verzug. Die Abgeordneten hatten erwartet, ihre Arbeit bis spätestens Weihnachten zu beenden. Aber die von Heuss beklagten Debatten über «Sozialphilosophie» und «Religionsphilosophie» in den Fachausschüssen und die Auseinandersetzungen zum Bund / Länder-Verhältnis hatten den Zeitplan durcheinandergeworfen. Jetzt waren die Ratsmitglieder zu zügiger Beratung entschlossen. Längst war klar, dass die von den Alliierten und den Ministerpräsidenten favorisierten föderalistischen Maximallösungen im Parlamentarischen Rat keine Mehrheit finden würden, und die Unions-Fraktion begann sich darauf einzurichten.

Adenauer hatte in Absprache mit den anderen Fraktionen – außer den Kommunisten – einen Fünfer-Ausschuss eingesetzt, der nun rasch einen Verfassungskompromiss erarbeiten sollte. Eine taktische Meisterleistung Adenauers war die Auswahl der

Ausschuss-Mitglieder der Union gewesen. Kein entschiedener Föderalist – etwa von der CSU – hatte die Fraktion vertreten, sondern der kompromissbereite und geschmeidige Heinrich von Brentano und der politisch eher unerfahrene, aber sehr folgsame Theophil Kaufmann, ein 60 Jahre alter Verbandsgeschäftsführer, Journalist, Geflügelzüchter, Privatgelehrter und vieles andere mehr. Für die SPD hatten Carlo Schmid und Walter Menzel im Ausschuss gesessen, die FDP hatte je nach Thema rotiert.

Innerhalb weniger Tage war es in allen Streitfragen zu einer Einigung gekommen. Die Bundeskompetenzen in der Gesetzgebung waren sogar noch ein wenig erweitert, die Mitwirkungsrechte des Bundesrates hingegen deutlich verstärkt worden. Für den Fall unterschiedlicher Mehrheitsverhältnisse in Bundestag und Bundesrat hatte sich der «Fünfer-Ausschuss» auf einen im deutschen Parlamentarismus bis dahin unbekannten Vermittlungsausschuss verständigt (Art. 77 GG). Die im Hauptausschuss bereits beschlossene Finanzverfassung hatte der Ausschuss kaum noch angetastet. Das war er, der «Große Verfassungskompromiss», der unmittelbar nach der dritten Lesung im Hauptausschuss die Arbeit des Parlamentarischen Rates hätte beenden können.

Bayerns Ministerpräsident Ehard war – begleitet von seinen Amtskollegen aus Rheinland-Pfalz, Baden und Württemberg-Hohenzollern – sofort nach Bonn geeilt, um im letzten Augenblick doch noch die Bundesfinanzverwaltung zu verhindern. Es half nichts – die Erben Erzbergers hatten sich durchgesetzt. Anders als zu Beginn der Weimarer Republik die Bayerische Volkspartei, hatte diesmal die CSU nicht die Fraktionsgemeinschaft mit der großen Schwesterpartei aufgekündigt. Einige Abgeordnete hatten mit dem Gedanken gespielt, aber wirklich gewollt hatte es keiner.

Dann kam der 2. März, das Memorandum der Alliierten, und der Verfassungskompromiss drohte sich in Makulatur zu verwandeln. Wochenlang hatten die Militärgouverneure darüber gestritten. Der Brite Robertson war am mildesten gestimmt und hatte – trotz Bedenken – die Annahme des Grundgesetz-Entwurfs empfohlen. Dies hatte den Zorn der Amerikaners Clay erregt, der gepoltert hatte, notfalls werde es eben keine westdeutsche Regierung geben. Man hatte die Verbindungsoffiziere hinzugezogen und Finanzexperten, hatte sich mit den eigenen Regierungen besprochen, wochenlang war es hin und her gegangen. Clay bestand auf einer stärker föderalistischen Verfassung, weil er – ein amerikanischer Südstaatler – starke Bundesländer als Bereicherung des Staatswesens empfand. Der Franzose Koenig verlangte extrem föderalistische Strukturen, weil er einen schwachen deutschen Zentralstaat als Bereicherung des französischen Sicherheitsgefühls empfand. Er ging so weit, dass sogar Clay ihm vorgehalten hatte, keine Regierung der Welt könne mit diesen Beschränkungen arbeiten. Die Denkschrift, auf die sie sich schließlich geeinigt hatten, war ein Kompromiss. Die Militärgouverneure versicherten ausdrücklich, der Entscheidung der alliierten Regierungen damit keinesfalls vorgreifen zu wollen, die Denkschrift sei eher als Gesprächsangebot zu verstehen, man könne über alles reden. Aber den Deutschen verschlug es fast die Sprache.

Nur nicht den Bayern. Denn sowohl die Erweiterung der Länderkompetenzen als auch die Ablehnung der Bundesfinanzverwaltung, wie es das Memorandum verlangte, entsprach genau ihren Wünschen. Damit war eingetreten, was Carlo Schmid immer befürchtet hatte. Der «Zaun», der die Autonomie des Parlamentarischen Rates schütze, hatte er gewarnt, dürfe nicht «lattenweise abgerissen» werden, das Grundgesetz müsse als Ganzes mit den Alliierten verhandelt werden, nicht einzelne Artikel. Der Verfassungskompromiss des Fünfer-Ausschusses war jedenfalls vom Tisch, und es begannen die dramatischsten Wochen des Parlamentarischen Rates.

Adenauer setzt einen Siebener-Ausschuss ein – wiederum ohne CSU und ohne KPD –, der neue Vorschläge erarbeiten soll. Ministerpräsident Ehard reist zum fünften Mal nach Bonn, um – beflügelt von der Hilfestellung der Alliierten – das Grundgesetz auf einen föderalistischeren Kurs zu bringen. Am 8. März beginnen die offiziellen Verhandlungen zwischen den Mitgliedern des Siebener-Ausschusses und den Verbindungsoffizieren. Eine Einigung kommt nicht zustande. Der französische Verbindungsoffizier Laloy sagt zu allen deutschen Vorschlägen «Non», der amerikanische und der britische Verbindungsoffizier – Simons und Chaput des Saintonge – sind freundlicher im Ton, aber ebenso hart in der Sache. Am 17. März beschließen die Fraktionen, vorläufig nicht mehr zusammenzukommen, einen Tag später übergibt der Ausschuss den Verbindungsoffizieren seinen neuen Verfassungsentwurf. Die Bonner Abgeordneten haben kleinere Zugeständnisse gemacht, nicht jedoch in dem entscheidenden Punkt der Finanzverfassung. Schon vor der Übergabe des Entwurfs hat US-Verbindungsoffizier Simons im Gespräch mit Anton Pfeiffer gedroht, «daß nun die Zeit gekommen sei, wo man mit den Vertretern des Parlamentarischen Rates einmal ganz deutlich reden müsse. Sie würden immer wieder mit den gleichen Vorschlägen und Fragen kommen, und die Unterhändler der Verbindungsstäbe hätten nicht mehr genug Worte und Redensarten zur Verfügung, um immer wieder das gleiche zu sagen und dabei nicht immer die nämlichen Worte zu wiederholen.»[40] Am 25. März präsentieren die Verbindungsoffiziere ihre Antwort: «Sie werden nicht überrascht sein zu vernehmen, daß wir Ihnen zu sagen haben, daß der Vorschlag des Siebenerkomitees sich nicht im Einklang mit der Mitteilung vom 2. März (das Memorandum) befindet.»[41]

Hart bleiben oder nachgeben? Nach dieser unmissverständlichen Botschaft rückt die Unionsfraktion vom Verfassungskompromiss ab und legt einen neuen Vorschlag zur Finanzverfassung vor, selbst der entschiedenste Verfechter der Bundesfinanzverwaltung, der Liberale Höpker Aschoff, droht in die Knie zu gehen. Am 4. April geben die Außenminister der drei Westmächte den Deutschen zu verstehen, dass sie nicht daran dächten, von ihrem Märzmemorandum abzurücken. Hart bleiben oder nachgeben? Carlo Schmid sieht sich «in völliger Aussichtslosigkeit»[42] und ist zur Not bereit, die Bundesfinanzverwaltung zu opfern, um das Grundgesetz im Ganzen zu retten. Aber nun ruft Kurt Schumacher zum Widerstand gegen die Alliierten. Auf einem kleinen Parteitag der SPD in Hannover am 22. April kritisiert er schroff deren Intervention, weist die Forderungen der Siegermächte zurück und präsentiert einen von Schmid, Menzel und Katz verfassten Grundgesetz-Entwurf, der zwar in der Finanzverwaltung den Alliierten entgegenkommt, im Übrigen aber nur mehr das ist, was die SPD von Anfang an wollte: ein Organisationsstatut ohne Grundrechte. Zu diesem Zeitpunkt allerdings ist aus dem sich ankündigenden Bonner Drama – was damals nur wenige wissen – bereits fast eine Farce geworden. Denn als Schumacher den Widerstand öffentlich zelebriert, ist ihm längst bekannt, dass die Siegermächte nachgeben werden.

Am 14. April hatte sich der den Sozialdemokraten wohlgesinnte britische Militärgouverneur Robertson auf dem Empfang nach einer Besprechung mit den Bonner Ratsmitgliedern für fast eineinhalb Stunden mit Schmid, Menzel, Zinn und Suhr zum vertraulichen Gespräch zurückgezogen. Von Robertson erfuhren sie, dass die westlichen Außenminister auf ihrer Konferenz am 4. April in Washington zwei Resolutionen verabschiedet hatten.[43] Die erste, nach der sie an ihrem Märzmemorandum festhielten, war veröffentlicht worden. Die zweite aber war geheim und enthielt de facto die Genehmigung des vorgelegten Grundgesetz-Entwurfs mit einigen unbedeutenden Bedingungen. Diese Resolution sollte erst von den Militärgouverneuren zur von ihnen gewünschten Zeit veröffentlicht werden.

Schumacher weiß, was Schmid, Menzel, Zinn und Suhr von Robertson wissen, der Franzose Koenig weiß nichts von Robertsons Initiative, wohl aber Clay, der allerdings nicht die Geheim-Resolution veröffentlichen will, weil er um seinen Föderalismus fürchtet. Er setzt auf Verzögerung, auch weil er den Triumph des ihm verhassten Schumacher unter allen Umständen verhindern will. Aber Washington treibt jetzt zur Eile. Denn seit einiger Zeit laufen Geheimverhandlungen der vier Besatzungsmächte zur Beseitigung der Berlin-Blockade, das US-Außenministerium verlangt, dass die Grundgesetz-Beratungen bis Mitte Mai beendet sind. Clay muss nachgeben, und Schumacher darf sich im bevorstehenden ersten Bundestagswahlkampf als Verteidiger der deutschen Interessen anpreisen. Adenauer hat geschäumt, als er von der Informationspolitik Robertsons erfuhr, doch auch er war, wie sich später herausstellte, lange vor Veröffentlichung der Resolution darüber im Bilde, dass das Grundgesetz von den Alliierten gebilligt werden würde.

Am 8. Mai 1949 um 15.16 Uhr trat das Plenum des Parlamentarischen Rates zu seiner dritten und letzten Lesung des Grundgesetzes zusammen. In letzter Sekunde erhielt die künftige Republik ihre Bundesflagge in Schwarz-Rot-Gold. Sie flatterte bereits seit Beginn der Beratungen auf dem Dach der Pädagogischen Akademie. Aber bis zuletzt hatten CDU / CSU für ein auf rotem Grund liegendes schwarzes Kreuz, auf dieses aufgelegt ein goldenes Kreuz gekämpft. In der Abstimmung unterlagen sie mit 34 zu 23 Stimmen. Daraufhin wurde der Antrag der SPD, die Farben Schwarz-Rot-Gold zu wählen, mit 49 zu einer Stimme angenommen.

Um kurz vor Mitternacht unterbrach Konrad Adenauer die Schlusserklärungen der Ratsmitglieder. Es war der vierte Jahrestag der Kapitulation NS-Deutschlands, und dieses Datum sollte der Geburtstag des Grundgesetzes werden. Der Präsident des Parlamentarischen Rates rief zur Abstimmung. Das Grundgesetz wurde um 23.55 Uhr mit 53 zu 12 Stimmen angenommen. Dafür stimmten die Abgeordneten der CDU, der SPD, der FDP und auch zwei Abgeordnete der CSU aus Franken. Abgelehnt wurde es von den Abgeordneten des Zentrums, die die kirchlichen Interessen nicht hinreichend gewürdigt fanden, von den Abgeordneten der Deutschen Partei, der KPD, die die Bildung des Weststaats insgesamt missbilligten, und von sechs Abgeordneten der CSU, denen der Föderalismus im Grundgesetz nicht weit genug ging. Zwei Tage später wurde Bonn – und nicht der ursprüngliche Favorit Frankfurt am Main – vom Plenum vor allem Dank des listenreichen Engagements Adenauers mit knapper Mehrheit zum vorläufigen Sitz der Bundesorgane gewählt.

Am 12. Mai endete die Berliner Blockade, und die Militärgouverneure erteilten dem Grundgesetz schriftlich ihre Genehmigung. Sie wurde nur unter Vorbehalt gewährt. Berlin durfte danach «keine abstimmungsberechtigte Mitgliedschaft im Bundestag oder Bundesrat erhalten und auch nicht durch den Bund regiert werden».[44] Zugleich wurde das Besatzungsstatut verkündet. Nach seinem Inkrafttreten – am 21. September, einen Tag nach Vereidigung von Bundeskanzler Adenauer – sollte die Militärverwaltung enden und die Zoneneinteilung aufgehoben werden. Eine Hohe Kommission der drei westlichen Alliierten würde künftig das Organ der Westmächte sein. Die Verfassung dürfe nur mit deren einstimmiger Genehmigung geändert werden, Gesetze träten in Kraft, wenn die Hohe Kommission nicht innerhalb von 21 Tagen Einspruch einlege. Das ging deutlich über die Freiheiten hinaus, die die bisherigen Zonen gehabt hatten, das Besatzungsstatut war auch viel weniger bedrückend, als zunächst von vielen befürchtet. Aber es war ein Besatzungsstatut – und die Bundesrepublik blieb ein alliiertes Protektorat.

Gemäß den Frankfurter Dokumenten hätte nun das Volk über das Grundgesetz abstimmen müssen. Doch die Alliierten hatten sich von den deutschen Politikern überzeugen lassen und sich bei der Genehmigung des Grundgesetzes mit der Zustimmung durch die Landtage begnügt. Offenbar hatte die Warnung gewirkt, die Abstimmung über das Grundgesetz könnte zu einer Abstimmung über die Besatzungspolitik geraten. So wurde in allen Landtagen vom 18. bis 21. Mai 1949 über das Grundgesetz diskutiert und abgestimmt. Überall wurde es angenommen, außer in Bayern. Vergeblich hatte Thomas Dehler, der Bamberger Oberlandesgerichtspräsident, die bayerischen Landtagsabgeordneten beschworen, in dieser «deutschen Schicksalsentscheidung» nicht mit Nein zu stimmen. Nicht nur den Abgeordneten der Bayernpartei, auch der CSU ging der Föderalismus im Grundgesetz nicht weit genug. Nach 15-stündiger Debatte hatte eine deutliche Mehrheit das Grundgesetz verworfen, aber einen richtigen Eklat trotzdem vermieden. Denn auf Antrag der Staatsregierung wurde beschlossen, dass bei Annahme des Grundgesetzes in zwei Dritteln der westdeutschen Länder «die Rechtsverbindlichkeit dieses Grundgesetzes auch für Bayern anerkannt» werde.

Am 23. Mai 1949 wurde das Grundgesetz für die Bundesrepublik Deutschland im Turnsaal der Pädagogischen Akademie verkündet. Der SPD-Abgeordnete Otto Heinrich Greve konnte es nicht miterleben. Weil der stellvertretende SPD- Vorsitzende Erich Ollenhauer in dieser historischen Stunde seine Partei hochrangig zu vertreten wünschte, hatte ein Los unter Fraktionskollegen entschieden, dass Greve ihm weichen müsse. Der Organist des Bonner Münsters spielte auf und präludierte ausgerechnet einige Paraphrasen aus Haydns Kaiserquartett, das jedermann mit der Liedzeile «Deutschland, Deutschland über alles» in Beziehung setzte. Die «schöne Melodie» hatte seinerzeit auch Kurt Tucholsky dem jungen Beamten Hans Simons als «Hymne des neuen Staates»[45] vorgeschlagen. Seit vier Jahren war sie von den Besatzungsmächten verboten. Carlo Schmid sprang zum Organisten, untersagte ihm Haydn und ordnete Händel an.

Die Kommunisten weigerten sich erwartungsgemäß, «die Spaltung Deutschlands» zu unterschreiben, alle anderen setzten nach Aufruf ihren Namen unter die Originalausfertigung des Grundgesetzes, zuerst die Abgeordneten des Parlamentarischen Rates, danach die Ministerpräsidenten. Auch die fünf Vertreter Berlins unterzeichneten, denn die Stadtverordnetenversammlung von Groß-Berlin hatte sich ebenfalls «zu den Prinzipien und Zielen» des Grundgesetzes bekannt. Dann wurde im Stehen gesungen, ein unverfängliches thüringisches Volkslied von 1820, geschrieben vom verzweifelten Turnlehrer Hans Ferdinand Maßmann, nachdem er aus Bayern wegen «Radikalismus» ausgewiesen worden war: «Ich hab' mich ergeben, mit Herz und mit Hand, du Land voll Lieb' und Leben, mein deutsches Vaterland.» Seine kurze Schlussansprache beendete Konrad Adenauer, der Präsident des Parlamentarischen Rates, mit einem Textauszug aus der Präambel des Grundgesetzes: «Im Bewußtsein seiner Verantwortung vor Gott und den Menschen, von dem Willen beseelt, seine nationale und staatliche Einheit zu wahren und als gleichberechtigtes Glied in einem vereinten Europa dem Frieden der Welt zu dienen, hat das deutsche Volk … dieses Grundgesetz beschlossen.»

Nach Ablauf des 23. Mai 1949, um 24.00 Uhr, ist das «Grundgesetz für die Bundesrepublik Deutschland» in Kraft getreten.

6. Vom Untertan zum Bürger

Die Westdeutschen des Jahres 1949 waren zu Freiheit und Demokratie verurteilt. Dass sie das Urteil anfangs klaglos, später zunehmend begeistert akzeptierten, lag nicht zuletzt an den besonderen Umständen, unter denen es gesprochen wurde. Dem anbefohlenen Unterricht folgten die Deutschen fast vom ersten Tag an mit gefüllten Mägen. In der Weimarer Republik hatten sie gelernt, «Demokratie» und «Republik» mit politischem Chaos und wirtschaftlicher Krise gleichzusetzen. Nun wurde das sogenannte Wirtschaftswunder, das der Gründung der Bundesrepublik kurze Zeit später folgte, als erfreulichste Erscheinungsform der Demokratie willkommen geheißen – ein Missverständnis, das in Deutschland bis heute fortdauert: Etliche autoritäre Staaten können auf eine beeindruckende Prosperität verweisen, umgekehrt wird in gefestigten Demokratien selbst in anhaltenden Wirtschaftskrisen die Staatsform nicht in Frage gestellt.

Anders als nach 1918 wurden die Deutschen diesmal auch mit ihren Lektionen nicht allein gelassen. Ihre Integration in die westliche Wirtschafts-, Militär- und Wertegemeinschaft verlief parallel und in atemberaubendem Tempo. Das entsprach dem Wunsch der Grundgesetz-Präambel nach einer gleichberechtigten Mitgliedschaft «in einem vereinten Europa». Vorbereitungen dazu hatte Art. 24 GG getroffen, der dem Bund nicht nur erlaubte, «sich zur Wahrung des Friedens einem System gegenseitiger kollektiver Sicherheit» einzuordnen, sondern ihn – damals weltweit einzigartig – ermächtigte, «Hoheitsrechte auf zwischenstaatliche Einrichtungen» zu übertragen. Die nationalstaatliche Souveränität – mit Aufhebung des Besatzungsstatuts 1955 – wurde angestrebt, um Teile davon sogleich wieder abzugeben. Und ebenfalls anders als 1918 stand diesmal kein

Wühltisch der Ideologien bereit, an dem sich die Deutschen hätten bedienen können: Nach ihrem jüngsten, beispiellosen Bankrott hätten sie gar nicht gewusst, womit sie den Wühltisch hätten füllen sollen.

Die Umstände für die Gründung der Staatsform Demokratie in Westdeutschland waren also günstig, und sie gelang auch reibungslos. Von Anfang an erwies sich der Bauplan, nach dem ursprünglich nur ein Provisorium gezimmert werden sollte, als geeignet, mit ihm ein dauerhaftes, recht stabiles Haus zu errichten. Die Institutionen, die zum Betrieb einer Demokratie erforderlich sind und im Bauplan, dem Grundgesetz, verzeichnet waren, haben vom ersten Tag an einwandfrei funktioniert. Die Probleme, die sich später ergaben, haben den Betrieb als solchen niemals in Frage gestellt, betrafen nur die Zuständigkeiten und die Verantwortung für seinen Ablauf, also die Machtverteilung. Der deutsche Föderalismus zum Beispiel – insbesondere die Mitwirkung der Länder an der Gesetzgebung des Bundes – hat nie den Erfolg gehabt, den die Amerikaner erhofften, wirkte sich aber auch nicht so destruktiv aus, wie von den Franzosen gewünscht. Er wurde eher – wie seinerzeit von Carlo Schmid befürchtet – zum Modell eines wenig produktiven «Bürokratismus», ein Problem, das sich dadurch verschärfte und immer weiter verschärft, dass selbst nach der Wiedervereinigung die Länder sich jeder Neugliederung zu größeren, lebensfähigen Einheiten widersetzten. Die Föderalismusreform von 2006 war der jüngste Erfolg dieses Widerstands. Die Rolle der Parteien, denen das Grundgesetz nur die Mitwirkung bei der «politischen Willensbildung des Volkes» zubilligt, ihr vom Bundesverfassungsgericht mühsam gezügelter Anspruch auf staatliche Alimentierung, ihre Chuzpe, nicht nur den «Staat als Beute» (Richard von Weizsäcker) zu betrachten, sondern so gut wie alle Führungspositionen im öffentlichen Dienst ebenso wie in privatisierten Unternehmen, vom Präsidenten des Amtsgerichts über den Redaktionsleiter eines öffentlich-rechtlichen Fernsehsenders bis zum Geschäftsführer des ehemaligen städtischen Heizkraftwerks, gehört ebenfalls zu den dauerhaften Mängeln des Betriebs. Ein Problem ist das nicht zuletzt deshalb, weil dem erheblichen institutionellen Einfluss der Parteien ein rapider gesellschaftlicher Bedeutungsverlust gegenübersteht, die Mitgliederzahl vor allem der großen Parteien abnimmt und – wie schwindende Wahlbeteiligungen belegen – ihr Ansehen in weiten Teilen der Bevölkerung sinkt. Doch sind das alles – mal größere, mal kleinere – Probleme des demokratischen, vom Grundgesetz etablierten Systems. Das System selbst, die Demokratie als solche ist in der Bundesrepublik seit 1949 nie in Frage gestellt worden.

Der Bauplan eines Hauses gibt allerdings noch keine Auskunft über das Zusammenleben seiner künftigen Bewohner und verrät nichts über den Geist, der in ihm weht. Eine Demokratie, die nur in Parlamenten sitzt und in den Gesetzen steht, aber nicht die Köpfe – und erst recht nicht die Herzen – der Bürger erreicht, ist eine tote Demokratie. Eine Demokratie, die nur gedacht, aber nicht empfunden wird, die nur in den staatlichen Institutionen zu Hause ist, aber nicht in den Familien, am Arbeitsplatz, in den Schulen und im persönlichen Gespräch, ist Fassade, Potemkinsches Dorf. Die Westdeutschen haben einige Zeit gebraucht, die Demokratie nicht nur als Staats-, sondern auch als Lebensform zu betrachten oder sogar – als Lebensgefühl. Die Verschlossenheit, die sie zunächst gegenüber den Freiheitsversprechen des Grundgesetzes zeigten, war das Gegenteil dessen, was eine Demokratie als Erstes verlangt: Offenheit. Und das teilnahmslose Schweigen, mit dem sie auf die Verkündung des Grundgesetzes reagierten, schob das beste Angebot zur Seite, das die Demokratie zu machen hat: dass «ein Gespräch wir sind und hören können voneinander» (Hölderlin). Demokratie als offenes Gespräch – was das sein, wie das funktionieren kann, haben die Westdeutschen weniger im Parteienstreit gelernt und in den Parlamentsdebatten, sondern im Gericht, genauer: durch das Bundesverfassungsgericht. Es hat das Grundgesetz zum Sprechen gebracht.

Im Jahr 1951 in Karlsruhe mit zwei Senaten errichtet – der erste wurde vom Präsidenten des Gerichts Hermann Höpker Aschoff, der zweite von Vizepräsident Rudolf Katz geführt, also beide von ehemaligen Mitgliedern des Parlamentarischen Rates –, war es von

Anfang an ein Unikat. Es war und ist das mächtigste Verfassungsgericht der Welt. Das Bundesverfassungsgericht überprüft auf Antrag der Bundesregierung, einer Landesregierung, eines Drittels der Mitglieder des Bundestages oder aufgrund der entsprechenden Vorlage eines Gerichts Gesetze auf ihre Verfassungsmäßigkeit (Normenkontrollverfahren). Es entscheidet Auseinandersetzungen zwischen den obersten Verfassungsorganen – Bundespräsident, Bundestag, Bundesrat und Bundesregierung – über die Auslegung des Grundgesetzes (Organstreitigkeiten). Zuständig ist es auch bei Meinungsverschiedenheiten über Kompetenzen zwischen dem Bund und den Bundesländern (Bund-Länder-Streitigkeiten) und bei Streitigkeiten zwischen Ländern. Auf Antrag des Bundestages, des Bundesrates oder der Bundesregierung kann es Parteien verbieten, die sich gegen die freiheitliche demokratische Grundordnung wenden.

Wäre eine der bedeutendsten Verfahrensarten bereits vom Parlamentarischen Rat beschlossen worden, dann hätte Konrad Adenauer nicht nur eine Spur, sondern ein bedeutendes Vermächtnis im Grundgesetz hinterlassen. Doch hatte er sich mit seinem Vorschlag, jedermann das Recht zu geben, sich mit einer Verfassungsbeschwerde wegen Grundrechtsverletzungen an das Bundesverfassungsgericht zu wenden, nicht durchsetzen können. Erst mit der Gründung des Gerichts wurde sie eingeführt, ins Grundgesetz gelangte sie 1969. Vor allem dank der Verfassungsbeschwerde sind das Grundgesetz und die Bundesbürger miteinander ins Gespräch gekommen. Was das Grundgesetz den Deutschen zu sagen hat? Die Richter des Bundesverfassungsgerichts haben es ihnen mit zunehmendem, später mit überwältigendem Erfolg erklärt.

«Dat ham wir uns so nich vorjestellt»

Bis heute gilt der Streit um die deutsche Wiederbewaffnung 1952/53 als eines der prominentesten Verfahren in der Geschichte des Bundesverfassungsgerichts. Zwar hat es über die Sache – Aufbau und Verschmelzung deutscher Streitkräfte in einer Europäischen Verteidigungsgemeinschaft (EVG) – nie entschieden. Doch am Ende, nach einem für lange Zeit einzigartigen Eklat, stand keine der streitenden Parteien als Sieger da. Gewonnen hatte vielmehr das Bundesverfassungsgericht. Es hatte nicht nur zahlreichen Manipulationsversuchen der Regierung Adenauer standgehalten, vor allem hat es damit seinen Ruf als unabhängiges Gericht und Verfassungsorgan begründet, das sich den Anforderungen des Grundgesetzes und nicht den Erwartungen der Politik verpflichtet weiß. Noch ehe es begann, die Freiheitsversprechen des Grundgesetzes, also die Grundrechte, in zahllosen Entscheidungen einzulösen, hatte es sich damit den Deutschen als vertrauenswürdiger Partner empfohlen. Die fast gewalttätigen Schmähungen, mit denen führende Politiker der Republik damals die standhaften Richter bedachten, dürften dazu beigetragen haben.

Die Leistung des Gerichts im Streit um die Wiederbewaffnung ist nur vor dem Hintergrund des Koreakriegs zu verstehen. Der Krieg, den nicht nur die Deutschen des Jahres 1948 in Deutschland erwartet hatten, die militärische Konfrontation der beiden Blöcke war im Juni 1950 in Korea zum Ausbruch gekommen. Und wie bereits zwei Jahre zuvor, erkannten nicht nur die Deutschen darin den Auftakt des Dritten Weltkriegs. Nach dem Einmarsch kommunistischer nordkoreanischer Truppen in Südkorea am 25. Juni hatte US-Präsident Truman am 27. Juni den Einsatz amerikanischer Luft- und Seestreitkräfte in Südkorea, drei Tage später den Einsatz von Bodentruppen, die Errichtung einer Seeblockade und die Bombardierung Nordkoreas befohlen. Truman war bewusst, dass dieses Vorgehen zum Krieg mit der Sowjetunion führen könnte, aber nach dem Sieg der Kommunisten in China und dem erfolgreichen sowjetischen Atombombenversuch war er davon überzeugt, dass es Ziel der sowjetischen Politik sei, «die eurasische Landmasse zu beherrschen». Der US-Präsident war zum «großen antikommunistischen Kreuzzug»[1] entschlossen. Ende November griffen mehrere hunderttausend Soldaten des kommunistischen China in den Krieg ein; weltweit wurden alle amerikanischen Einheiten in

Alarmbereitschaft versetzt; in Washington wurde der Ruf nach dem Einsatz der Atombombe laut und die Ausweitung des Krieges auf China gefordert; am 16. Dezember verkündete Präsident Truman den nationalen Notstand in den USA.

Die Deutschen waren schockiert, denn die politische und militärische Parallele zwischen dem Schicksal Koreas und der Lage in Deutschland lag auf der Hand. Die «Frankfurter Allgemeine Zeitung» schrieb schon einen Tag nach Ausbruch des Krieges: «Unnötig zu sagen, daß kein anderes Volk gegenwärtig mit solcher Spannung nach Korea blicken kann wie das deutsche. Das liegt nicht nur daran, daß Deutschland der unmittelbare Nachbar jener gewaltigen östlichen Welt ist, deren äußerste Vorposten gegenwärtig in Korea zum Angriff übergegangen sind. Stärker noch ist der Eindruck einer unheimlichen Gleichförmigkeit des russischen Vorgehens in Korea und bei uns.»[2] Auf die Frage «Machen Sie sich Sorgen, daß in diesem Jahr ein neuer Weltkrieg ausbrechen könnte?» antworteten in einer Meinungsumfrage 53 Prozent der Bundesbürger mit Ja. Damit teilten sie die Einschätzung des Hohen Kommissars John McCloy – des zivilen Nachfolgers von US-Militärgouverneur Lucius D. Clay –, der der Bundesregierung ausrichten ließ, der dritte Weltkrieg stehe vor der Tür, die Deutschen hätten sofort mit der Aufstellung eigener Verteidigungskräfte zu beginnen. Die Amerikaner forderten von den Westeuropäern generell eine deutliche Erhöhung ihrer Verteidigungsanstrengungen, speziell von den Deutschen verlangten sie zehn Divisionen. Dem widersetzten sich vor allem die Franzosen, die sich von der deutschen Wiederbewaffnung nur wenig Hilfe erwarteten, aber eine sehr reale Gefahr für ihre nationale Sicherheit.

Schließlich hatte Frankreich dem Druck der USA nachgegeben und ihr Außenminister René Pleven die Bildung einer Europäischen Verteidigungsgemeinschaft (EVG) vorgeschlagen, also keine nationale westdeutsche Armee in der Nato, sondern die Verschmelzung der deutschen Streitkräfte mit Einheiten Frankreichs, Belgiens, Luxemburgs, der Niederlande und Italiens in einer europäischen Truppe. Adenauer hatte unverzüglich zugestimmt. Aber noch ehe er im Mai 1952 den EVG-Vertrag unterzeichnen konnte, hatte die SPD-Bundestagsfraktion – auf Initiative Kurt Schumachers – Klage vor dem Bundesverfassungsgericht erhoben. Die SPD war nicht prinzipiell gegen die deutsche Aufrüstung, aber Schumacher fürchtete, die Eingliederung in ein antisowjetisches Militärbündnis werde die Wiedervereinigung unmöglich machen. Es begann ein Wettlauf mit der Zeit. Adenauer wollte den EVG-Vertrag möglichst schnell abschließen, weil er wusste, dass die Stimmen innerhalb der französischen Nationalversammlung immer lauter wurden, die den Vertrag ablehnten.

Adolf Arndt, ein exzellenter Jurist und Verfassungsexperte der SPD-Fraktion, reicht am 31. Januar 1952 Klage in Karlsruhe mit der Begründung ein, dem Bundestag fehle die Kompetenz, ein Gesetz zu beschließen, nach dem der Aufbau der Bundeswehr vertraglich vereinbart werden dürfe; dafür müsse das Grundgesetz geändert werden, was wiederum nur mit Zweidrittelmehrheit des Bundestages möglich sei.

Hatte Arndt damit ein Normenkontrollverfahren angestrengt, oder lag eine Organstreitigkeit vor? Arndt hat das in seinem Schriftsatz offengelassen. Für ein Normenkontrollverfahren wäre der vom Liberalen Hermann Höpker Aschoff geführte erste Senat zuständig gewesen, in dem die von der SPD vorgeschlagenen Richter die Mehrheit hatten, bei Organstreitigkeit hingegen der vom Sozialdemokraten Rudolf Katz geführte zweite Senat, dessen Richter mehrheitlich von der CDU/CSU vorgeschlagen worden waren. In Zweifelsfällen entschied damals das Plenum – also alle Richter gemeinsam –, welcher Senat sich mit der Klage zu befassen hat. Zwar hatten hier die von der Union vorgeschlagenen Richter die Mehrheit, dennoch kommt die Vollversammlung zu dem Ergebnis, es handle sich um eine Normenkontrolle, zuständig sei mithin der erste Senat.

Im Juni verdichten sich die Hinweise, wonach der «rote» Senat die Klage für «zulässig» halte, stets ein Indiz, dass sie auch als «begründet» Erfolg haben wird. Daraufhin fordert Bundeskanzler Adenauer Bundespräsident Theodor Heuss auf, das Plenum des Bundesverfassungsgerichts um die Erstellung eines (damals noch möglichen) Rechtsgutachtens zu der umstrittenen Frage zu bitten – Adenauer spekuliert darauf, dass im zentralen Punkt die Mehrheit der von der Union vorgeschlagenen Richter zu seinen Gunsten stimmen werde. Heuss willigt ein. Vorerst verwirft der erste Senat die SPD-Klage überraschenderweise als unzulässig. Als sich jedoch das Gerücht verbreitet, das Plenum neige der Auffassung der Sozialdemokraten zu, entschließen sich Adenauer und Bundesjustizminister Dehler zu einem erneuten Manöver. Am 6. Dezember 1952, drei Tage vor der mündlichen Verhandlung über das von Heuss beantragte Gutachten, reichen sie beim zweiten, also dem vermeintlich «schwarzen» Senat des Bundesverfassungsgerichts eine Organklage gegen die SPD-Fraktion ein, um prüfen zu lassen, ob für die Ratifizierung des EVG-Vertrags nicht die einfache Bundestagsmehrheit ausreicht. Weil streitige Verfahren damals vor Gutachterverfahren behandelt wurden, hofft die Bundesregierung, die Sache so doch noch für sich zu entscheiden.

Der Versuch, die Verfassungsrichter in den Würgegriff zu nehmen und die gerichtliche Mehrheit für die Bundesregierung zu erzwingen, ist offensichtlich und eine Demütigung für die Richter. Das Gericht schlägt zurück. Unmittelbar vor der Verhandlung über das Gutachten beschließt das Plenum erstens, der Antrag der Union werde nicht vorgezogen, zweitens, das angeforderte Gutachten werde beide Senate binden. Als der Gerichtspräsident und Vorsitzende des ersten Senats, Höpker Aschoff, dies am 9. Dezember 1952 zum Auftakt der Verhandlung vorträgt, schlagen die Sätze tatsächlich ein wie eine Bombe – die Detonation erschüttert in den nächsten Tagen die Bundesregierung. Sie fühlt sich nicht nur zu Recht in ihrem unseriösen Taktieren durchschaut, darüber hinaus muss sie damit rechnen, auch in der Sache selbst in Karlsruhe eine katastrophale Niederlage zu erleiden.

In dieser Situation entschließt sich die Bundesregierung zu einem weiteren taktischen Manöver. Auf Drängen Adenauers zieht Heuss das Ersuchen um ein Gutachten zurück. Zugleich beginnen Adenauer und vor allem Justizminister Dehler einen Feldzug gegen das

Bundesverfassungsgericht. Vor Journalisten kritisiert Adenauer das Selbstverständnis der Karlsruher Richter: «Das Gericht ist offenbar der Auffassung, ich bin ein Organ wie der Bundespräsident, berufen, die Gesetze und die Verfassung zu schützen. Das ist aber nicht wahr. Das ist ein völlig falscher Standpunkt.» Dieser Standpunkt widerspreche auch den Erwartungen, die der Parlamentarische Rat mit der Gründung des Bundesverfassungsgerichts verbunden habe: «Dat ham wir uns so nich vorjestellt.»

Noch deutlicher wird Justizminister Dehler, der den Journalisten in die Stifte diktiert: «Wir werden diesen Beschluss niemals anerkennen. Dieser Beschluss ist ein Nullum.» Daraufhin rufen Zeitungen eine «Verfassungskrise» und eine «Staatskrise» aus. Zu der kommt es erst, als einige Anwälte gegen die anmaßende Äußerung Dehlers protestieren, der nun jegliche Zurückhaltung aufgibt und in einem Telegramm an die Anwälte schnaubt: «Sie verkennen die Lage vollständig Stop Das Bundesverfassungsgericht ist in einer erschütternden Weise von dem Wege des Rechtes abgewichen und hat dadurch eine ernste Krise geschaffen.» Es war ein Eklat – der lange Zeit größte in der Geschichte des Bundesverfassungsgerichts.[3]

Der Streit um den EVG-Vertrag ging auf dreifache Weise zu Ende. Erstens hatte die Koalition unter Adenauer nach der Bundestagswahl im September 1953 die erforderliche Zweidrittelmehrheit, ließ entsprechend das Grundgesetz ändern, und Heuss unterzeichnete das Ratifizierungsgesetz. Da aber die französische Nationalversammlung im August 1954 die Ratifizierung des EVG-Vertrages ablehnte, fand die deutsche Wiederbewaffnung auf andere Weise statt.

Im Oktober 1954 wurde auf einer Konferenz in Paris beschlossen, die Bundesrepublik mit einer eigenen Streitmacht – der Bundeswehr – in die Nato aufzunehmen, ihr größtenteils die Souveränität zurückzugeben und das Besatzungsstatut zum 5. Mai 1955 aufzuheben. Zweitens bedeuteten Dehlers Entgleisungen für ihn das Ende seiner Karriere als Justizminister. Der Präsident des Bundesverfassungsgerichts, Hermann Höpker Aschoff, hatte dem Bundeskanzler mit Rücktritt für den Fall gedroht, dass Adenauer seinen,

Höpker Aschoffs, liberalen Parteifreund nach der Bundestagswahl erneut ins Kabinett hole.

Am bemerkenswertesten war die dritte Konsequenz: Der versuchte Rufmord des Bundesverfassungsgerichts durch die Bundesregierung erleichterte die Anerkennung des Gerichts als Verfassungsorgan. Der Parlamentarische Rat hatte offengelassen, ob es sich zwar um das höchste, aber eben doch nur um ein Gericht handle oder um ein Verfassungsorgan oder um eine Kombination von beidem. Die Bundesregierung hatte die Frage in ihrem Sinne zu beantworten versucht, es ausschließlich zu einem Gericht erklärt und folglich auch seinen Etat in den Etat des Bundesjustizministers eingegliedert. Das Bundesverfassungsgericht hatte das nicht hingenommen und gleich nach seiner Gründung den von der CDU vorgeschlagenen Bundesverfassungsrichter Gerhard Leipholz mit der Ausarbeitung einer «Denkschrift» zu seinem Status beauftragt.

Leipholz' Bericht hatte im März 1952 die Zustimmung des Plenums gefunden und war direkt an den Bundespräsidenten, den Bundestag, den Bundesrat und die Bundesregierung weitergeleitet worden: «Das Bundesverfassungsgericht ist in seiner Eigenschaft als berufener Hüter der Verfassung zugleich ein mit höchster Autorität ausgestattetes Verfassungsorgan. Als solches steht das Bundesverfassungsgericht verfassungsrechtlich dem Bundestag, dem Bundesrat und der Bundesregierung ebenbürtig zur Seite.»[4] Diese Emanzipation war ebenso selbstbewusst wie notwendig, wie das Gezerre um den EVG-Vertrag zeigte. Nach weiteren parlamentarischen Ausfällen seines Justizministers gegen das Bundesverfassungsgericht im Frühjahr 1953 sah sich Adenauer genötigt, die Karlsruher Status-Denkschrift anzuerkennen, um den Konflikt nicht weiter eskalieren zu lassen.

So hatte das Gericht fast unmittelbar zu Beginn seiner Rechtsprechung dank seiner Standhaftigkeit zweifach Autorität erlangt – nach innen durch seine Anerkennung als gleichberechtigtes Verfassungsorgan, nach außen durch den Beweis seiner Unabhängigkeit. Dies kam nicht nur dem Bundesverfassungsgericht selbst, es kam vor allem auch dem Grundgesetz zugute. Das waren notwendige Voraussetzungen für eine Erfolgsgeschichte, aber die eigentliche Karriere des Grundgesetzes hat erst einige Jahre später begonnen, genauer am 15. Januar 1958. Mit dem damals verkündeten «Lüth-Urteil» des ersten Senats des Bundesverfassungsgerichts traten die Grundrechte ihren Siegeszug innerhalb der bundesdeutschen Gesellschaft an. In den folgenden Jahrzehnten hat das Bundesverfassungsgericht in Tausenden Entscheidungen den Grundrechten so machtvoll Leben eingehaucht, dass sie nicht nur die politischen, mehr noch die gesellschaftlichen Verhältnisse ein ums andere Mal zum Tanzen brachten.

Es ist eine besondere Ironie der Geschichte, dass der «Fall Lüth» ohne die Anhänglichkeit des damaligen deutschen Publikums an verblühte Größen des Nationalsozialismus vermutlich nicht entstanden wäre. Seit 1937 hatte der Filmregisseur Veit Harlan mehr als 20 NS-Propagandafilme gedreht, mit «Jud Süß» (1940) aber hatte er den Nationalsozialisten einen Blockbuster geliefert. 22 Millionen Deutsche hatten sich an dem von Joseph Goebbels geplanten Film berauscht, der die einsetzende Vernichtung der Juden zur Befreiung verklärte: «Der Film Jud Süß reißt dem Juden die Maske vom Gesicht und zeigt unserem Volk den Weg zur befreienden Tat.» (Werbung der Produktionsfirma) Anklagen gegen Harlan wegen Verbrechen gegen die Menschlichkeit waren in der mit ehemaligen NS-Richtern vollbesetzten Nachkriegsjustiz im Sande verlaufen, eine Ermutigung für Harlan also, seine Karriere alsbald unter dem lebhaften Zuspruch des Publikums mit dem Streifen «Unsterbliche Geliebte» (1951) fortzusetzen.[5]

Dagegen protestierte der Leiter der Pressestelle des Hamburger Senats, Erich Lüth, und forderte in einem offenen Brief den Boykott der neuesten Harlan-Produktion: «Das moralische Ansehen in der Welt darf aber nicht von robusten Geschäftsleuten erneut ruiniert werden. Denn Harlans Wiederauftreten muß kaum vernarbte Wunden wieder aufreißen und abklingendes Mißtrauen zum Schaden des deutschen Wiederaufbaus furchtbar erneuern. Es ist aus allen diesen Gründen nicht nur das Recht anständiger

Deutscher, sondern sogar ihre Pflicht, sich im Kampf gegen diesen unwürdigen Repräsentanten des deutschen Films über den Protest hinaus zum Boykott bereitzuhalten.»[6]

Das Bürgerliche Gesetzbuch verpflichtet – gem. § 826 BGB – denjenigen zum Schadensersatz, der «in einer gegen die guten Sitten verstoßenden Weise einem anderen vorsätzlich Schaden zufügt». Die Zufügung von Schaden hatte Lüth beabsichtigt, dass er damit auch gegen die guten Sitten verstoßen habe, war die Ansicht der Hamburger Gerichte, die auf Klagen der Produktionsfirma Harlans den Boykott-Aufrufer zu Schadensersatz und Unterlassung weiterer Schädigungen verurteilten. Am 22. November 1951 hatte Erich Lüth gegen seine Verurteilungen Verfassungsbeschwerde mit der Begründung eingelegt, sie verletzten ihn in seiner Meinungsfreiheit nach Art. 5 Abs. 1 GG.

Bis Anfang 1958 hatte der Vorgang dort geruht. In Bewegung war im Fall Harlan bis dahin ausschließlich die deutsche Öffentlichkeit gewesen. Die junge Bundesrepublik hatte die ersten studentischen Protestaktionen erlebt, Störaktionen gegen Vorführungen von Harlan-Filmen, Solidaritäts-Kundgebungen von Sozialdemokraten – unter anderem mit dem Hamburger Bürgermeister Max Brauer – und Gewerkschaftern zugunsten Lüths. Sie hatte aber zur gleichen Zeit auch ein erstes Aufblühen der heimischen Filmwirtschaft erlebt: Die Filme des beliebten NS-Regisseurs Harlan waren bestens besucht.

Am 15. Januar 1958 hob das Bundesverfassungsgericht die Verurteilung Erich Lüths auf. Die unteren Gerichte hätten ihn damit in seiner grundrechtlich geschützten Meinungsfreiheit (Art. 5 Abs. 1 GG) verletzt. Das Urteil war ein Meilenstein, doch wie manch anderer Meilenstein ist auch dieser zunächst kaum beachtet worden. Geschrieben hatte das Urteil als zuständiger Berichterstatter der Verfassungsrechtler Günter Dürig, Bundesverfassungsrichter im ersten Senat. Die zentrale Frage war gewesen: Ist überhaupt eine Verfassungsbeschwerde gegen ein zivilgerichtliches Urteil möglich, das ja nur über einen Streit zwischen Privatleuten entscheidet? Die Antwort, die Dürig darauf gegeben hat, klang so, als hätte er in den

Protokollen des Herrenchiemseer Konvents geblättert. In ihrem Abschlussbericht hatten die Experten gefordert, auch Privatpersonen zur Achtung der Menschenwürde zu verpflichten. An diesen Gedanken knüpfte Dürig an.

Seien in einem zivilgerichtlichen Urteil Gesetze angewendet worden, die «durch Grundrechte beeinflusst werden», schrieb er, dann sei eine Verfassungsbeschwerde zulässig. Und wann und in welchem Umfang beeinflussen Grundrechte Gesetze? Dürigs Antwort ist als Theorie von der «objektiven Wertordnung» des Grundgesetzes berühmt geworden, der wesentliche Interpretationsrahmen des Bundesverfassungsgerichts bei der Auslegung und Anwendung der Grundrechte bis heute: «Ohne Zweifel sind die Grundrechte in erster Linie dazu bestimmt, die Freiheitssphäre des einzelnen vor Eingriffen der öffentlichen Gewalt zu sichern; sie sind Abwehrrechte des Bürgers gegen den Staat ... Diesen Sinn haben auch die Grundrechte des Grundgesetzes, das mit der Voranstellung des Grundrechtsabschnitts den Vorrang des Menschen und seiner Würde gegenüber der Macht des Staates betonen wollte. Dem entspricht es, daß der Gesetzgeber den besonderen Rechtsbehelf zur Wahrung dieser Rechte, die Verfassungsbeschwerde, nur gegen Akte der öffentlichen Gewalt gewährt hat. Ebenso richtig ist aber, daß das Grundgesetz, das keine wertneutrale Ordnung sein will, in seinem Grundrechtsabschnitt auch eine objektive Wertordnung aufgerichtet hat und daß gerade hierin eine prinzipielle Verstärkung der Geltungskraft der Grundrechte zum Ausdruck kommt. Dieses Wertsystem, das seinen Mittelpunkt in der innerhalb der sozialen Gemeinschaft sich frei entfaltenden menschlichen Persönlichkeit und ihrer Würde findet, muß als verfassungsrechtliche Grundentscheidung für alle Bereiche des Rechts gelten; Gesetzgebung, Verwaltung und Rechtsprechung empfangen von ihm Richtlinien und Impulse. So beeinflußt es selbstverständlich auch das bürgerliche Recht; keine bürgerlich-rechtliche Vorschrift darf in Widerspruch zu ihm stehen, jede muß in seinem Geiste ausgelegt werden.»[7] Das hätten die Hamburger Richter übersehen.

Bei den «guten Sitten» des § 826 BGB – gegen die Lüth angeblich verstoßen habe – handle es sich um eine Generalklausel, für deren Anwendung ein großer Spielraum bestehe. Um einen Verstoß gegen die «guten Sitten» festzustellen, müssten die Gerichte «von der Gesamtheit der Wertvorstellungen» ausgehen, die «das Volk in einem bestimmten Zeitpunkt seiner geistig-kulturellen Entwicklung erreicht und in seiner Verfassung fixiert hat». Auf den konkreten Fall bezogen: Lüth habe mit seinem Boykott-Aufruf nur berechtigte Interessen wahrgenommen und von seiner Meinungsfreiheit Gebrauch gemacht, um auf Harlan als Mitverantwortlichen der Judenvernichtung hinzuweisen, auf die deutsche Verantwortung der deutschen Politik gegenüber den Juden und auf die moralische Verpflichtung, Harlans Filme zu boykottieren.

Der Parlamentarische Rat hatte die Grundrechte aufgewertet, indem er sie als einklagbare Rechte an den Anfang des Grundgesetzes stellte und für Gesetzgebung, Verwaltung und Rechtsprechung für verbindlich erklärte. Mit dem «Lüth»-Urteil wertete sie das Bundesverfassungsgericht nochmals auf, indem es die Grundrechte nicht mehr nur als Abwehrrechte des Einzelnen gegenüber dem Staat betrachtete, sondern als Wertsystem mit «Ausstrahlungswirkung» in alle Bereiche des Rechts. Mit diesem Urteil hat das Grundgesetz sein Gespräch mit den Bundesbürgern erst wirklich begonnen.

Demokratie als Lebensform

Was das Grundgesetz zu sagen hat, das sagt es durch das Bundesverfassungsgericht. Seit seiner Gründung hat das Gericht bis heute (Stand 31. 12. 2007) fast 170 000 Verfahren entschieden, davon allein 163 347 Verfassungsbeschwerden und 3540 Normenkontrollverfahren. Es gibt kaum ein politisches oder gesellschaftliches Problem, das nicht früher oder später die Karlsruher Richter beschäftigt hätte. Ihre Entscheidungen, die inzwischen 118 Bände füllen, sind eine Chronik der deutschen Staats- und Alltagsgeschichte.[8] Sollte die Entscheidungssammlung in ferner Zukunft einem Historiker in die Hände fallen, der keine anderen Informationen über die Bundesrepublik Deutschland zur Verfügung hat, könnte er sich daraus ein fast getreues Bild von diesem Land und seinen Bewohnern machen.

Der gesellschaftliche Wandel der vergangenen Jahrzehnte – nirgends hat er sich deutlicher bemerkbar gemacht als in dem grundlegend veränderten Verhältnis der Geschlechter, also auch in der neuen Bedeutung von Ehe und Familie und in der Anerkennung der homosexuellen Lebensgemeinschaft als nicht nur geduldete, sondern respektierte Partnerschaft. Die Rechtsprechung des Bundesverfassungsgerichts dazu liest sich vom Anfang bis heute wie die Chronik eines gesellschaftlichen Aufbruchs. Er ist durch das Grundgesetz und seine Karlsruher Interpreten manchmal gefordert, zumeist gefördert und nur selten behindert worden.

Niemand weiß, wie lange die von Elisabeth Selbert im Parlamentarischen Rat durchgesetzte Gleichberechtigung der Frauen noch auf sich hätte warten lassen, hätte ihr nicht das Bundesverfassungsgericht in mehreren Entscheidungen zum Durchbruch verholfen und den Gesetzgeber dazu verpflichtet, mit der Gleichstellung der Frauen endlich ernst zu machen. Anders als vom Parlamentarischen Rat in Art. 117 GG verfügt, hatte der Bundestag bis 31. März 1953 nicht nur keinen Finger gerührt, vielmehr hatte das Oberlandesgericht Frankfurt am Main den Art. 117 GG für verfassungswidrig gehalten und 1953 dem Bundesverfassungsgericht vorgelegt (sogenannte Richtervorlage gem. Art. 100 GG). Denn es sei nicht klar, welche Regelungen des Bürgerlichen Gesetzbuchs (BGB) dem Art. 3 Abs. 2 widersprächen und welche nicht.

Wenige Monate später hatte der erste Senat die Richtervorlage verworfen,[9] dem Gesetzgeber klargemacht, wie und wo er vorzugehen habe, und vier Jahre später war endlich das Gleichberechtigungsgesetz verabschiedet worden. Der Gesetzgeber hielt auch hier noch an dem Ideal der «Hausfrauenehe» fest, immerhin aber durfte der Ehemann nicht mehr über den Wohnsitz der Familie bestimmen und das Arbeitsverhältnis seiner Frau nicht mehr kündigen. Die Ehefrau durfte ihren Mädchennamen vor den

Familiennamen setzen, den allerdings weiterhin der Mann mit in die Ehe brachte; die Entscheidung über Erziehung und Ausbildung der Kinder sollten nun beide Elternteile gemeinsam fällen («elterliche Gewalt»), wenn sie sich jedoch nicht einigen konnten, gab weiterhin der Wille des Mannes den Ausschlag («Stichentscheid»). Schon zwei Jahre später – 1959 – reagierte das Bundesverfassungsgericht auf entsprechende Verfassungsbeschwerden und erklärte die Regelungen des BGB zum «Stichentscheid» für verfassungswidrig.[10] Es sei nicht zu begründen, warum im Zweifelsfall ausgerechnet der Mann das Entscheidungsrecht habe; die Frau werde ohne zwingenden Grund benachteiligt.

1976 wurde der Gesetzgeber – während der sozialliberalen Koalition – in Sachen Gleichberechtigung sogar einmal auf eigene Initiative tätig. Mit dem Eherechtsreformgesetz ersetzte er nicht nur im Scheidungsrecht das Schuldprinzip durch das Zerrüttungsprinzip, er stellte auch den Paaren frei, bei der Eheschließung zwischen dem Namen des Mannes und dem der Frau frei zu wählen. Und was geschah mit den Ehepaaren, die 1976 längst verheiratet waren und gegen ihren Willen den Namen des Mannes als Familiennamen führten? Das Bundesverfassungsgericht gab auch ihnen – auf die Verfassungsbeschwerde von Betroffenen – 1978 das Recht der nachträglichen Namenswahl.[11] Denn die Vorschrift des BGB (§ 1355), die das ausgeschlossen habe, sei seit dem 1. April 1953 ungültig gewesen.

Den Schlussstein ihrer Rechtsprechung zum Namensrecht setzten die Karlsruher Richter dann 1991. Zwar durften Ehepaare bis dahin bei der Wahl des Familiennamens frei zwischen dem Namen des Mannes und dem der Frau wählen, aber wählen mussten sie – entweder sein Name oder ihrer. Auch dieser Zwang wurde vom ersten Senat als verfassungswidrig verworfen. Seitdem behalten Eheleute ihren Namen, wenn sie keinen gemeinsamen tragen wollen.

Mit dem Bild von der Ehe veränderte sich auch die Vorstellung von der Familie. Der Parlamentarische Rat hatte den Gesetzgeber verpflichtet, nichtehelichen Kindern «die gleichen Bedingungen für ihre leibliche und seelische Entwicklung und ihre Stellung in der Gesellschaft zu schaffen wie den ehelichen Kindern» (Art. 6. Abs. 5 GG). Einen Vorstoß in diese Richtung hatte in einem Gesetz bereits die große Koalition 1969 unternommen, aber der Durchstoß kam erst in den neunziger Jahren. Bis dahin war die nichteheliche Lebensgemeinschaft gesellschaftlich längst akzeptiert, entsprechend zugenommen hatte die Zahl nichtehelicher Kinder. Auch diese Entwicklung hat der Gesetzgeber erst nach einer Entscheidung des Bundesverfassungsgerichts von 1991 mit dem Kindschaftsrechtsreformgesetz aufgenommen und die nichtehelichen den ehelichen Kindern rechtlich fast völlig gleichgestellt.[12]

Manchmal hat das Bundesverfassungsgericht den gesellschaftlichen Wandel nur nachvollzogen, dann aber zumeist mit klaren Worten. Bis 1969 war männliche Homosexualität strafbar nach § 175 Strafgesetzbuch (StGB). Allein im Jahr 1955 sind noch 1628 Männer deshalb verurteilt worden:[13] Eine von zwei Verurteilten dagegen eingelegte Verfassungsbeschwerde hatte das Bundesverfassungsgericht noch 1957 zurückgewiesen.[14] Erst in der vom damaligen Justizminister Gustav Heinemann (SPD) eingebrachten Strafrechtsreform hat die große Koalition die Strafbarkeit der Unzucht unter erwachsenen Männern im Jahr 1969 beseitigt. 2001 verabschiedete der Bundestag das Lebenspartnerschaftsgesetz.

Seitdem können männliche und weibliche Homosexuelle eine staatlich anerkannte Lebenspartnerschaft – «Homo-Ehe» – begründen. Gegen das von der rot-grünen Koalition getragene Gesetz wandten sich mit einer Normenkontrollklage der Freistaat Bayern und die CDU-Landesregierungen von Sachsen und Thüringen. Das Gesetz, hieß es in der Antragsbegründung, verstoße gegen Art. 6 GG: «Ehe und Familie stehen unter dem besonderen Schutz der staatlichen Ordnung.» Der zweite Senat wies die Anträge 2002 mit der Begründung zurück: «Dem Institut der Ehe drohen keine Einbußen durch ein Institut, das sich an Personen wendet, die miteinander keine Ehe eingehen können.»[15]

Die meisten großen politischen Auseinandersetzungen sind früher oder später als Fälle vor dem Bundesverfassungsgericht gelandet. Das hat ihm gelegentlich den Vorwurf eingetragen, «der Diktator Deutschlands» (Adenauer), zumindest aber der «Obergesetzgeber» zu sein, ein Vorwurf, der zumeist von der zuletzt unterlegenen Seite vorgetragen wird. In einigen Fällen hat das Gericht tatsächlich den Boden des Grundgesetzes mit dem Parkett der Politik vertauscht und sich als Gesetzgeber aufgeführt, zum Beispiel mit dem faktischen Verbot der Vermögenssteuer,[16] doch in der Regel unterschlägt die Kritik erstens, dass das Gericht nicht auf eigene Initiative tätig werden kann, sondern angerufen werden muss, und zweitens lebt in der Kritik die noch aus der Weimarer Republik vertraute Ansicht fort, Verfassungsrecht und Politik ließen sich trennen. Das ist jedoch ein Irrtum – nicht jeder politische Streit ist ein Verfassungsstreit, aber jeder Verfassungsstreit ist ein politischer Streit. Das galt nicht nur für die nach Karlsruhe getragenen Auseinandersetzungen um die Gleichberechtigung der Frau und die Zulässigkeit der «Homo-Ehe», erst recht galt und gilt das natürlich für die klassischen Konflikte bei den Staatsgeschäften.

Schon 1952 hatte das Bundesverfassungsgericht die Sozialistische Reichspartei (SRP) verboten, eine Nachfolgepartei der NSDAP, die 1951 bei den niedersächsischen Landtagswahlen 11,0 Prozent erhalten hatte, und erstmals den Begriff der «freiheitlichen demokratischen Grundordnung» konkretisiert («Eine Ordnung ..., die unter Ausschluß jeglicher Gewalt- und Willkürherrschaft eine rechtsstaatliche Herrschaftsordnung auf der Grundlage der Selbstbestimmung des Volkes nach dem Willen der Mehrheit und der Freiheit und Gleichheit darstellt»).[17] Im August 1956 wurde nach langem Zögern auch die KPD verboten, die allerdings mit 2,2 Prozent bei der Bundestagswahl 1953 nur noch von marginaler Bedeutung war.[18] Ende 1953 hatte das Bundesverfassungsgericht die überwältigende Mehrheit der deutschen Staatsrechtslehrer mit dem sogenannten Beamtenurteil gegen sich aufgebracht, ein Beitrag zur Nationalhygiene, der die Beamtenverhältnisse – weil faschistisch infiziert – für am 8. Mai 1945 untergegangen erklärte. Die Folge war eine scharfe Auseinandersetzung mit dem von alten NS-Richtern üppig besetzten Bundesgerichtshof gewesen, der die Beamten als Opfer des Nationalsozialismus betrachtet sehen wollte.

Nach dem Streit um den EVG-Vertrag hat sich das Bundesverfassungsgericht Konrad Adenauer im Jahr 1961 noch einmal in den Weg gestellt. Damals lieferte in Deutschland ausschließlich die Arbeitsgemeingemeinschaft der öffentlich-rechtlichen Rundfunkanstalten (ARD) die Radioprogramme und das einzige Fernsehprogramm. Nachdem seine Versuche, auf die Anstalten Einfluss zu nehmen, gescheitert waren, versuchte Adenauer, an den Ländern vorbei ein eigenes Staatsfernsehen – das «Deutschlandfernsehen» – aufzubauen. Dagegen klagten die Länder Hamburg, Bremen, Niedersachsen und Hessen vor dem zweiten, vermeintlich «schwarzen» Senat, und sie bekamen recht. Erstens seien, hieß es im «1. Fernsehurteil» des Bundesverfassungsgerichts, allein die Länder für Rundfunk und Fernsehen zuständig, und zweitens würde ein Staatsfernsehen die Meinungs-, Informations- und Pressefreiheit des Art. 5 GG verletzen. Damit formulierten die Verfassungsrichter fast nebenbei die bis heute geltende «Magna Charta» (Uwe Wesel) des Fernsehens in der Bundesrepublik. Die Sondersituation des Rundfunks erfordere «Vorkehrungen zur Verwirklichung und Aufrechterhaltung der in Art. 5 GG gewährleisteten Freiheit des Rundfunks. Eines der diesem Zweck dienlichen Mittel ist das Prinzip, nach dem die bestehenden Rundfunkanstalten aufgebaut sind: Für die Veranstaltung von Rundfunksendungen wird durch Gesetz eine juristische Person des öffentlichen Rechts geschaffen, die dem staatlichen Einfluß entzogen oder höchstens einer beschränkten Rechtsaufsicht unterworfen ist …»[19] Adenauer, der das Bundesverfassungsgericht offenbar immer noch nicht so recht im politischen System der Bundesrepublik unterzubringen wusste, kommentierte die Entscheidung mit den Worten: «Also, das Kabinett hat gestern beschlossen, dat Urteil is falsch.»

Das Urteil war eine Sensation. Für Adenauer bedeutete es den Anfang vom Ende seiner Kanzlerschaft zwei Jahre später. Es hat Furore gemacht wie viele Entscheidungen des Bundesverfassungsgerichts, die den Aufbau, die Einrichtung und schließlich die Innenausstattung der Staatsform Demokratie betrafen.

Das gilt besonders für das «Spiegel-Urteil» vom August 1966. Was das «1. Fernsehurteil» für die Rundfunkfreiheit war, das war die Entscheidung in der Spiegel-Affäre bis heute für die Pressefreiheit in der Bundesrepublik. Nachdem der «Spiegel» am 10. Oktober 1962 mit dem Titel «Bedingt abwehrbereit» erschienen war, der über verschiedene Verteidigungsszenarien der Nato und die Einsatzbereitschaft der Bundeswehr berichtet hatte, waren mehrere Büros des Nachrichtenmagazins durchsucht und sein Herausgeber Rudolf Augstein, der Verlagsdirektor und andere wegen des Verdachts des Landesverrats verhaftet worden. Es war eine der größten Affären der jungen Bundesrepublik, die die christlich-liberale Koalition unter Konrad Adenauer in eine tiefe Krise stürzte und Bundesverteidigungsminister Franz Josef Strauß das Amt kostete. Zwar scheiterte Augstein mit einer von ihm eingelegten Verfassungsbeschwerde gegen die Durchsuchungsanordnung; wegen Stimmengleichheit im Senat – vier zu vier Richterstimmen – wurde die Beschwerde abgewiesen.

Aber der erste Senat nutzte die Gelegenheit und schrieb sein bis heute grundlegendes Urteil über die Bedeutung und den Rang der Pressefreiheit: «Eine freie, nicht von der öffentlichen Gewalt gelenkte, keiner Zensur unterworfene Presse ist ein Wesenselement des freiheitlichen Staates; insbesondere ist eine freie, regelmäßig erscheinende politische Presse für die moderne Demokratie unentbehrlich ... Der Staat ist – unabhängig von subjektiven Berechtigungen Einzelner – verpflichtet, in seiner Rechtsordnung überall, wo der Geltungsbereich einer Norm die Presse berührt, dem Postulat ihrer Freiheit Rechnung zu tragen.»[20] Gemeint war – was in Vergessenheit geraten ist – die Freiheit der Presse, nicht die Freiheit der Renditeerwartungen von Investoren.

Das Grundgesetz hat im Lauf der Jahrzehnte die deutsche Gesellschaft durchdrungen und deren Wandlungen mal beschleunigt, andere gebremst, und fast immer hat es dabei jene Offenheit gezeigt, die es von Staat und Gesellschaft verlangte. Es hat die deutsche Gesellschaft verwandelt, ist aber auch selbst nicht mehr dasselbe wie 1949. Nicht nur Rang und Bedeutung einzelner Grundrechte haben sich (unter der Rechtsprechung des Bundesverfassungsgerichts) ständig verändert, sondern auch der Wortlaut. Mit mehr als 50 Änderungsgesetzen ist der Bundestag in den vergangenen Jahrzehnten dem Grundgesetz zu Leibe gerückt, mal sanft korrigierend, mal rücksichtslos entstellend.

Zu den eher sanften Korrekturen zählte 1969 der – nach 1955 bereits zweite – Versuch des Gesetzgebers, die traditionell komplizierten föderativen Finanzbeziehungen zwischen dem Bund und den Ländern zu reformieren (Finanzverfassung). Ungleich gravierender waren die Notstandsgesetze ein Jahr zuvor. Zum ersten Mal in der bundesdeutschen Nachkriegsgeschichte wurde damit ein Freiheitsrecht des Grundgesetzes im Namen der inneren Sicherheit beschränkt. Die Notstandsgesetze trafen nicht nur den Nerv der Verfassung, sondern auch den Nerv der bundesdeutschen Gesellschaft.

Außer dem Vietnamkrieg hat kein Thema dem Protest der Studentenbewegung («Treibt Bonn den Notstand aus!») so klar Richtung und Ziel gewiesen wie die jahrelang zwischen den Parteien umstrittene Notstandsverfassung, die auch auf diesem Gebiet das Besatzungsregime der Siegermächte ablösen sollte. Sie war eine Bedingung der westlichen Alliierten, die auf einem Schutz ihrer in Deutschland stationierten Truppen bestanden.

Einer der heikelsten Punkte war die Einschränkung des Post- und Fernmeldegeheimnisses des Art. 10 GG, die auch unabhängig von einer Notstandslage wirksam wurde. Das Recht zur Telefonüberwachung hatten seit dem Ende des Weltkriegs die westlichen Siegermächte, und sie hatten es nicht nur intensiv genutzt, als der Parlamentarische Rat über den Schutz des Fernmeldegeheimnisses beriet. Um auch auf diesem Feld für die Bundesrepublik die volle Souveränität zurückzuerlangen, einigten sich CDU / CSU und SPD in der großen Koalition – nach zehnjähriger Debatte – auf eine bis heute fragwürdige Verfassungsänderung. Der Schutz des Post- und

Fernmeldegeheimnisses in Art. 10 Abs. 1 GG wurde in einem neuen Absatz 2 durchbrochen: «Beschränkungen dürfen nur auf Grund eines Gesetzes angeordnet werden. Dient die Beschränkung dem Schutz der freiheitlichen demokratischen Grundordnung oder des Bestandes oder der Sicherung des Bundes oder eines Landes, so kann das Gesetz bestimmen, daß sie dem Betroffenen nicht mitgeteilt wird und daß an die Stelle des Rechtswegs die Nachprüfung durch von der Volksvertretung bestellte Organe und Hilfsorgane tritt.»

Das stand offensichtlich im Widerspruch zur Rechtsweg-Garantie des Art. 19 Abs. 4 GG: «Wird jemand durch die öffentliche Gewalt in seinen Rechten verletzt, so steht ihm der Rechtsweg offen.» Deshalb wurde damals vom Gesetzgeber zugleich diese Garantie beschränkt: «Artikel 10 Abs. 2 Satz 2 bleibt unberührt.» (Art. 19 Abs. 4 S. 3 GG) Seitdem kann der Verfassungsschutz heimlich lauschen – ohne richterliche Anordnung und ohne nachträgliche Benachrichtigung der Betroffenen. Kontrolliert wird er lediglich durch einen Ausschuss des Bundestags – der «G 10-Kommission» –, der mit einem einschlägigen Abhörgesetz, dem «G 10-Gesetz», eingeführt wurde.

So massiv wie dieser Eingriff in das Grundgesetz, so massiv waren die Proteste. Sie beschränkten sich keineswegs auf linke Studenten und das linksliberale Milieu; selbst konservative Staatsrechtler – wie Günter Dürig – warnten vor einer verfassungswidrigen Verfassungsänderung. Eine der wortmächtigsten Kritiken schrieb Karl Jaspers in Basel. Unmittelbar nach dem Krieg hatte der berühmte Philosoph an der Universität Heidelberg vergeblich eine konsequente Entnazifizierung unter den Professoren verlangt: «Die Hochschule hat 1933 ihre Würde verloren ... Der Neubeginn unserer Universität kann ... kein einfaches Anknüpfen an den Zustand vor 1933 sein. Zuviel ist geschehen, zu ergreifend ist die Katastrophe.»[21] Schließlich hatte Jaspers, der die zwölf Jahre NS-Diktatur mit seiner jüdischen Frau in Todesangst überstanden hatte, Deutschland verlassen, war nach Basel gegangen und hatte gehofft, so den «Gespenstern der Vergangenheit» zu entgehen. Jetzt meldete er sich mit seiner Streitschrift «Wohin treibt die Bundesrepublik?» zu Wort.

Er hielt den Deutschen vor, sie seien unfähig zu wirklichem Sinneswandel und echtem Neubeginn: «Unsere Staatsstruktur beruht auf der Angst vor dem Volk, dem Mißtrauen gegen das Volk. Das Mißtrauen, zu dem umgekehrt vorläufig noch das Volk gegenüber Parteien, Regierung und Politikern verpflichtet wäre, gibt sich nicht genügend und nicht wirksam kund. Wieder scheint der Untertanengeist zu siegen als Vertrauen, die Regierung werde es schon gut machen ... Wieviel Vertrauen kann man einem Staat und den ihn vertretenden Männern schenken, solange Handlungen stattfinden, die das schärfste Mißtrauen erzeugen, wenn auch erstaunlich schnell vergessen werden!»[22] Die Notstandsgesetzgebung, klagte Jaspers und gab zwei Jahre später nicht zuletzt ihretwegen die deutsche Staatsbürgerschaft auf, sei keineswegs eine Ergänzung des Grundgesetzes: «Sie bedeutet vielmehr die Legalisierung der Aufhebung der im Grundgesetz fixierten Grundrechte.»[23] So sahen es damals auch die hessische Landesregierung, ein Frankfurter Strafverteidiger und eine Gruppe Mannheimer Richter und Rechtsanwälte.

Sie zogen vor das Bundesverfassungsgericht und rügten die Verletzung des Schutzes des Fernmeldegeheimnisses, der Menschenwürdegarantie und des Rechtsstaatsprinzips durch die Beschneidung der Rechtsweg-Garantie. Aber der zweite Senat entschied, dieser Teil der Notstandsgesetze sei verfassungsgemäß. Die Begründung, die die Richter dafür fanden, war eine der schwächsten in der Geschichte des Gerichts: Wenn es um den Schutz der Verfassung gehe, hieß es im sogenannten Abhörurteil, sei es durchaus zulässig, «elementare Verfassungsgrundsätze systemimmanent zu modifizieren».[24]

Wenn aber derartige «Modifikationen» nach Ansicht des Senats zulässig sind, kann es sich kaum um «elementare Verfassungsgrundsätze» handeln. Der Rechtsweg zu den Gerichten, den Art. 19 Abs. 4 GG verspricht, wird beseitigt und der Richter durch ein politisches Gremium ersetzt. Der Eingriff in die Privatsphäre, den die Regelung ermöglicht, ist offensichtlich, er wiegt umso schwerer, als die Betroffenen niemals davon erfahren und sich folglich nicht dagegen wehren können. Tatsächlich «systemimmanent» ist der Umstand, dass vor allem völlig Unbeteiligte abgehört werden, deren Tat einzig darin besteht zu telefonieren. Und schließlich setzt der Eingriff – ein früher Vorgänger der heutigen Sicherheitsgesetze – voraus, was er verhindern will und erklärt den Notstand zum Normalfall. Drei der acht Mitglieder des Senats haben damals in einem abweichenden Votum gegen die Ansicht der Mehrheit protestiert, die Kritik der Fachwelt an dem Urteil war überwältigend und ist bis heute nicht verstummt. Aber ebenfalls bis heute bestimmt die Logik dieser Entscheidung die Politik der inneren Sicherheit: Der Schutz der freiheitlichen demokratischen Grundordnung erlaubt, ja verlangt die partielle Preisgabe derselben.

Die Verabschiedung der Notstandsgesetze markierte nicht nur den Anfang vom Ende der Außerparlamentarischen Opposition (APO), die damit einen ihrer wesentlichen Kristallisationspunkte verloren hatte. Auch die große Koalition von CDU/CSU und SPD unter Bundeskanzler Kurt Georg Kiesinger (CDU) war damit an ihr Ende gelangt. Neben der Sanierung des maroden Bundeshaushalts war die Durchsetzung der Notstandsgesetze ihr wichtigstes Projekt gewesen. Ein Jahr danach zerbrach die Koalition, im Oktober 1969 wurde mit Willy Brandt der erste Sozialdemokrat Kanzler der Bundesrepublik. Aber einige der wichtigsten Reformen, die die sozialliberale Koalition euphorisch auf den Weg brachte, sind recht schnell ganz oder teilweise gescheitert. Diesmal stellten sich den Politikern keine Studenten in den Weg, sondern die Richter am Bundesverfassungsgericht.

Im Mai 1973 verwarf das Gericht die Hochschulreform, die in einzelnen Bundesländern den Assistenten und Studierenden in den Gremien der Universitäten mehr Mitsprache einräumte. Der erste Senat begründete die Entscheidung damit, dass es einen Eingriff in die Freiheit der Wissenschaft (Art. 5 Abs. 3 GG) bedeute, wenn Hochschullehrer von diesen Gruppen überstimmt werden könnten.[25] Zwei Monate später bestätigte zwar der zweite Senat den in der bundesdeutschen Politik scharf umkämpften Grundlagenvertrag zwischen der DDR und der Bundesrepublik, die Begründung stützte aber eher die Haltung der unterlegenen CDU/CSU als die Politik des «Wandels durch Annäherung» der Bundesregierung unter Willy Brandt.[26] Alle Verfassungsorgane, hieß es, seien an das Wiedervereinigungsgebot des Grundgesetzes gebunden, an einer gemeinsamen deutschen Staatsangehörigkeit müsse festgehalten werden. Ein hochrangiger SPD-Politiker kommentierte die Entscheidung verbittert mit den Worten: «Wir lassen uns von den acht Arschlöchern in Karlsruhe nicht unsere Ost-Politik kaputtmachen.»[27]

Eine der umstrittensten Reformen der sozialliberalen Koalition war 1974 die Neuregelung des § 218 StGB. Die sogenannte Fristenlösung erlaubte künftig den Schwangerschaftsabbruch in den ersten drei Monaten. Der Streit darüber spaltete nicht nur die deutsche Gesellschaft, sondern auch den ersten Senat des Bundesverfassungsgerichts. 193 Bundestagsabgeordnete der CDU/CSU und fünf von der Union geführte Landesregierungen reichten eine Normenkontrollklage ein.

Mit fünf zu drei Stimmen verwarf der Senat im Februar 1975 die Fristenregelung als verfassungswidrig. Die Begründung der Entscheidung war bemerkenswert: Aus Art. 2 Abs. 2 GG («Jeder hat das Recht auf Leben und körperliche Unversehrtheit») folgerte die Mehrheit des Senats nicht nur eine Pflicht des Staates, jedes Leben vor Eingriffen anderer zu schützen, vielmehr sei das Lebensrecht des Embryos notfalls auch mit dem Strafrecht durchzusetzen. Das widersprach dem Charakter der Grundrechte als Abwehrrechte gegen den Staat.

So sahen es auch die unterlegenen Richter, die in ihrem Sondervotum die Entscheidung der Mehrheit kritisierten: «Unser stärkstes Bedenken richtet sich dagegen, daß erstmals in der verfassungsgerichtlichen Rechtsprechung eine objektive Wertentscheidung dazu dienen soll, eine Pflicht des Gesetzgebers zum Erlaß von Strafnormen, also zum stärksten denkbaren Eingriff in den Freiheitsbereich des Bürgers, zu postulieren. Dies verkehrt die Funktion der Grundrechte in ihr Gegenteil.»[28]

Ein Jahr später verabschiedete der Bundestag eine neue Reform des § 218, wonach der Schwangerschaftsabbruch prinzipiell verboten und strafbar war, jedoch ausnahmsweise erlaubt in den Fällen einer medizinischen Indikation (Gefahr für Leben oder Gesundheit der Schwangeren), einer eugenischen (Risiko schwerer Gesundheitsschäden des Kindes), einer kriminologischen (beispielsweise Vergewaltigung als Ursache der Schwangerschaft) oder einer sozialen (erhebliche soziale Notlage der Mutter).

Auch diese Regelung hatte nicht lange Bestand. Die deutsche Einheit brachte sie nach 1990 zu Fall. In der DDR war der Schwangerschaftsabbruch generell bis zwölf Wochen nach der Empfängnis erlaubt, nach der Wiedervereinigung drohte auch den ostdeutschen Frauen die Anwendung der restriktiveren bundesdeutschen Indikationsregelung. In den Einigungsvertrag wurde ein vage formulierter Passus aufgenommen, wonach § 218 StGB unter Beachtung des Lebensschutzes des Kindes und möglicher Konfliktsituationen der werdenden Mutter erneut reformiert werden solle. Heraus kam 1992 wiederum eine Fristenregelung, aber diesmal mit Beratungspflicht.

Wieder reichten 239 Abgeordnete der CDU/CSU-Bundestagsfraktion und die bayerische Staatsregierung einen Antrag auf Normenkontrolle ein, wieder war der Senat – diesmal allerdings der zweite – gespalten, und wieder wurde die Fristenregelung mit fünf zu drei Stimmen als teilweise verfassungswidrig verworfen.[29] Vor allem störten sich die Richter an der Beratungspflicht. Zum Schutz des Ungeborenen genüge es nicht, eine neutrale Beratung anzubieten, vielmehr müssten die Frauen ermuntert werden, das Kind zu bekommen. So wurde es Gesetz und der alte Streit um den Schwangerschaftsabbruch nach mehr als 20 Jahren beigelegt.

Fast ebenso lang zog sich die Auseinandersetzung um eine andere Frage hin, die seit den siebziger Jahren die bundesdeutsche Gesellschaft gespalten hatte. Allerdings hatte sich hier der Gesetzgeber von Anfang an auf die Unterstützung des Bundesverfassungsgerichts verlassen können. Unter Hinweis auf die «wehrhafte Demokratie» und die «hergebrachten Grundsätze des Berufsbeamtentums» (Art. 33 GG) bestätigte der zweite Senat im Mai 1975 den sogenannten Radikalenerlass, der «Berufsverbote» für «Verfassungsfeinde» vorsah, doch wurde umgekehrt dem Senat 20 Jahre später vom Europäischen Gerichtshof für Menschenrechte bescheinigt, damit seinerseits die Meinungs- und Vereinigungsfreiheit verletzt zu haben.

Erfolge vor dem Verfassungsgericht sind für die sozialliberale Koalition der siebziger Jahre eine Ausnahme geblieben. Am 1. März 1979 wies der erste Senat Verfassungsbeschwerden von neun Großunternehmen, 29 Arbeitgeberverbänden und der Schutzvereinigung für Wertpapierbesitz gegen das Mitbestimmungsgesetz von 1974 zurück, das die Mitbestimmung der Arbeitnehmer in Großunternehmen einführte. Damit wurde unter der sozialliberalen Regierung immerhin eine alte Forderung der SPD zu einem großen Teil verwirklicht. Aufs Ganze gesehen aber fand die Parole Willy Brandts «Mehr Demokratie wagen» in der deutschen Gesellschaft entschieden mehr Resonanz als in der Karlsruher Rechtsprechung.

Schon die Proteste gegen die Wiederbewaffnung, später, in den sechziger Jahren, gegen den Vietnamkrieg und die Notstandsgesetze, hatten die Bürger auf die Straße getrieben. Die Deutschen haben in den ersten Jahren der Bundesrepublik schnell laufen gelernt. Die Versammlungsfreiheit, die der ausgehungerte Student Gerhard Simons vor den Toren des niedersächsischen Landtags 1948 als einer der Ersten genutzt hatte, erfreute sich im Nachkriegsdeutschland von Anfang an größter Beliebtheit. Doch in den siebziger Jahren waren Großdemonstrationen bereits Ausdruck einer zivilen Protestkultur, die sich nicht primär als Opposition zum Staat und zur Gesellschaft begriff, sondern als selbstverständlicher Teil der demokratischen Wirklichkeit.

Mitte der siebziger Jahre begann der Widerstand gegen den Ausbau der Atomenergie. Einen Höhepunkt erreichte er, als am 28. Februar 1981 mehr als 100 000 Demonstranten gegen den Bau des

Kernkraftwerks Brokdorf protestierten. Zwar haben sie den Kampf verloren, aber gewonnen hat am Ende die Versammlungs- und Demonstrationsfreiheit in Art. 8 GG. Der Aufmarsch war verboten worden, weil die Behörden Gewalttätigkeiten erwarteten. Der Ablauf schien ihnen recht zu geben, immerhin hatten einige hundert Demonstranten versucht, über den Bauzaun zu gelangen und dabei auf Polizisten eingeschlagen. Ein Oberverwaltungsgericht hatte das Verbot bestätigt, und die Veranstalter – Bürgerinitiativen und Umweltschutzverbände – legten Verfassungsbeschwerde ein. Vier Jahre später gab ihnen der erste Senat in seinem «Brokdorf-Beschluss» recht: «Steht nicht zu befürchten, daß eine Demonstration im ganzen einen unfriedlichen Verlauf nimmt oder daß der Veranstalter und sein Anhang einen solchen Verlauf anstreben oder zumindest billigen, bleibt für die friedlichen Teilnehmer der von der Verfassung jedem Staatsbürger garantierte Schutz der Versammlungsfreiheit auch dann erhalten, wenn mit Ausschreitungen durch einzelne oder eine Minderheit zu rechnen ist.»[30]

Die Bedeutung des Brokdorf-Beschlusses war nicht zu übersehen. Eine andere Entscheidung, die am Morgen des 15. Dezember 1983 unter größter öffentlicher Anteilnahme verkündete wurde, hat ihre volle Kraft erst später entfaltet. An dem Tag hat der erste Senat nicht nur das Volkszählungsgesetz verworfen, sondern den Deutschen zugleich ein neues Grundrecht geschenkt – das Recht auf informationelle Sebstbestimmung.

Nach dem Volkszählungsgesetz sollte jedermann – unter Androhung von Strafen – verpflichtet sein, im Frühjahr 1983 Fragebögen mit privaten Daten auszufüllen. Betroffene Bürger, die sich vor einer Zukunft als «gläserne Bürger» fürchteten, hatten dagegen Verfassungsbeschwerden eingelegt. Das Bundesverfassungsgericht verbot in seinem Urteil Volkszählungen nicht generell, verwarf aber die zentrale Regelung des Gesetzes – den Melderegisterabgleich. Er verstoße gegen das «Grundrecht auf informationelle Selbstbestimmung», über das es in der Begründung hieß: «Unter den Bedingungen der modernen Datenverarbeitung wird der Schutz des einzelnen gegen unbegrenzte Erhebung, Speicherung, Verwendung und Weitergabe seiner persönlichen Daten von dem allgemeinen Persönlichkeitsrecht des Artikels 2 Absatz 1 in Verbindung mit Artikel 1 Absatz 1 Grundgesetz umfaßt. Das Grundrecht gewährleistet insoweit die Befugnis des einzelnen, grundsätzlich selbst über die Preisgabe und Verwendung seiner persönlichen Daten zu bestimmen. Einschränkungen dieses Rechts auf ‹informationelle Selbstbestimmung› sind nur im überwiegenden Allgemeininteresse zulässig ...»[31] Mit der Erfindung dieses Grundrechts hatte sich das Bundesverfassungsgericht lange vor dem 11. September 2001, lange vor der Selbsterfindung des Präventionsstaats und der neuen Sicherheitsarchitektur, die wirksamste Waffe zur Verteidigung des Grundgesetzes geschmiedet. Das war auch nötig, denn an dieser Stelle – dem Grundrecht auf informationelle Selbstbestimmung – begann Jahre später der aggressivste Angriff auf das Grundgesetz.

Als die Karlsruher Entscheidungen zum Demonstrationsrecht und zum Grundrecht auf informationelle Selbstbestimmung ergingen, fand das Grundgesetz Aufmerksamkeit und Resonanz in Staat und Gesellschaft wie nie zuvor. So gut wie keine Talkshow, keine Demonstration und kein Leitartikel kam ohne Verweis auf das Grundgesetz aus. Die Deutschen hatten ihre Liebe zum Provisorium von 1949 entdeckt. Es war eine nüchterne Liebe – keine Spur von nationalem Überschwang. Das Gefühl, das die Deutschen ergriffen hatte, erhielt die passende Bezeichnung «Verfassungspatriotismus». Diese neue und sehr sympathische Spielart des Patriotismus – eine Wortschöpfung des Publizisten Dolf Sternberger, von dem Philosophen Jürgen Habermas und dem damaligen Bundespräsidenten Richard von Weizsäcker in die Debatte eingeführt – befand sich in den achtziger Jahren durchaus auf der Höhe der Zeit.

Kritiker haben von Anfang an gemäkelt, dem Verfassungspatriotismus fehle, was den überkommenen, den authentischen Patriotismus so unwiderstehlich und unersetzlich mache – die Wärme des Heimatgefühls, die Wonne historisch gereifter Gemeinschaft; die Idee des Verfassungspatriotismus sei so abstrakt, so lau und unverbindlich wie die Gefühle, die sie in der Bevölkerung allenfalls erwecke. Aber seine fehlende Eignung als nationale Bettdecke musste sich der Verfassungspatriotismus nicht vorwerfen lassen. Die deutsche Decke war seit 1945 zerschnitten, die Gemeinschaft der Deutschen beendet, ihre Geschichte weder nachahmenswert gewesen noch erfolgreich. Im Übrigen hatte der Verfassungspatriotismus mehr zu bieten, als seine Kritiker ihm leicht verächtlich zugestehen wollten. Er propagierte nicht die Zuneigung zum Papier, auf dem das Grundgesetz geschrieben war, und nicht die Liebe zu den einzelnen Artikeln, wie sie den Bürgern vor Augen stehen mochten. Was sich in der Idee des Verfassungspatriotismus artikulierte, war nichts anderes als das, was die Väter und Mütter des Grundgesetzes als noch für lange Zeit unerreichbares, aber für die Zukunft der Bundesrepublik entscheidendes Ziel benannt hatten: die Demokratie als Lebensform.

Am 8. Mai 1985 hat der deutsche Verfassungspatriotismus ein Fest gefeiert. Es war das einzige in dieser Art, freundlich und nüchtern zugleich. An jenem Tag ist kein Buchstabe des Grundgesetzes geändert worden, kein Urteil des Bundesverfassungsgerichts ist ergangen; nur eine Rede wurde gehalten. Von heute aus betrachtet, klingen die Worte, die Bundespräsident Richard von Weizsäcker zum 40. Jahrestag des Kriegsendes fand, fast trivial, zumindest selbstverständlich, keinesfalls aufrüttelnd. Aber eben darin – in der Gelassenheit, mit der wir inzwischen diese Worte vernehmen – liegt die Bedeutung der Rede, die von Weizsäcker damals im Plenarsaal des Bonner Bundestages gehalten hat. Der Saal war errichtet worden, noch während der Parlamentarische Rat nebenan in der Aula der ehemaligen Pädagogischen Akademie über das Grundgesetz beriet, und es schien, als habe die Versammlung von 1949 einen der Ihren geschickt, um 36 Jahre später das Schlusswort zu sprechen: «Der 8. Mai war ein Tag der Befreiung. Er hat uns alle befreit von dem menschenverachtenden System der nationalsozialistischen Gewaltherrschaft.»

Was der deutschen Gesellschaft jahrzehntelang buchstäblich unsagbar schwergefallen war – die Erinnerung an die Verbrechen des Nationalsozialismus nicht als Zumutung zu verstehen und nicht als ewige Anklage, vor der man sich verwahren müsste, sondern als Voraussetzung der Versöhnung mit anderen und mit sich selbst –, wurde am 8. Mai 1985 gewissermaßen Staatsräson: «Wer aber vor der Vergangenheit die Augen verschließt, wird blind für die Gegenwart. Wer sich der Unmenschlichkeit nicht erinnern will, der wird wieder anfällig für neue Ansteckungsgefahren.» Der «Ruck», den Jahre später ein anderer Bundespräsident gefordert hat, ist damals durch die deutsche Gesellschaft gegangen, erst damals, scheint es im Rückblick, hat sie wirklich gelernt, wovon gesprochen wird, wenn von Selbstachtung und Achtung des anderen, also von der Würde des Menschen die Rede ist. Niemals ist das Grundgesetz populärer gewesen.

Freiheitsbaum und Sodomsäpfel

Der Staat – die Bundesrepublik – hatte es sich gerade erst in seiner Form bequem gemacht, als die sich in den neunziger Jahren radikal veränderte. Er war größer geworden, doch mit seiner Integration in das vereinigte Europa schrumpften gleichzeitig seine Kompetenzen, und beide Veränderungen schlugen sich in der Karlsruher Rechtsprechung nieder.

Mit der deutschen Einheit gewann Deutschland 1990 endlich die Gestalt, die sich das Grundgesetz 1949 gewünscht hatte. In Artikel 146, dem letzten Artikel des Grundgesetzes von 1949, hatte der Parlamentarische Rat eine Hoffnung geschrieben und einen Befehl: «Dieses Grundgesetz, das nach Vollendung der Einheit und Freiheit für das gesamte deutsche Volk gilt, verliert seine Gültigkeit an dem Tage, an dem eine Verfassung in Kraft tritt, die von dem deutschen Volke in freier Entscheidung getroffen worden ist.» Nachdem sich die Hoffnung erfüllt hatte und das deutsche Volk in Einheit und Freiheit zusammengekommen war, wurde die Ausführung des Befehls verweigert. Das Grundgesetz sei doch längst schon eine reguläre Verfassung geworden, hieß es, von den Westdeutschen bewundert und geliebt, und auch die Ostdeutschen hätten nichts sehnlicher gewünscht, als endlich zu Bürgern des Grundgesetzes zu werden. Warum also eine neue Verfassung machen?

Nur wenige haben nach der Wiedervereinigung 1990 die Einberufung einer Nationalversammlung und die Ausarbeitung einer komplett neuen Verfassung gefordert. Aber der Respekt nicht nur vor der Bevölkerung, sondern auch vor der historischen Situation, in der das Grundgesetz entstanden war, und vor dem ausdrücklichen Willen seiner Schöpfer im Parlamentarischen Rat hätte zumindest eine Verfassungsreform verlangt. Sie lag schon deshalb nahe, weil der Parlamentarische Rat jedenfalls in einem Punkt hätte korrigiert werden müssen. Die Ansichten des Volkes über seine Verfassung, die es bereits 1949 aus eher tagesaktuellen Gründen nicht hatte äußern dürfen, musste es allerdings erneut für sich behalten und wurde auch jetzt nicht zur Abstimmung über die Verfassung gerufen. Und wie damals wurde ihm auch jetzt die Mitsprache in allem Übrigen – von Wahlen abgesehen – verweigert: Nach wie vor fehlen Volksabstimmungen in der Verfassung. Wenn schon nicht der Respekt vor der eigenen Geschichte, dann hätte zumindest die Achtung vor den früheren Bürgern der DDR, die sich durch eine Revolution von einer Diktatur befreit hatten, die erweiterte Mitsprache in öffentlichen Angelegenheiten verlangt.

Die wiedervereinigten Deutschen sahen sich nicht einmal zu einer Reform des Grundgesetzes in der Lage. Auch die Zähmung des bürokratischen Ungeheuers Föderalismus – obwohl von Jahr zu Jahr dringender geboten – wurde wieder einmal vertagt. Soweit die Konsequenzen von 1989 nur innerdeutsche Fragen betrafen, fiel die Reformverweigerung nicht weiter ins Gewicht: Sie wurden vom Grundgesetz und seinen Karlsruher Interpreten problemlos verarbeitet. Die Enteignungen der Bodenreform beispielsweise, mit der die Sowjetunion ihr Regime in ihrer damaligen Besatzungszone begonnen hatte, waren im Einigungsvertrag nicht rückgängig gemacht, es waren lediglich Entschädigungen vereinbart worden. Der erste Senat wies Beschwerden dagegen mit der Begründung zurück, die Eigentumsgarantie des Art. 14 GG lasse dem Gesetzgeber die Wahl zwischen Rückgabe und Entschädigung.[32]

Die Vertiefung der europäischen Integration entspricht zwar dem Willen des Grundgesetzes, ob aber der weitreichende Verlust an Kompetenzen von ihm gewollt ist, war eine Frage, die spätestens mit dem Vertrag von Maastricht 1991 beantwortet werden musste. Er formte die Europäische Gemeinschaft (EG) zur Europäischen Union (EU) um und sah die Einführung des Euro vor. Darin erkannten einige Beschwerdeführer eine unzulässige Preisgabe nationaler Souveränität. Das Bundesverfassungsgericht wies die Beschwerden zurück, hielt jedoch ausdrücklich fest, dass es weiterhin beim Schutz der Grundrechte ein Wort mitzusprechen habe: «Die in der Präambel des Grundgesetzes angelegte und in Art. 23 und 24 GG geregelte Offenheit für eine europäische Integration hat zur Folge, daß grundrechtserhebliche Eingriffe auch von europäischen Organen ausgehen können und ein Grundrechtsschutz dementsprechend für das gesamte Geltungsgebiet dieser Maßnahmen gewährleistet werden muß …»[33]

1989 war nicht nur der Kalte Krieg zu Ende gegangen, sondern auch der zwar erzwungene, aber kommode Aufenthalt der Bundesrepublik im Windschatten der Geschichte. Seit Ende des Zweiten Weltkriegs war undenkbar gewesen, bewaffnete deutsche Soldaten im Ausland einzusetzen, auch das Grundgesetz sah dergleichen nicht vor: «Außer zur Verteidigung dürfen die Streitkräfte nur eingesetzt werden, soweit dieses Grundgesetz es ausdrücklich zuläßt» (Art. 87 a Abs. 2 GG, erst im März 1956 ins Grundgesetz eingefügt). Aber mit dem «AWACS»-Urteil des Bundesverfassungsgerichts im Juli 1994 löste die Bundesrepublik ihr Ticket für die Rückkehr in die Weltgeschichte.

Anlass war der Bürgerkrieg in Bosnien zwischen Muslimen und Serben, nachdem die Provinz Bosnien-Herzegowina 1991 ihre Unabhängigkeit von Jugoslawien erklärt hatte. Die serbische Regierung in Belgrad unterstützte die bosnischen Serben mit Waffen und anderem Material, woraufhin der UN-Sicherheitsrat ein Handelsembargo gegen Serbien beschlossen und ein Flugverbot über Bosnien-Herzegowina verhängt hatte.

Zur Durchsetzung dieser Maßnahmen stellte die Bundesregierung – ohne den Bundestag einzuschalten – eine Fregatte der Bundesmarine und AWACS-Flugzeuge für die Radarüberwachung aus der Luft zur Verfügung. Nach dem Wortlaut des Grundgesetzes war dieser Einsatz ausgeschlossen, aber in seiner Entscheidung von 1994[34] hielt sich der zweite Senat an die Ermunterung des Weimarer Juristen-Kollegen Johann Wolfgang Goethe: «Im Auslegen seid frisch und munter / Legt ihr's nicht aus, so legt was unter.» Die Erlaubnis zum Auslandeinsatz der Bundeswehr folgerte er aus der Mitgliedschaft der Bundesrepublik in der UNO, einem «System kollektiver Selbstverteidigung und gegenseitiger kollektiver Sicherheit». Dazu berechtige das Grundgesetz und damit auch zur Beteiligung der Bundeswehr an Einsätzen, «die im Rahmen solcher Systeme vorgesehen sind und nach ihren Regeln stattfinden». Erforderlich sei allerdings die vorher erteilte Zustimmung des Bundestages. Der Senat berief sich auf die deutsche Verfassungstradition seit 1918, wonach die umfassende parlamentarische Kontrolle der Streitkräfte («Parlamentsheer») geboten sei. Hatte hier noch ein Gericht gesprochen oder schon der Gesetzgeber? Jedenfalls hatten die Karlsruher Richter – nicht zum ersten Mal – gezeigt, dass das Grundgesetz im Zeichen der Zeit ohne die geringsten Änderungen seines Wortlauts zu den erstaunlichsten Wandlungen in der Lage ist – wenn die Wandlung zumindest vernünftig ist.

Unverwandelt, weil wie in Stein gemeißelt stand bis zum 26. Mai 1993 Art. 16 Abs. 2 Satz 2 im Grundgesetz: «Politisch Verfolgte genießen Asylrecht.» Als ihn der Parlamentarische Rat in Bonn hineingeschrieben hat, waren die deutschen Städte noch immer Trümmerwüsten, kam kaum ein Deutscher aus Deutschland heraus, aber Millionen Flüchtlinge kamen nach Deutschland hinein, und der Wohlstand, der bald einsetzen sollte, schien in weiter Ferne. Wie sagte Magdalene Z., 29 Jahre, Medizinstudentin in Bonn mit Wohnsitz im ehemaligen Luftschutzbunker: «Hunger? Hunger ist wohl nicht mehr das richtige Wort.»

Als der Deutsche Bundestag in Bonn das Grundrecht auf Asyl am 26. Mai 1993 zerschlug, hatten im Jahr zuvor 438 000 Flüchtlinge aus aller Welt in Deutschland Asylanträge gestellt, hatte Bundeskanzler Helmut Kohl deshalb den «Notstand» ausgerufen, waren von 3600 Planstellen beim Bundesamt für die Anerkennung ausländischer Flüchtlinge 2000 seit langem unbesetzt, hatte sich seit Jahresbeginn das «Asylantenproblem» in Deutschland auf folgende Weise verschärft:

März 1993: Ein 56-jähriger Türke hatte unmittelbar nach einem gewalttätigen Angriff in Mülheim an der Ruhr einen tödlichen Herzinfarkt erlitten. Nachdem bei einem Brandanschlag in Mölln im November 1992 die Türkinnen Bahide Arslan, Yeliz Arslan und Ayse Yilmaz getötet und neun weitere Personen zum Teil schwer verletzt worden waren, war in Mölln erneut ein Brandanschlag auf Ausländer verübt worden.

Mai 1993: Zwei Frauen und drei Mädchen der türkischen Familie Genc – Saime, Hülya, Gülüstan, Hatice und Gürsün – waren in Solingen bei einem, von zwei jungen Tätern verübten Brandanschlag auf ihr Wohnhaus getötet, sieben weitere Personen, darunter ein Säugling, zum Teil schwer verletzt worden. Nach dem Anschlag hatten Tausende Türken tagelang in Mölln demonstriert, und es war zu Krawallen gekommen. Neonazis hatten überall in der Republik Anschläge auf von Ausländern bewohnte Häuser verübt, in München, Isernhagen (bei Hannover), Rösrath (bei Köln), Konstanz, Bad Oldesloe (nördlich von Hamburg), Wachtendonk (Niederrhein), Freiburg, Wülfrath (bei Wuppertal), Steinfeld (Unterfranken), Oberhausen-Rheinhausen, Waldshut-Tiengen (Südbaden), Wegberg (Niederrhein), Köln, Erbendorf (Oberpfalz). Allein in Solingen waren elf weitere ausländerfeindliche Überfälle registriert worden.[35]

Für die Exzesse der Gewalt gegen Ausländer, die Anfang der neunziger Jahre regelmäßig die Schlagzeilen der Zeitungen des wiedervereinigten Deutschland füllten, hatte die deutsche Politik von Anfang an den Schuldigen gefunden: das Grundrecht auf Asyl. Es stimmte schon, die meisten Flüchtlinge kamen nicht als «politisch Verfolgte», sondern als Opfer von Kriegen und Bürgerkriegen, als Vertriebene, die das wirtschaftliche Elend ihrer Heimat in die Flucht geschlagen hatte. Und nach Deutschland kamen sie, weil es nicht nur reich war, sondern auch großzügig – kein anderes Land der Welt hatte in seine Verfassung ein Grundrecht auf Asyl geschrieben. Sie wussten nicht und konnten auch nicht wissen, dass der Artikel, der ihr Leben retten sollte, schon seit Jahren todkrank war. Spätestens seit Beginn der neunziger Jahre drohte das Grundrecht auf Asyl an Überforderung zu sterben.

Um das Asylrecht ist in Deutschland zwanzig Jahre erbittert und zunehmend hysterisch gestritten worden, ebenso lange und ebenso hysterisch wurde jedes Gespräch über gesetzliche Regeln für die Zuwanderung verweigert. Der Debatte über das «Einwanderungsland» Bundesrepublik ist so lange ausgewichen worden, bis sie ohne Polizeischutz kaum noch geführt werden konnte. Stattdessen wurde Art. 16 Abs. 2 Satz 2 GG mit allen Sorgen belastet, die den Deutschen damals auf den Schultern drückten – die Angst vor Überfremdung, die Wohnungsnot, die Angst vor der explosiven Lage im östlichen Europa, die Finanzdefizite der öffentlichen Haushalte. Sein Zusammenbruch war also abzusehen; die Umstände, unter denen er sich vollzog, waren beschämend.

Ehe die Flüchtlingsheime in Flammen aufgingen, hatte bereits die Sprache der deutschen Politiker und Medien Feuer gefangen. Der Begriff «Asylbewerber» wurde Fremdwort, eingedeutscht wurde der «Asylant», aus dem Flüchtling wurde der «Wirtschaftsflüchtling», der Gebrauch des Grundrechts wurde als sein Missbrauch diffamiert. Die Mitglieder des Parlamentarischen Rates hatten das Grundrecht auf Asyl als Grundrecht auf Barmherzigkeit gewollt, aber schon 1989 hatte ausgerechnet eine christliche Wochenzeitung die Schöpfer des Grundgesetzes in einem Aufmacher eines Besseren belehrt: «Auch Humanität muß ihre Grenzen haben.» Kaum verging ein Tag, an dem die Zeitungen nicht auf der ersten Seite die Parole «Das Boot ist voll» ausriefen, mit der ein Politiker sich dem Publikum als Masseur der Volksseele empfahl, und im Lokalteil eine knappe Meldung über einen Brandanschlag auf ein Flüchtlingsheim druckte, in dem die Justiz übrigens jahrelang in aller Regel keinen

Mordversuch erkennen konnte. Als das politische Klima in Deutschland vollständig vergiftet war, kaum ein Bürgermeister noch von «Menschen» zu sprechen wagte, wenn er Flüchtlinge meinte, als kein an die Vernunft appellierender Politiker sich noch seiner Wähler und kein in Deutschland lebender Ausländer noch seines Lebens sicher war, da war das Grundrecht auf Asyl am 26. Mai 1993 vom Bundestag zerschlagen worden. Zum ersten Mal in der Geschichte der Bundesrepublik wurde damit ein Grundrecht de facto beseitigt.

Es wurde nicht abgeschafft, nur seine Inanspruchnahme so gut wie unmöglich gemacht. Seine Trümmer füllen seitdem Art. 16 a GG, fünf Absätze, die einen sehr einfachen Sachverhalt sehr kompliziert umschreiben: Politisch Verfolgte genießen Asylrecht – sofern sie es nicht gerade in Deutschland begehren. Alle Nachbarstaaten Deutschlands wurden zu «sicheren Drittstaaten» erklärt. Wer über eines dieser Länder einreist, gilt seitdem nicht mehr als politisch verfolgt. Reist er auf dem Luftweg ein, gilt er ebenfalls als nicht politisch verfolgt, wenn er aus einem – von der Bundesrepublik als solchen bestimmten – «sicheren Herkunftsland» kommt oder keine Papiere vorweisen kann. In diesem Fall wird er in einem Lager des Flughafen-Transitbereichs interniert, sein Rechtsschutz ist auf ein Minimum verkürzt, seine schnelle Ausweisung die Regel.

Keine Fraktion und kein Richter hat beim Bundesverfassungsgericht eine Normenkontrolle zum neuen Asylrecht beantragt. Nur ein paar Anwälte betroffener Flüchtlinge haben damals Verfassungsbeschwerden eingelegt und gerügt, die Zertrümmerung des Asylrechts verletze die Menschenwürdegarantie des Grundgesetzes (sog. verfassungswidriges Verfassungsrecht). Aber ihre Hoffnung, die Karlsruher Richter würden das Grundrecht wiederbeleben, wurde enttäuscht. Am 14. Mai 1996 hat das Bundesverfassungsgericht ihm vielmehr den Totenschein ausgestellt. Das Grundrecht auf Asyl, hieß es in der Entscheidung des zweiten Senats, «steht zur Disposition des verfassungsändernden Gesetzgebers», dieser sei «nicht gehindert, das Asylrecht als solches aufzuheben».[36]

In seiner «Geschichte des Judäischen Krieges» berichtet Flavius Josephus (37/38 n. Chr. – etwa 100) Folgendes über die Sodomsäpfel: Nachdem Sodom – «einst ein glückliches Fleckchen Erde» – wegen der Gottlosigkeit seiner Bewohner durch Blitze in Brand gesetzt und vernichtet worden war, hätten sich im nahe gelegenen See «Asphaltklumpen» gebildet, und an seinen Gestaden seien seltsame Früchte gereift. «Von fern wirkten sie appetitlich und essbar, pflückt man sie aber mit der Hand, so lösen sie sich auf in Staub und Asche.»

1949 war Deutschland auf den Landkarten der zivilisierten Welt ein Totes Meer, und die Früchte des Freiheitsbäumleins, das die westlichen Alliierten zu pflanzen versuchten, galten den meisten Deutschen schlicht als ungenießbar. Wer damals behauptet hätte, es würde gar nicht so viel Zeit vergehen, und die Deutschen hätten nicht nur ihre Städte wieder aufgebaut, ihre Schulen, ihre Kirchen und die Wirtschaft, sondern wären Demokraten mit Herz und Verstand, der hätte sich über eine hämische Antwort nicht beklagen dürfen. Nichts sprach dafür, dass die Erziehung der Deutschen zur Demokratie, die am 23. Mai 1949 in der Pädagogischen Akademie in Bonn begonnen hat, so schnell gelingen würde, als hätten die Schüler bisher nur die falschen Lehrer und den falschen Stoff gehabt. Ob die Deutschen die Lektionen nicht nur begriffen, sondern wirklich verstanden haben, ist zwar nie ernsthaft auf die Probe gestellt worden, aber die Deutschen sind nach ihren Erfahrungen vermutlich die Letzten, die es auf eine Probe würden ankommen lassen wollen.

Die Anhänglichkeit, die sie dem Grundgesetz bis heute bezeugen, lässt sich jedenfalls nicht ernsthaft bestreiten. Der Vorwurf, der politische Gegner befinde sich nicht auf dem Boden der freiheitlichen demokratischen Grundordnung, ist noch immer ein höchst wirksames Instrument des Rufmords, die Beteuerung eines Ministers, eines Pfarrers, einer Unternehmensberaterin oder eines Journalisten, es gebe Wichtigeres als die Menschen- und Bürgerrechte, müsste jeder von ihnen mit dem Ende seiner Karriere und gesellschaftlicher Achtung bezahlen. Die Freiheitsversprechen des

Grundgesetzes sind, so scheint es, den Deutschen derart in Fleisch und Blut übergegangen, sie sind so selbstverständlich geworden, dass darüber in Vergessenheit geraten ist: Freiheit versteht sich nie von selbst. Die Deutschen – zumindest die Westdeutschen – haben sich die Freiheit nicht erkämpft, sie wurde ihnen mit dem Grundgesetz in die Wiege gelegt. Vielleicht können sie deshalb nicht recht erkennen, wann es Zeit ist, sie zu verteidigen.

Chronik einer Belagerung

«Art. 1 (I) Die Würde des Menschen ist unantastbar. Sie zu achten und zu schützen ist Verpflichtung aller staatlichen Gewalt. (II) Jedes Verhalten von Amtsträgern, das diesen Grundsatz verletzt, wird strafrechtlich geahndet.» War es ein Fehler oder eine kluge Entscheidung des Konvents von Herrenchiemsee, den Vorschlag Hans Nawiaskys abzulehnen, Verletzungen der Menschenwürde unter Strafe zu stellen? In jedem Fall hat der Verzicht Hunderte deutscher Politiker im vergangenen Jahrzehnt vor Verurteilungen bewahrt. Niemals zuvor hat das Bundesverfassungsgericht so viele Gesetze wegen massiver Verstöße gegen die Menschenwürde und Eingriffen in das Recht auf freie Entfaltung der Persönlichkeit (Art. 2 Abs. I GG) ganz oder teilweise für verfassungswidrig erklärt wie in den vergangenen Jahren. Im März 2004 schlugen die Richter den so genannten Großen Lauschangriff zurück, der den Ermittlungsbehörden das akustische Ausspähen von Privatwohnungen erlaubte. Er wurde vom ersten Senat auf ein noch gerade erträgliches Maß zurechtgestutzt. In der Begründung rügten die Richter, der Gesetzgeber, also der Bundestag, habe auch Abhöraktionen im «absolut geschützten Kernbereich privater Lebensgestaltung» erlaubt und damit die Menschenwürde verletzt.

Am 23. Mai 2006, zum 57. Geburtstag des Grundgesetzes, verwarf das Bundesverfassungsgericht die Praxis der bundesweit koordinierten Rasterfahndung, also den Abgleich personenbezogener elektronischer Daten neuerdings vor allem zum Aufspüren islamistischer Terroristen. Verboten sei die Rasterfahndung als «bloße Vorfeldmaßnahme», ins Blaue hinein, ohne konkrete Gefahr. Das sei ein unzulässiger Eingriff in das Recht auf informationelle Selbstbestimmung, das sich aus dem Recht auf freie Entfaltung der Persönlichkeit und dem Schutz der Menschenwürde ergebe. Im Februar 2008 verwarf das Bundesverfassungsgericht wegen Verletzung des allgemeinen Persönlichkeitsrechts Vorschriften zur Online-Durchsuchung im nordrhein-westfälischen Verfassungsschutzgesetz. Zulässig sei das heimliche Ausspähen privater PCs allenfalls, wenn tatsächliche Anhaltspunkte einer konkreten Gefahr für ein überragend wichtiges Rechtsgut bestünden. Im März 2008 verwarfen die Bundesverfassungsrichter die schleswig-holsteinischen und hessischen Regelungen zur automatisierten Erfassung von Kfz-Kennzeichen als verfassungswidrig und erklärten sie für nichtig. Die Gesetze erlaubten «schwer wiegende Eingriffe» in das informationelle Selbstbestimmungsrecht der Bürger, ohne dass klar sei, weshalb die Daten überhaupt erhoben und abgeglichen werden sollen.

Einen der schwärzesten Tage ihrer sechzigjährigen Geschichte aber hat die Garantie der Menschenwürde am 15. Januar 2005 erlebt. An diesem Tag trat das Luftsicherheitsgesetz in Kraft, das dem Staat die Tötung von Verbrechensopfern erlaubte, den Abschuss eines von Terroristen entführten, möglicherweise zur Waffe eines Selbstmordattentats umfunktionierten Zivilflugzeugs. Um das Leben anderer Unschuldiger zu retten, sollten Unschuldige geopfert werden, auf Verdacht, weil sie «ohnehin» in aussichtsloser Lage seien. Wie ohne Funkkontakt festgestellt werden kann, ob es sich überhaupt um eine Entführung handelt und mit welchem Ziel sie stattfindet, blieb das Geheimnis des Gesetzgebers. Aber offenbart hat er mit diesem Gesetz sein radikal verändertes Verständnis von der Menschenwürde – er bezog es von den Terroristen. So wie diese im unterstellten Fall unschuldige Menschen nicht nur zu ihren Opfern machen, sondern zum Teil einer Waffe, die Person zur Sache und das Subjekt zum Objekt erklären, so geschah es auch im Luftsicherheitsgesetz. Wie der Terrorist betrachtete der Gesetzgeber die Besatzung und die Passagiere nicht als Opfer, sondern als Waffe, sah er in den Entführten keine Menschen mehr, sondern nur noch gefährliche Objekte, die – zum Schutz unschuldiger Personen und Subjekte – unschädlich gemacht werden müssen.

Das Bundesverfassungsgericht hat im Februar 2006 den Rettungstotschlag verboten und das Luftsicherheitsgesetz teilweise für verfassungswidrig und nichtig erklärt. Es verstoße sowohl gegen das Recht auf Leben (Art. 2 Abs. 2 GG) als auch gegen die Menschenwürdegarantie. Mit dem Abschuss würden die Entführungsopfer «verdinglicht und zugleich entrechtlicht; indem über ihr Leben von Staats wegen einseitig verfügt wird, wird den als Opfern selbst schutzbedürftigen Flugzeuginsassen der Wert abgesprochen, der dem Menschen um seiner selbst willen zukommt». Das sei unter der Geltung der Menschenwürdegarantie «schlechterdings unvorstellbar» und mit dem «Menschenbild des Grundgesetzes» nicht zu vereinbaren.[1]

Das Menschenbild des Grundgesetzes? Der Verfassungskonvent von Herrenchiemsee hatte es bekanntlich so bestimmt: «Der Staat ist um des Menschen willen da, nicht der Mensch um des Staates willen.» Nicht erst mit dem Luftsicherheitsgesetz, sondern seit den Anschlägen vom 11. September 2001 versucht nicht nur der deutsche Gesetzgeber, die «kopernikanische Wende» im Staatsverständnis und im Menschenbild zurückzunehmen. An die Stelle der Herrenchiemseer Losung soll die Devise treten: «Erst müssen die Menschen für den Staat da sein, damit der Staat für die Menschen da sein kann.» Das ist die Parole des Präventionsstaats.

Was ist der Präventionsstaat? Er ist ein Versprechen: Erst wenn alle Worte gehört, alle Schreiben gelesen und nichts mehr verborgen ist, was sich noch heute verbirgt, wenn kein Ausländer mehr unbemerkt deutschen Boden betritt oder verlässt, wenn kein Pass mehr gefälscht werden kann, wenn die Videokamera jeden herrenlosen Koffer erfasst, wenn der Unauffälligste auffällt wie der Auffälligste, wenn sich die Lage im Nahen Osten entspannt, wenn alle Daten erfasst sind vom genetischen Fingerabdruck bis zur Neigung zum Fußpilz, wenn der Autoverkehr kontrolliert wird und der Geldverkehr, der Luftverkehr und der Geschlechtsverkehr, wenn die Gesetze verschärft sind, wenn die Ordnung hergestellt ist, wenn der Krieg gegen die Drogen, gegen den nationalen und den internationalen Terrorismus, gegen das organisierte und das unorganisierte Verbrechen gewonnen ist, wenn nichts mehr geschehen kann, weil alles unter Kontrolle ist … dann wird der Staat eines Tages zumindest erklären können, warum dennoch die Bombe unerlaubt in der U-Bahn explodierte, wie es möglich war, dass der videoüberwachte Terrorist sich im Selbstmordanschlag frei entfalten konnte, aus welchem Grunde also das Unvermeidliche tatsächlich unvermeidlich war und das Unabwendbare nicht abzuwenden.

Die Möglichkeit des Präventionsstaats, die Garantie der inneren Sicherheit im entscheidenden Augenblick einzulösen, ist grotesk beschränkt. Fast unbeschränkt hingegen ist sein Anspruch, zur Verwirklichung der unseriösen Garantie Bürger als potenzielle Täter zu betrachten, die Privatheit also unter Generalverdacht zu stellen. Der Wissensdurst des Präventionsstaats ist so gewaltig, sein Hunger nach immer mehr und immer persönlicheren Daten ist so überwältigend, dass der Bundesadler als Wappentier der Republik bald ausgedient hat: Als Nachfolger empfiehlt sich Rabelais' Gargantua, der bedeutendste Säufer und Fresser der Literaturgeschichte. Weil es nach seiner Geburt unmöglich war, für den kleinen Riesen eine «hinlänglich ergiebige Amme» zu finden, trank er die Milch von 17 913 Kühen. Zum Auftakt seines Nachtmahls verspeiste er «etliche Dutzend Schinken, geräucherte Ochsenzungen, Würste und andere Durstschürer». Sein Appetit war so bedrohlich wie sein Maul. Als er sich einen Salat aus Lattich machte, gerieten ihm versehentlich sechs arglose Pilger auf die Gabel, die dem sicheren Tod nur mit Müh und Not in einem hohlen Zahn Gargantuas entkamen.

Die unglücklichen Pilger sind die versprengten Reste des Grundrechts auf informationelle Selbstbestimmung, und der hohle Zahn, die letzte Zuflucht des Datenschutzes, ist das Bundesverfassungsgericht. Hätte es in den vergangenen Jahren nicht energisch die Privatheit, also die informationelle Selbstbestimmung, also die Menschenwürde vor der staatlichen Neugier in Schutz genommen, hätten die Gesetze des Präventionsstaats den Datenschutz schon längst zermalmt.

Grundrechte sind in erster Linie Abwehrrechte des Einzelnen, nach dem Wort Theodor Heuss': «Misstrauensaktionen gegen den Missbrauch der staatlichen Macht». Sie sind die Garantie für jedermann, den Staat auf Abstand zu halten, und darum der natürliche Gegner des Präventionsstaats. Weil er sich nicht darauf beschränkt, Verbrechen aufzuklären (Repression), sondern bereits die Möglichkeit des Verbrechens (Prävention) bekämpft, und weil ein Verbrechen jederzeit, an jedem Ort, durch jedermann geschehen kann, wird alle Zeit zur potenziellen Tatzeit, jeder Ort zu einem potenziellen Tatort und jedermann zu einem potenziellen Täter.

Wenn aber jeder, bis zum Beweis des Gegenteils, verdächtig ist, dann gibt es keine Bürger mehr, sondern nur mehr potenzielle Verbrecher. Dann sind auch die Grundrechte nicht länger Schutzräume der Person, sondern Rückzugsräume, Hege- und Pflegestätten des Verbrechens. Der Präventionsstaat betrachtet die Privatheit vor allem als Refugium des Kriminellen, die Berufung auf private Geborgenheit als möglichen Vorwand für sinistre Pläne.

Im Namen der Prävention wird der Rückzug des Individuums ins Private als Entzug vor den Schutzinteressen der Gemeinschaft gedeutet: Wer sich die Freiheit nimmt, bei und für sich zu bleiben, verwirkt das Recht auf diese Freiheit eben dadurch, dass er sie in Anspruch nimmt; denn wer sich verbirgt, der hat was zu verbergen – das ist die Logik des Präventionsstaats. Da er sich nicht als Obrigkeit versteht, sondern als fürsorgender Partner der Bürger, nicht als Gefährder der Freiheit, sondern als Garant der Sicherheit, hat er die Person keineswegs vom Sockel gestoßen, auf den sie schon von den Schöpfern der Länderverfassungen gestellt worden war. Nur hat er ihre Umgebung ein wenig verändert. Sie erinnert an die große Glaskugel, in die die amerikanische Besatzungsmacht einst die deutschen Ministerpräsidenten gesetzt hatten, «in deren Wasser die Goldfische unbehindert ihr Leben führen, aber ständig darauf kontrolliert werden, ob sie sich miteinander vertragen».

Wenn jemals eine Verfassung im Ausnahmezustand, im Notstand geschrieben worden ist, dann war es das Grundgesetz. Wenn jemals die Deutschen Angst davor haben mussten, nicht nur die Überlebenden des vergangenen Weltkriegs zu sein, sondern die Opfer des nächsten zu werden, dann waren es die Deutschen der Jahre 1948/1949. Die Chancen standen gut, nach dem Ende der NS-Diktatur die absolute Herrschaft der westlichen Besatzungsmächte schon demnächst gegen die Diktatur der Sowjetunion einzutauschen. Und selbst wenn die Weststaats-Gründung gelingen und die Bundesrepublik die nächsten Jahre überstehen würde, war die Hoffnung unter den Mitgliedern des Parlamentarischen Rates gering, mit dem Grundgesetz den Bauplan einer funktionierenden «freiheitlichen demokratischen Grundordnung» (Art. 21 Abs. 2 GG) zu schaffen.

Die meisten Grundrechte schienen eher wolkige Verheißungen als konkrete Versprechen zu sein. Die Garantie der Freizügigkeit (Art. 11 Abs. 1 GG), also das Recht, jeden Ort des Bundesgebietes aufzusuchen und sich dort aufzuhalten, war den Ratsmitgliedern angesichts der Flüchtlingslage und der Wohnungsnot fast peinlich; so unrealistisch erschienen für die nächsten Generationen seine Aussichten auf Verwirklichung. Die Väter und Mütter des Grundgesetzes schrieben die Meinungsfreiheit, die Versammlungsfreiheit und Vereinigungsfreiheit hinein und setzten ihnen Grenzen, aber sie wussten, dass die eigentlichen, die unüberwindlichen Schranken im Gebrauch der Freiheitsrechte noch für Jahre vom Wunsch und vor allem vom Willen der Siegermächte bestimmt sein würden. Sie hatten im Nationalsozialismus die Auslöschung der Person erlebt, waren Augen- und Ohrenzeugen gewesen, wie «die Einzelperson, ihre Würde und ihr Wert» (Adenauer) dem Staat geopfert worden waren, und sie mussten befürchten, etwas ganz Ähnliches unter der stalinistischen Diktatur noch einmal zu erleben.

Nicht trotzdem, sondern deshalb setzten sie ihr Menschenbild dagegen, auf die erlittene und die befürchtete Liquidierung der Person antworteten sie mit dem «Recht auf freie Entfaltung der Persönlichkeit» (Art. 2 Abs. 1 GG); auf die erlittene und die befürchtete Zertrümmerung der Menschenrechte antworteten sie mit dem Bekenntnis zu «unverletzlichen und unveräußerlichen Menschenrechten als

Grundlage jeder menschlichen Gemeinschaft, des Friedens und der Gerechtigkeit in der Welt» (Art. 1. Abs. 2 GG), und auf die erlittene und die befürchtete systematische Verletzung der Menschenwürde antworteten sie mit dem schlichten Satz als erstem Gebot des Grundgesetzes: «Die Würde des Menschen ist unantastbar.» (Art. 1 Abs. 1 GG). Nicht obwohl das Elend der Flüchtlinge die Not in den Städten noch vergrößerte, gewährten die Eltern des Grundgesetzes ein großzügiges Asylrecht, sondern weil sie das Recht auf Asyl als Teil der Menschenwürdegarantie empfanden. Nicht obwohl aufsehenerregende Kapitalverbrechen die deutsche Nachkriegsöffentlichkeit in Angst und Schrecken versetzten, beschloss der Parlamentarische Rat die Abschaffung der Todesstrafe, sondern weil für sie in einem Staat und in einer Gesellschaft, die sich zur Menschenwürde als höchstem Wert der Verfassung bekennen, kein Platz mehr ist. In einem Wort: Dem Ausnahmezustand der Gegenwart der Jahre 1948/49 haben die Mitglieder des Parlamentarischen Rates als zukünftige Normalität den demokratischen Rechtsstaat entgegengestellt, dessen Selbstverständnis auf der Garantie der Menschenwürde gründet und das heißt – mit ihr steht und fällt.

Es droht zu fallen. 60 Jahre nach ihrer Gründung befindet sich die Bundesrepublik angeblich erneut im Ausnahmezustand. Wie die Gesetzgeber in der gesamten westlichen Welt beteuert auch der deutsche, Leib und Leben der Bürger seien durch den Terrorismus derart und in Permanenz bedroht, dass ihre Sicherheit nur mit einer immer ausgreifenderen Überwachung, also mit dem Verlust der Privatsphäre, gewährleistet werden könne. Die strikte Trennung von Polizei und Nachrichtendiensten – von den westlichen Siegermächten seinerzeit aus gutem Grund befohlen – wird als nicht mehr zeitgemäß erachtet, die strikte Trennung von Polizei und Militär immer häufiger als Schnee von gestern belächelt. Noch zögert die deutsche Politik, im Kampf gegen den Terror den Einsatz der Folter zu billigen, aber die durch Folter mutmaßlicher Terroristen abgepressten Informationen werden gerne in Empfang genommen und zur Verteidigung der westlichen Wertegemeinschaft verwendet. Die amerikanische Praxis, gefangene vermeintliche

Terroristen weder als Kriegsgefangene noch als Kriminelle, sondern als rechtlose Individuen zu behandeln, findet in Deutschland noch keine Mehrheit, aber beträchtlichen Zuspruch. «Wer sich dauernd wie der Satan aufführt, den kann man … nicht als Rechtsperson behandeln.»[2] Dieser Satz stammt nicht aus einer Folter-Fibel für amerikanische Gefangenenlager in Guantanamo und Abu Ghraib, sondern aus dem – in der Wissenschaft seitdem sehr ernsthaft diskutierten – Vortrag des Bonner Strafrechtsprofessors Günther Jakobs über «Staatliche Strafe» von 2004. Jakobs versuchte damit seine Lehre von einem Feindstrafrecht zu begründen, einem Sonderrecht für Terroristen, das nichts anderes bedeuten würde als die Auslöschung des «feindlichen» Individuums als Träger der Menschenwürde.

Die neue Sicherheitsarchitektur, bereits festgeschrieben in Gesetzen oder erst in Referentenentwürfen, Vorträgen oder Leitartikeln gefordert, nimmt den Zustand als gegeben an, dessen Eintritt sie unter allen Umständen vermeiden will – den Ausnahmezustand. Tatsächlich fehlt in so gut wie keiner Debatte über die terroristische Gefahr der Hinweis, diese sei «unvergleichlich», «historisch ohne Beispiel», entsprechend habe der Staat zu reagieren.

Zur Begründung, weshalb das Grundgesetz der neuen Sicherheitslage und den «veränderten gesellschaftlichen Bedingungen» anzupassen sei, sagte der Bundesinnenminister im Juli 2007: «Wir leben nicht mehr in der Welt des Jahres 1949.»[3] Das war als Hinweis auf ein vermeintliches Nachkriegsidyll zu verstehen, das im Grundgesetz seinen romantischen Ausdruck gefunden habe und dem die politisch naiven, realitätsblinden Richter des Bundesverfassungsgerichts bis heute anhingen. Das ist historisch absurd, politisch ist es Demagogie. Selbst ein verheerender Selbstmordanschlag islamistischer Terroristen wäre kaum annähernd mit den Schrecken zu vergleichen, die in den Jahren vor und nach 1949 in Deutschland zu ertragen oder zu befürchten waren. Tatsächlich haben sich nicht nur die gesellschaftlichen, sondern auch die wirtschaftlichen und politischen Bedingungen in Deutschland gravierend verändert. Nie haben die Deutschen so sicher gelebt, nie waren die Verhältnisse weiter von einem Ausnahmezustand entfernt. Die Gefahren haben abgenommen, aber dramatisch zugenommen hat die Bereitschaft des Gesetzgebers, zur Vermeidung der Gefahren die Freiheitsrechte der Bürger immer weiter zu beschneiden und das Grundgesetz als nicht mehr zeitgemäß abzutun, als verstaubtes Requisit im Fundus der deutschen Geschichte.

Die Franzosen kennen keinen Ausnahmezustand, sie sprechen vom *état de siège*, dem Belagerungszustand. Nach einem Napoleonischen Erlass vom 24. Dezember 1811 war der Souverän, der Kaiser, berechtigt, einen *état de siège* zu erklären, und zwar unabhängig von der tatsächlichen Lage einer betroffenen oder direkt von feindlichen Kräften bedrohten Stadt. Gäbe es ihn im deutschen Recht, dann hätte er schon längst ausgerufen werden müssen. Keine Stadt wird belagert, aber ein Gericht, keine Bewohner sollen zur Aufgabe gezwungen werden, aber ein Gesetz. Seit Jahren werden das Grundgesetz und sein verbindlicher Interpret und oberster Hüter, das Bundesverfassungsgericht, vom Gesetzgeber wie eine feindliche Bastion belagert. Die Kanonaden von Sicherheitsgesetzen, mit denen er sie beschießt, folgen in immer kürzeren Intervallen, die Breschen, die er ihnen in den vergangenen Jahren geschlagen hat, werden immer größer.

Die Belagerer haben Geduld. Die Zeit ist ihr treuester Verbündeter. Fällt die Bastion nicht in diesem, dann im nächsten Jahr, kapituliert sie nicht heute, dann morgen nach einem Terroranschlag hier oder dort. Hilfe von außen hat die Bastion kaum zu erwarten. Die Ausrufung des Belagerungszustands, die die Verteidigung erleichtern und die Aussichten der Eingeschlossenen spürbar verbessern würde, scheitert bisher am deutschen Souverän, den Bürgern. Groß ist zwar nach 60 Jahren die Liebe der Deutschen zum Grundgesetz, aber offenbar nicht groß genug, ihm und seinem Hüter in schwerster Bedrängnis zu Hilfe zu eilen. Aber zumindest ein wenig mehr Verständnis könnten beide von ihnen erwarten.

Anhang

Anmerkungen

Bonner Botschaften

1 Henkels, *Kohlen für den Staatsanwalt*, S. 200 f.
2 Vgl. ebd.
3 Lewison, «Erziehung – zu was?», S. 103.
4 Dehler, «Die politischen Aufgaben», S. 59.
5 Zit. nach Keiderling, *«Rosinenbomber» über Berlin*, S. 146.
6 *Die CDU / CSU im Parlamentarischen Rat*, S. 9.
7 Zit. nach Görtemaker, *Geschichte der Bundesrepublik*, S. 47.
8 Becker (Hg.), *Theodor Heuss*, S. 468.
9 Vgl. Lange, *Die Würde des Menschen*, S. 38 ff.

1. Die Stunde Null?

1 Welchert, *Theodor Heuss*, S. 54 f.
2 Vgl. Herrgesell, «Der Stenographische Dienst», S. 1 ff.; Fest, *Staatsstreich*, 258 ff.
3 Zit. nach Zeller, *Geist der Freiheit*, S. 538; vgl. Heiber (Hg.), *Hitlers Lagebesprechungen*, S. 588.
4 Vgl. Böttger, *Das Recht auf Gleichheit und Differenz*, S. 140.
5 Vgl. Lange, *Wegbereiter*, S. 141 ff.
6 Dreher, *Der Weg zum Kanzler*, S. 77.
7 Vgl. Lange, *Wegbereiter*, S. 221 ff.
8 Vgl. Kopitzsch, «Für Hamburg im Parlamentarischen Rat», S. 9 ff.
9 Schumacher-Hellmold, «Bonn», S. 235.
10 Zit. nach Birke, *Nation ohne Haus*, S. 15.
11 Zit. nach Henke, *Die amerikanische Besetzung*, S. 188 f.
12 Martha Gellhorn, in: *Europa in Trümmern*, S. 117.
13 Mann, *Fragile Republik*, S. 20 f.
14 Merseburger, *Der schwierige Deutsche*, S. 358 f.
15 Vgl. Frei, «Von deutscher Erfindungskraft», 145 ff.
16 Kogon, «Gericht und Gewissen», S. 25 ff.
17 Edinger, *Kurt Schumacher*, S. 106.
18 Heuss, *Erzieher zur Demokratie*, S. 395.
19 Zit. nach Wengst, *Thomas Dehler*, S. 91.
20 Polgar, «Eine gespenstische Erscheinung», S. 173 f.

21 Vgl. Rohlfs, *Hermann von Mangoldt*, S. 64 ff.
22 Mangoldt, «Das Kriegsverbrechen», S. 288.
23 Mangoldt, «Rassenrecht und Judentum», S. 49.

2. Die Verfassung der Parteien

1 Benz (Hg.), *Bewegt von der Hoffnung*, S. 83.
2 Ebd., S. 84.
3 Ebd., S. 94 ff.
4 Moltke, *Briefe an Freya 1939–1945*, S. 198 ff.
5 Vgl. Lassalle, «Über Verfassungswesen».
6 Steininger, *Deutsche Geschichte*, Bd. 1, S. 23 ff.
7 Zit. nach ebd., S. 42 ff.
8 Zit. nach Eschenburg, *Jahre der Besatzung*, S. 310.
9 Zit. nach Leonhard, *Die Revolution*, S. 440.
10 Conze, *Jakob Kaiser*, S. 44.
11 Ebd.
12 Janet Flanner, in: *Europa in Trümmern*, S. 79.
13 Spender, *Deutschland in Ruinen*, S. 70 ff.
14 Zit. nach Schwarz, *Adenauer*, S. 471.
15 Conze, *Jakob Kaiser*, S. 66.
16 Zit. nach Schwarz, *Vom Reich zur Bundesrepublik*, S. 439.
17 Adenauer, *Erinnerungen 1945–1953*, S. 201.
18 Zit. nach Uexküll, *Adenauer*, S. 72.
19 Adenauer, *Erinnerungen 1945–1953*, S. 44.
20 Ebd., S. 45.
21 Ebd.
22 Zit. nach Conze, *Jakob Kaiser*, S. 79.
23 Ebd.
24 Brill, *Gegen den Strom*, S. 63.
25 Ebd., S. 68.
26 Zit. nach Overesch, *Machtergreifung von Links*, S. 159.
27 Vgl. Overesch, *Hermann Brill*, 295 ff.
28 Zit. nach Brill, «Herrenchiemseer Tagebuch», S. 591.
29 Zit. nach Merseburger, *Der schwierige Deutsche*, S. 249.
30 Zit. nach ebd., S. 256.
31 Zit. nach Leonhard, *Die Revolution*, S. 484 f.
32 Zit. nach Merseburger, *Der schwierige Deutsche*, S. 41.
33 Zit. nach Kuby, *Deutsche Schattenspiele*, S. 128.
34 Otto, *Staatsverständnis*, S. 204; vgl. Merseburger, *Der schwierige Deutsche*, S. 238.
35 *Der Parlamentarische Rat. Akten und Protokolle*, Bd. 9, S. 171.
36 Conze, *Jakob Kaiser*, S. 54.

37 Adenauer, *Erinnerungen 1945–1953*, S. 64.
38 Ebd., S. 65.
39 Ebd., S. 66.
40 Zit. nach Merseburger, *Der schwierige Deutsche*, S. 225.
41 Brill, *Gegen den Strom*, S. 63.
42 *Verhandlungen des Reichstages*, Bd. 475, S. 38.
43 Zit. nach Merseburger, *Der schwierige Deutsche*, S. 235.
44 Goebbels, *Vom Kaiserhof zur Reichskanzlei*, S. 131.
45 Vgl. Riemer, *Fritz Perez Naphtali*, S. 190.
46 Naphtali, *Wirtschaftsdemokratie*, S. 16.
47 Zit. nach Riemer, *Naphtali*, S. 201 f. – Mit «Juni-Sitzung» ist die Reichstagssitzung vom 17. Mai 1933 gemeint.
48 *Protokolle der Verhandlungen des Parteitages der Sozialdemokratischen Partei Deutschlands.*
49 *Stenographische Berichte über die Sitzungen des Landtages Nordrhein-Westfalen* (5. Sitzung, 4. März 1947).
50 *Protokolle der Verhandlungen des Parteitages der Sozialdemokratischen Partei Deutschlands.*
51 Ebd.
52 Niclauß, *Der Weg zum Grundgesetz*, S. 34.
53 Heller, *Rechtsstaat oder Diktatur?*, S. 11.
54 Vgl. Denzer (Hg.), *Nordrhein-Westfalen und die Entstehung des Grundgesetzes*, S. 143.
55 Zit. nach Benz (Hg.), *Bewegt von der Hoffnung*, S. 365.

3. Länderspiele

1 Vgl. Möller, *Weimar – Die unvollendete Demokratie*, S. 141.
2 Pfeiffer, *Gedankenwelt und Tätigkeit*, S. 4.
3 Zit. nach Reuter, *«Graue Eminenz»*, S. 24.
4 Vgl. Steltzle, *Föderalismus und Eigenstaatlichkeit*, S. 195, Anm. 231.
5 *Akten zur Vorgeschichte*, Bd. 1, S. 129.
6 Hoegner, *Der schwierige Außenseiter*, S. 185.
7 *Sitzungsprotokolle* (CSU-Landesausschuss vom 6. Juli 1946).
8 Zit. nach Piontkowitz, *Anfänge westdeutscher Außenpolitik*, S. 36.
9 Zit. nach ebd., S. 37.
10 Zit. nach Przyrembel, *Friedrich Glum und Ernst Telschow*, S. 17.
11 *Der Spiegel*, 14. August 1948.
12 Zit. nach Przyrembel, *Friedrich Glum und Ernst Telschow*, S. 11 f.
13 Vgl. Kraushaar, «Die Auerbach-Affäre», S. 208.
14 Vgl. Niclauß, *Der Weg zum Grundgesetz*, S. 88.

15 Süsterhenn, «Ein- oder Zweikammersystem?», *Rheinischer Merkur,* 15. Oktober 1946.
16 Kogon, «Demokratie und Föderalismus», S. 73.
17 Schwarz, *Adenauer*, S. 542.
18 Zit. nach Eschenburg, *Jahre der Besatzung*, S. 85.
19 *Reichsgesetzblatt*, Jg. 1933, Bd. I, S. 134.
20 *Der Spiegel*, 4. Januar 1947.
21 *Protokolle des Verfassungsausschusses der Vorläufigen Volksvertretung für Württemberg-Baden* (3. Sitzung, 5. April 1946).
22 Adenauer, *Erinnerungen*, S. 44.
23 Maihofer, «Prinzipien freiheitlicher Demokratie», S. 490.
24 Zit. nach Lange, *Die Würde des Menschen*, S. 119.
25 Schmid, *Erinnerungen*, S. 372.
26 Vgl. Wesel, *Der Gang nach Karlsruhe*, S. 23.
27 Zit. nach Gründer, *Walter Simons*, S. 232.
28 Fraenkel, «Verfassungsreform und Sozialdemokratie», S. 97.
29 Zit. nach Müller, *Furchtbare Juristen*, S. 229; vgl. Godau-Schüttke, *Der Bundesgerichtshof*, S. 229.
30 Weber, *Carlo Schmid*, S. 280.
31 *Verfassungsausschuß der Verfassungsgebenden Landesversammlung Hessen*, S. 135.
32 Zit. nach Niclauß, *Der Weg zum Grundgesetz*, S. 29.
33 *Frankfurter Hefte*, April 1949, S. 289.

4. Der Weg nach Bonn

1 Vgl. Simons, *Lebensstufen*, S. 103.
2 Ebd., S. 128.
3 Zit. nach ebd.
4 Hepp, *Kurt Tucholsky*, S. 234.
5 Tucholsky, «Verfassungstag», S. 259.
6 Vgl. Eisfeld, *Ausgebürgert und doch angebräunt*, S. 59.
7 Vgl. Spevack, «Ein Emigrant in amerikanischen Diensten», S. 321 ff.
8 Zit. nach Gründer, *Walter Simons*, S. 284.
9 Simons, «Transcending the Cold War», S. 143 ff.
10 Simons: «The Bonn Constitution», S. 114 ff.
11 Vgl. Merritt / Merritt, *Public Opinion in Occupied Germany*, S. 24.
12 Eschenburg / Benz, *Jahre der Besatzung*, S. 459.
13 Vgl. Overesch, *Das besetzte Deutschland*, S. 542.
14 Vgl. Oelkers, *Morde in Bremen*, S. 102.
15 Vgl. Vorpahl, «Die Segeberger Flüchtlingskonferenz», S. 291 ff.
16 Maier, *Erinnerungen 1948–1953*, S. 55.
17 *Der Parlamentarische Rat. Akten und Protokolle*, Bd. 1, S. 37.

18 Adenauer, «Die Empfehlung von London».
19 Lassalle, «Über Verfassungswesen», S. 14.
20 Schmid, *Erinnerungen*, S. 330.
21 Zit. nach Backer, *Die deutschen Jahre*, S. 301.
22 *Der Parlamentarische Rat. Akten und Protokolle*, Bd. 1, S. 26.
23 Brill, «Herrenchiemseer Tagebuch», S. 599.
24 Ebd., S. 613.
25 Vgl. Benz, (Hg.), *Bewegt von der Hoffnung*, S. 305.
26 Vgl. Bauer-Kirsch, *Herrenchiemsee*, S. 61.
27 *Der Parlamentarische Rat. Akten und Protokolle*, Bd. 2, S. 114.
28 Brill, «Herrenchiemseer Tagebuch», S. 621.
29 *Der Parlamentarische Rat. Akten und Protokolle*, Bd. 2, S. 223.
30 Schmid, *Erinnerungen*, S. 348.
31 Brill, «Herrenchiemseer Tagebuch», S. 595.
32 *Der Parlamentarische Rat. Akten und Protokolle*, Bd. 2, S. 125.
33 Vgl. Küppersbusch / Becker, *Lebenslänglich Todesstrafe*.
34 Vgl. Vogt, «Bonn in Kriegs- und Krisenzeiten», S. 437 ff.
35 Spender, *Deutschland in Ruinen*, S. 46.
36 Vgl. Henkels, *Alltag in Trizonesien*, S. 222.
37 *Kölnische Rundschau*, 8. Juni 1948.
38 Lange, *Wegbereiter*, S. 213; vgl. Köhler, «Karriere eines Räubers».
39 *Kölnische Rundschau*, 10. Juni 1948.
40 Schumacher-Hellmold, «Wenn es die PÄDA nicht gegeben hätte …», S. 23.
41 Ebd., S. 25.
42 Zit. nach Knopp, «Das Bundeshaus», S. 255.
43 Höroldt, «25 Jahre Bundeshauptstadt», S. 28.
44 Schumacher-Hellmold, «Wenn es die PÄDA nicht gegeben hätte …», S. 25.
45 *Der Parlamentarische Rat. Akten und Protokolle*, Bd. 2, S. 112.
46 Vgl. Lange, *Wegbereiter*, S. 213.

5. Das Grundgesetz entsteht

1 Vgl. Overesch, *Das besetzte Deutschland*, S. 582 f.
2 Henkels, *Alltag in Trizonesien*, S. 220.
3 Zit. nach Feldkamp, *Der Parlamentarische Rat 1948–1949*, S. 45.
4 Zit. nach Schwarz, *Adenauer*, S. 591.
5 *Der Parlamentarische Rat. Akten und Protokolle*, Bd. 8, XXVII (Vorwort von Michael F. Feldkamp).
6 Schmid, *Erinnerungen*, S. 357.
7 Schumacher-Hellmold, «Bonn – Eine Entscheidung des Herzens», S. 203.
8 *Die CDU / CSU im Parlamentarischen Rat*, S. XXII.
9 Schmid, *Erinnnerungen*, S. 356.

10 *Der Parlamentarische Rat. Akten und Protokolle*, Bd. 9, S. 37.
11 Ebd., S. 55
12 Ebd., S. 115.
13 Ebd., S. 375.
14 Zit. nach Schulz, «Fritz Eberhards Arbeit im Parlamentarischen Rat», S. 230.
15 *Der Parlamentarische Rat. Akten und Protokolle*, Bd. 5, S. 419.
16 *Die Genossin*, Heft 8, Oktober 1948.
17 Vgl. Drummer / Zwilling, «Elisabeth Selbert», S. 88 f.
18 Zit. nach ebd., S. 96.
19 *Der Parlamentarische Rat. Hauptausschuss*, S. 205–209.
20 Vgl. Böttger, *Gleichheit und Differenz*, S. 195 ff.; Drummer / Zwilling, «Elisabeth Selbert», S. 99 f.
21 Vgl. Drummer / Zwilling, «Elisabeth Selbert», S. 101.
22 Vgl. Küppersbusch / Becker, *Lebenslänglich Todesstrafe*, S. 108.
23 *Der Parlamentarische Rat. Hauptausschuss*, S. 534 f.
24 Ebd., S. 669.
25 Ebd., S. 671.
26 *Der Parlamentarische Rat. Akten und Protokolle*, Bd. 9, S. 478.
27 Ebd., S. 479 f.
28 Niclauß, *Der Weg zum Grundgesetz*, S. 196.
29 *Der Parlamentarische Rat. Akten und Protokolle*, Bd. 9, S. 111.
30 Zit. nach Niclauß, *Der Weg zum Grundgesetz*, S. 198.
31 Vgl. ebd.
32 *Der Parlamentarische Rat. Akten und Protokolle*, Bd. 8, S. 603.
33 Zit. nach Wengst, *Thomas Dehler*, S. 127.
34 Vgl. Müller, *Furchtbare Juristen*, S. 205.
35 Zit. nach Godau-Schüttke, *Der Bundesgerichtshof*, S. 180.
36 *Die CDU / CSU im Parlamentarischen Rat*, S. 144.
37 Zit. nach Weber, *Carlo Schmid*, S. 367.
38 Heuss, *Erzieher*, S. 454.
39 Weber, *Carlo Schmid*, S. 368.
40 Zit. nach Feldkamp, *Der Parlamentarische Rat 1948–1949*, S. 156.
41 *Der Parlamentarische Rat. Akten und Protokolle*, Bd. 8, S. 212.
42 Zit. nach Weber, *Carlo Schmid*, S.378.
43 Vgl. Feldkamp, *Der Parlamentarische Rat 1948–1949*, S. 163.
44 *Der Parlamentarische Rat. Akten und Protokolle*, Bd. 8, S. 273.
45 Zit. nach Hepp, *Tucholsky*, S. 234.

6. Vom Untertan zum Bürger

1 Steininger, *Deutsche Geschichte*, Bd. 2, S. 147.
2 Zit. nach ebd., S. 147.

3 Zit. nach Wengst, *Thomas Dehler*, S. 214.
4 Leipholz, «Der Status des Bundesverfassungsgerichts».
5 Wesel, *Der Gang nach Karlsruhe*, S. 132 f.
6 Zit. nach ebd., S. 134.
7 BVerfGE 7,198.
8 Lamprecht, *Vom Untertan zum Bürger*, S. 13.
9 BVerfGE 3,225.
10 BVerfGE 10,59.
11 BVerfGE 48,327.
12 BVerfGE 84,168.
13 Vgl. Wesel, *Der Gang nach Karlsruhe*, S. 334.
14 BVerfGE 6,389.
15 BVerfGE 105,313.
16 BVerfGE 93,121.
17 BVerfGE 2,1.
18 BVerfGE 5,85.
19 BVerfGE 12,205.
20 BVerfGE 20,162.
21 Zit. nach Saner, *Karl Jaspers*, S. 52.
22 Jaspers, *Wohin treibt die Bundesrepublik?*, S. 168 f.
23 Ebd., S. 170.
24 BVerfGE 30,1.
25 BVerfGE 35,79.
26 BVerfGE 36,1.
27 Vgl. *Frankfurter Allgemeine Zeitung*, 27. Juni 1973.
28 BVerfGE 39,1.
29 BVerfGE 88,203 ff.
30 BVerfGE 69,315.
31 BVerfGE 65,1.
32 BVerfGE 84,90.
33 BVerfGE 89,155.
34 BVerfGE 90,286.
35 Heribert Prantl, *Deutschland – leicht entflammbar*, S. 123.
36 BVerfGE 94,49; BVerfGE 94,115; BVerfGE 94,16.

Chronik einer Belagerung

1 BVerfGE 115,118.
2 Jakobs, *Staatliche Strafe*, S. 41.
3 *Der Spiegel*, 9. Juli 2007.

Literatur

Adenauer, Konrad, «Die Empfehlungen von London», in: *Die Welt*, 10. Juni 1948.

Adenauer, Konrad, *Erinnerungen 1945–1953*, Stuttgart 1965.

Akten zur Vorgeschichte der Bundesrepublik Deutschland 1945–1949, 5 Bde., München 1976–1981.

Backer, John H., *Die deutschen Jahre des Generals Clay. Der Weg zur Bundesrepublik 1945–1949*, München 1983.

Bauer-Kirsch, Angela, *Herrenchiemsee. Der Verfassungskonvent auf Herrenchiemsee – Wegbereiter des Parlamentarischen Rates*, Bonn 2005.

Becker, Ernst Wolfgang, «Einführung», in: *Theodor Heuss als Erzieher zur Demokratie. Briefe 1945–1949*, München 2007, S. 15–57.

Becker, Winfried, «Zwischen Kontinuität und Neuorientierung. Zur Frühgeschichte der CDU in Westfalen-Lippe, besonders in Ostwestfalen (Regierungsbezirk Minden Detmold), 1945–1950», in: *Westfälische Zeitschrift* 140 (1990), S. 381–429.

Benz, Wolfgang (Hg.), *Bewegt von der Hoffnung aller Deutschen. Zur Geschichte des Grundgesetzes. Entwürfe und Diskussionen 1941–1949*, München 1979.

Benz, Wolfgang / Walter H. Pehle (Hg.), *Lexikon des deutschen Widerstands*, 2. Aufl., Frankfurt am Main 2004.

Benz, Wolfgang, *Von der Besatzungsherrschaft zur Bundesrepublik. Stationen einer Staatsgründung 1946–1949*, Frankfurt am Main 1984.

Biller, Marita, «Remigranten in der Publizistik in Nachkriegsdeutschland», in: *Rückkehr und Aufbau nach 1945 – Deutsche Remigranten im öffentlichen Leben Nachkriegsdeutschlands*, hrsg. von Claus-Dieter Krohn und Patrik von zur Mühlen, Marburg 1997, S. 275–288.

Birke, Adolf M., *Nation ohne Haus. Deutschland 1945–1961*, Berlin 1989.

Borsdorf, Ulrich / Lutz Niethammer (Hg.), *Zwischen Befreiung und Besatzung. Analysen des US-Geheimdienstes über Positionen und Strukturen deutscher Politik 1945*, Wuppertal 1977.

Böttger, Barbara, *Das Recht auf Gleichheit und Differenz. Elisabeth Selbert und der Kampf der Frauen um Art. 3 II Grundgesetz*, Münster 1990.

Boveri, Margret, *Tage des Überlebens – Berlin 1945*, Frankfurt am Main 1996.

Brill, Hermann Louis, «Herrenchiemseer Tagebuch», hrsg. von Rüdiger Griepenburg, in: *Vierteljahrshefte für Zeitgeschichte* 34 (1986), S. 585–622.

Brill, Hermann Louis, *Gegen den Strom*, Offenbach 1946.

Brünneck, Alexander von, «Nachwort: Leben und Werk von Ernst Fraenkel (1898–1975)», in: *Ernst Fraenkel: Deutschland und die westlichen Demokratien*, hrsg. von Alexander von Brünneck, Frankfurt am Main 1990, S. 360–372.

Bungenstab, Karl Ernst, *Umerziehung zur Demokratie? Reeducation-Politik im Bildungswesen der US-Zone 1945 bis 1949*, Düsseldorf 1970.

BVerfGE (siehe *Entscheidungen des Bundesverfassungsgerichts*)

Clark, Delbert, «Heidelberg held failure in policy», in: *The New York Times*, 18. Dezember 1948.

Clay Lucius D., *Entscheidung in Deutschland*, Frankfurt am Main 1950.

Conze, Werner, *Jakob Kaiser. Politiker zwischen Ost und West 1945–1949*, Stuttgart, Berlin, Köln, Mainz 1969.

Dehler, Thomas, «Die politischen Aufgaben in Bonn», in: *Streiten um das Staatsfragment. Theodor Heuss und Thomas Dehler berichten von der Entstehung des Grundgesetzes*, hrsg. von Thomas Hertfelder und Jürgen C. Heß, Stuttgart 1999, S. 59–61.

Denzer, Karl Josef (Hg.), *Nordrhein-Westfalen und die Entstehung des Grundgesetzes*, Düsseldorf 1989.

Der Parlamentarische Rat 1948–1949. Akten und Protokolle, hrsg. vom Deutschen Bundestag und vom Bundesarchiv:

Bd. 1: Vorgeschichte, Bearb. von Johannes Volker Wagner, Boppard 1975.

Bd. 2: Der Verfassungskonvent auf Herrenchiemsee, bearb. von Peter Bucher, Boppard 1981.

Bd. 5: Ausschuß für Grundsatzfragen, bearb. von Eberhard Pikart und Wolfram Werner, Boppard 1993.

Bd. 8: Die Beziehungen des Parlamentarischen Rates zu den Militärregierungen, bearb. von Michael F. Feldkamp, Boppard 1995.

Bd. 9: Plenum, bearb. von Wolfram Werner, München 1996.

Bd. 13: Ausschuß für Organisation des Bundes / Ausschuß für Verfassungsgerichtshof und Rechtspflege, bearb. von Edgar Büttner und Michael Wettengel, München 2002.

Die CDU / CSU im Parlamentarischen Rat. Sitzungsprotokolle der Unionsfraktion, bearb. von Rainer Salzmann, Stuttgart 1981.

Doemming, Klaus Berto von / Rudolf Werner Füsslein / Werner Matz, *Entstehungsgeschichte der Artikel des Grundgesetzes*, Tübingen 1951 (=Jahrbuch des Öffentlichen Rechts, N.F. 1).

Dreher, Klaus, *Der Weg zum Kanzler. Adenauers Griff nach der Macht*, Düsseldorf, Wien 1972.

Dreher, Klaus, *Ein Kampf um Bonn*, München 1979.

Drei Hamburger im Parlamentarischen Rat: Adolph Schönfelder und Paul de Chapeaurouge, Hermann Schäfer, hrsg. von der Landeszentrale für politische Bildung, Hamburg 1999.

Drummer, Heike / Jutta Zwilling, «Elisabeth Selbert. Eine Biographie», in: *Ein Glücksfall für die Demokratie. Elisabeth Selbert. Die große Anwältin der Gleichberechtigung*, hrsg. von der Hessischen Landesregierung, Frankfurt am Main 1999, S. 9–160.

Düwell, Kurt, «Reichsreform, Ländergliederung und Föderalismus», in: *Die Länder und der Bund*, hrsg. von Walter Först, Essen 1989, S. 221–236.

Edinger, Lewis J., *Kurt Schumacher. Persönlichkeit und politisches Verhalten*, Köln, Opladen 1967.

Eisfeld, Rainer, *Ausgebürgert und doch angebräunt. Deutsche Politikwissenschaft 1920–1945*, Baden-Baden 1991.

Entscheidungen des Bundesverfassungsgerichts, hrsg. von den Mitgliedern des Bundesverfassungsgerichts, Tübingen 1953 ff. (Zitiert in der Form: BVerfGE [Band],[Seite])

Eschenburg, Theodor / Wolfgang Benz, *Jahre der Besatzung 1945–1949. Geschichte der Bundesrepublik Deutschland*, Bd. 1, Wiesbaden 1983.

Europa in Trümmern. Augenzeugenberichte 1944–1948, gesammelt von Hans Magnus Enzensberger, Frankfurt am Main 1990.

Feldkamp, Michael F. (Hg.), *Die Entstehung des Grundgesetzes für die Bundesrepublik Deutschland. Eine Dokumentation*, Stuttgart 1999.

Feldkamp, Michael F., *Der Parlamentarische Rat 1948–1949*, Göttingen 1998.

Fest, Joachim, *Staatsstreich – Der lange Weg zum 20. Juli*, Berlin 1994.

Fladhammer, Christa / Michael Wildt (Hg.), *Max Brauer im Exil. Briefe und Reden aus den Jahren 1933–1946*, Hamburg 1994.

Fraenkel, Ernst, «Verfassungsreform und Sozialdemokratie», in: Ders., *Zur Soziologie der Klassenjustiz und Aufsätze zur Verfassungskrise 1931–32*, mit einem Vorwort zum Neudruck, Darmstadt 1968, S. 97 ff.

Frei, Norbert, «Von deutscher Erfindungskraft oder: Die Kollektivschuldthese in der Nachkriegszeit», in: Ders, *1945 und Wir. Das Deutsche Reich im Bewusstsein der Deutschen*, München 2005, S. 145–156.

Friedrich, Jörg, *Freispruch für die Nazi-Justiz. Die Urteile gegen NS-Richter seit 1948. Eine Dokumentation*, Reinbek 1983.

Friese, Elisabeth, *Helene Wessel (1898–1969). Von der Zentrumspartei zur Sozialdemokratie*, Essen 1993.

Fromme, Friedrich Karl, *Von der Weimarer Verfassung zum Bonner Grundgesetz. Die verfassungspolitischen Folgerungen des parlamentarischen Rates aus Weimarer Republik und nationalsozialistischer Diktatur*, Tübingen 1960.

Godau-Schüttke, Klaus-Detlev, *Der Bundesgerichtshof – Justiz in Deutschland*, Berlin 2005.

Goebbels, Joseph, *Vom Kaiserhof zur Reichskanzlei*, München 1934.

Görtemaker, Manfred, *Geschichte der Bundesrepublik Deutschland. Von der Gründung bis zur Gegenwart*, München 1999.

Gosewinkel, Dieter / Johannes Masing (Hg.), *Die Verfassungen in Europa 1789–1949. Eine wissenschaftliche Textedition*, München 2006.
Grimm, Dieter, *Die Verfassung und die Politik. Einsprüche in Störfällen*, München 2001.
Gründer, Horst, *Walter Simons als Staatsmann, Jurist und Kirchenpolitiker*, Neustadt an der Aisch 1975.
Haffner, Sebastian, *Geschichte eines Deutschen. Die Erinnerungen 1914–1933*, Stuttgart, München 2000.
Heller, Hermann, *Rechtsstaat oder Diktatur?*, Tübingen 1930.
Helmut Heiber, Helmut (Hg.), *Hitlers Lagebesprechungen. Die Protokollfragmente seiner militärischen Konferenzen 1942–1945*, Stuttgart 1962.
Henke, Klaus-Dietmar, *Die amerikanische Besetzung Deutschlands*, München 1995.
Henkels, Walter, *Alltag in Trizonesien*, Düsseldorf, Wien 1986.
Henkels, Walter, *Kohlen für den Staatsanwalt*, Düsseldorf, Wien 1969.
Hepp, Michael, *Kurt Tucholsky. Biographische Annäherungen*, Reinbek 1999.
Herrgesell, Gerhard, «Der Stenographische Dienst im Führerhauptquartier», in: *Neue Stenographische Praxis* 33 (1985), S. 1–11.
Heuss, Theodor, *Erzieher zur Demokratie. Briefe 1945–1949*, bearb. von Ernst Wolfgang Becker, München 2007.
Hoegner, Wilhelm, *Der schwierige Außenseiter. Erinnerungen eines bayerischen Sozialdemokraten*, 2. Auflage, Hof (Saale) 1975.
Höroldt, Dietrich, «25 Jahre Bundeshauptstadt Bonn», in: *Bonner Geschichtsblätter* 26 (1974), S. 7–192.
Hurwitz, Harold, *Die Stunde Null der deutschen Presse – Die amerikanische Pressepolitik in Deutschland 1945–1949*, Köln 1972.
Jakobs, Günther: *Staatliche Strafe. Bedeutung und Zweck*, Paderborn, München, Wien, Zürich 2004.
Jaspers, Karl, *Wohin treibt die Bundesrepublik?*, 10. Aufl., München 1988.
Jones, Russell, «Freiheit – meistbietend versteigert», in: Arthur Settel, *Das ist Germany*, Frankfurt am Main 1950, S. 126–137.
Keiderling, Gerhard, *«Rosinenbomber» über Berlin*, Berlin 1989.
Kielmannsegg, Peter Graf, *Nach der Katastrophe. Eine Geschichte des geteilten Deutschland*, Berlin 2000.
Knopp, Gisbert, «Das Bundeshaus in Bonn», in: *Bonner Geschichtsblätter* 35 (1984), S. 251–276.
Kogon, Eugen, «Demokratie und Föderalismus», in: *Frankfurter Hefte* 1 (1946), Heft 6, S. 66–78.
Kogon, Eugen, «Gericht und Gewissen», in: *Frankfurter Hefte* 1 (1946), Heft 1, S. 25–37.
Kogon, Eugen, «USA in Bereitschaft?», in: *Frankfurter Hefte* 3 (1948), Heft 11, S. 969–972.

Kogon, Eugen, «Vom Elend unserer Presse», in: *Frankfurter Hefte* 3 (1948), Heft 7, S. 614–624.

Köhler, Otto, «Karriere eines Räubers», in: *Junge Welt*, 27. Oktober 2005.

Köpf, Peter, *Schreiben nach jeder Richtung. Goebbels-Propagandisten in der westdeutschen Nachkriegspresse*, Berlin 1995.

Kopitzsch, Franklin, «Für Hamburg im Parlamentarischen Rat: Bürgermeister a.D. Adolph Schönfelder / SPD», in: *Drei Hamburger im Parlamentarischen Rat – Adolph Schönfelder und Paul de Chapeaurouge, Hermann Schäfer*, hrsg. von der Landeszentrale für politische Bildung Hamburg 1999, S. 9–50.

Kraushaar, Wolfgang, «Die Auerbach-Affäre», in: *Leben im Land der Täter. Juden im Nachkriegsdeutschland (1945–1952)*, hrsg. von Julius H. Schoeps, Berlin 2001, S. 208–218.

Kritzer, Peter, *Wilhelm Hoegner. Politische Biographie eines bayerischen Sozialdemokraten*, München 1979.

Kuby, Erich, *Deutsche Schattenspiele*, München 1988.

Kühling, Jürgen, «Das Ende der Privatheit», in: *Grundrechte-Report* 2003, hrsg. von Till Müller-Heidelberg u. a., Hamburg 2003, S. 15–23.

Küppersbusch, Friedrich / Oliver Becker, *Lebenslänglich Todesstrafe. Deutschlands letzte Todeskandidatin*, Hamburg 2000.

Lamprecht, Rolf, *Vom Untertan zum Bürger – Die Erfolgsgeschichte des Grundgesetzes*, Baden-Baden 1999.

Lange, Erhard H. M., *Wegbereiter der Bundesrepublik*, Brühl 1999.

Lange, Erhard H. M., *Die Würde des Menschen ist unantastbar – Der Parlamentarische Rat und das Grundgesetz*, Heidelberg 1993.

Lassalle, Ferdinand, «Über Verfassungswesen», in: Ders., *Reden und Schriften*, hrsg. von Hans Jürgen Friederici, Leipzig 1987, S. 120–147.

Leipholz, Gerhard, «Der Status des Bundesverfassungsgerichts», in: *Jahrbuch des öffentlichen Rechts der Gegenwart* N. f. 6 (1957), 109 ff.

Leonhard, Wolfgang, *Die Revolution entläßt ihre Kinder*, Köln 1955.

Lewison, Robert, «Erziehung – zu was?», in: Arthur Settel, *Das ist Germany*, Frankfurt am Main 1950, S. 85–107.

Ley, Richard, «Die Mitglieder des Parlamentarischen Rates. Ihre Wahl, Zugehörigkeit zu Parlamenten und Regierungen», in: *Zeitschrift für Parlamentsfragen* 4 (1973), S. 373–391.

Maier, Reinhold, *Erinnerungen 1948–1953*, Tübingen 1966.

Maihofer, Werner, «Prinzipien freiheitlicher Demokratie», in: *Handbuch des Verfassungsrechts*, hrsg. von Ernst Benda, Werner Maihofer und Hans-Jochen Vogel, Berlin, New York 1995, Bd. I., S. 427–536.

Mangoldt, Hermann von, «Das Kriegsverbrechen und seine Verfolgung in der Vergangenheit und Gegenwart», in: *Jahrbuch für Internationales und Ausländisches Öffentliches Recht* 1 (1948), 283–334.

Mangoldt, Hermann von, «Rassenrecht und Judentum», in: *Württembergische Verwaltungszeitschrift* 1939, S. 49–51.

Mann, Golo, *Deutsche Geschichte des 19. und 20. Jahrhunderts*, 10. Aufl., Frankfurt am Main 2004.

Mann, Thomas, *Fragile Republik. Thomas Mann und Nachkriegsdeutschland*, hrsg. von Stephan Stachorski, Frankfurt am Main 1999.

Mendelssohn, Peter de, *Zeitungsstadt Berlin. Menschen und Mächte in der Geschichte der deutschen Presse*, Berlin 1959.

Merkl, Peter H., *Die Entstehung der Bundesrepublik Deutschland*, Stuttgart 1965.

Merritt, Anna Johanna / Richard L. Merritt, *Public Opinion in Occupied Germany. The OMGUS Surveys 1945–1949*, Urbana 1970.

Merseburger, Peter, *Der schwierige Deutsche. Kurt Schumacher. Eine Biographie*, 3. Aufl., Stuttgart 1996.

Möller, Horst, *Weimar – Die unvollendete Demokratie*, München 1985.

Moltke, Helmuth James von, *Briefe an Freya 1939–1945*, hrsg. von Beate Ruhm von Oppen, 2. Aufl., München 1991.

Morsey, Rudolf, «Entscheidung für den Westen. Die Rolle der Ministerpräsidenten im Vorfeld der Bundesrepublik Deutschland 1947–1949», in: *Westfälische Forschungen* 26 (1974), S. 1–24.

Müller, Ingo, *Furchtbare Juristen. Die unbewältigte Vergangenheit unserer Justiz*, München 1989.

Münch, Ingo von (Hg.), *Grundgesetz-Kommentar*, Bd. 1, 3. Aufl., München 1985.

Naphtali, Fritz: *Wirtschaftsdemokratie. Ihr Wesen, Weg und Ziel*, hrsg. im Auftrage des Allgemeinen Deutschen Gewerkschaftsbundes von Fritz Naphtali, 5. Aufl., Berlin 1931.

Niclauß, Karlheinz, *Der Weg zum Grundgesetz. Demokratiegründung in Westdeutschland*, Paderborn, München, Wien, Zürich 1998.

Niethammer, Lutz, *Die Mitläuferfabrik – Die Entnazifizierung am Beispiel Bayerns*, Berlin und Bonn 1982.

Oelkers, Werner, *Morde in Bremen und andere Kriminalfälle der Nachkriegszeit*, Delmenhorst, Berlin 2003.

Otto, Volker, *Das Staatsverständnis des Parlamentarischen Rates*, Düsseldorf 1971.

Overesch, Manfred, *Das besetzte Deutschland 1948–1949. Eine Tageschronik der Politik – Wirtschaft – Kultur*, Düsseldorf 1986.

Overesch, Manfred, *Gesamtdeutsche Illusion und westdeutsche Realität. Von den Vorbereitungen für einen deutschen Friedensvertrag zur Gründung des Auswärtigen Amtes der Bundesrepublik Deutschland 1946–1949 / 51*, Düsseldorf 1978.

Overesch, Manfred, *Hermann Brill. Ein Kämpfer gegen Hitler und Ulbricht*, Bonn 1992.

Overesch, Manfred, *Machtergreifung von Links: Thüringen 1945 / 46*, Hildesheim, Zürich, New York 1993.

Parlamentarischer Rat. Verhandlungen des Hauptausschusses Bonn 1948/49, Bonn o.J.
Pfeiffer, Anton, *Gedankenwelt und Tätigkeit der Bayerischen Volkspartei*, München 1922.
Piontkowitz, Heribert, *Anfänge westdeutscher Außenpolitik 1946–1949. Das Deutsche Büro für Friedensfragen*. Stuttgart 1978.
Polgar, Alfred, «Eine gespenstische Erscheinung. Ernst von Salomon: Der Fragebogen», in: Alfred Polgar, *Kleine Schriften*, Bd. 4, hrsg. von Marcel Reich-Ranicki in Zusammenarbeit mit Ulrich Weinzierl, Reinbek 1984, S. 167–174.
Pommerin, Reiner, «Die Mitglieder des Parlamentarischen Rates. Porträtskizzen des britischen Verbindungsoffiziers Chaput de Saintonge», in: *Vierteljahrshefte für Zeitgeschichte* 36 (1988), S. 557–588.
Potthoff, Heinrich / Susanne Miller, *Kleine Geschichte der SPD. 1848–2002*, 8. Aufl., Bonn 2002.
Prantl, Heribert, *Deutschland – leicht entflammbar. Ermittlungen gegen die Bonner Politik*, München, Wien 1994.
Pross, Harry (Hg.), *Die Zerstörung der deutschen Politik. Dokumente 1871–1933*, Frankfurt am Main 1959.
Pross, Harry, *Zeitungsreport – Deutsche Presse im 20. Jahrhundert*, Weimar 2000.
Protokoll der Verhandlungen des Parteitages der Sozialdemokratischen Partei Deutschlands vom 9. bis 11.5.1946 in Hannover, vom 29.6. bis 2.7.1947 in Nürnberg und vom 11. bis 14.9.1948 in Düsseldorf, Hamburg 1947 ff.
Protokolle des Verfassungsausschusses der Vorläufigen Volksvertretung für Württemberg-Baden. (Hauptstaatsarchiv Stuttgart)
Przyrembel, Alexandra, *Friedrich Glum und Ernst Telschow. Die Generalsekretäre der Kaiser-Wilhelm-Gesellschaft: Handlungsfelder und Handlungsoptionen der «Verwaltenden» von Wissen während des Nationalsozialismus*, Berlin o.J. (Forschungsprogramm «Geschichte der Kaiser-Wilhelm-Gesellschaft im Nationalsozialismus, Ergebnisse Bd. 20).
Reuter, Christiane, *«Graue Eminenz der bayerischen Politik». Eine politische Biographie Anton Pfeiffers (1888–1957)*, München 1987.
Richter, Ingo / Gunnar Schuppert / Christian Bumke, *Casebook Verfassungsrecht*, 4. Aufl., München 2001.
Riemer, Jehuda, *Fritz Perez Naphtali – Sozialdemokrat und Zionist*, Gerlingen 1991.
Rohlfs, Angelo O., *Hermann von Mangoldt (1895–1953). Das Leben des Staatsrechtlers vom Kaiserreich bis zur Bonner Republik*, Berlin 1997.
Saner, Hans, *Karl Jaspers in Selbstzeugnissen und Bilddokumenten*, Reinbek 1970.
Schmid, Carlo, *Erinnerungen*, Bern, München, Wien 1979.
Schmittlein, Raymond, «Die Umerziehung des deutschen Volkes. Bericht vom 27.1.1948 / Nr. 10711 / DGAA / EDU», in: *Französische Kulturpolitik in Deutschland 1945–1949. Berichte und Dokumente*, hrsg. von Jérôme Vaillant, Konstanz 1984, S. 161–185.

Schockenhoff, Volker, *Wirtschaftsverfassung und Grundgesetz. Die Auseinandersetzungen in den Verfassungsberatungen 1945–1949*, Frankfurt am Main, New York 1986.

Schoeller, Wilfried F. (Hg.), *Diese merkwürdige Zeit. Leben nach der Stunde Null. Ein Textbuch aus der «Neuen Zeitung»*, Frankfurt am Main, Wien, Zürich 2005.

Schornstheimer, Michael, *Bombenstimmung und Katzenjammer. Vergangenheitsbewältigung: Quick und Stern in den 50er Jahren*, Köln 1989.

Schulz, Jürgen Michael, «‹Bonn braucht sein Licht nicht unter den Scheffel zu stellen›. Fritz Eberhards Arbeit im Parlamentarischen Rat», in: *Fritz Eberhard. Rückblicke auf Biographie und Werk*, hrsg. von Bernd Sösemann, Stuttgart 2001, S. 213–237.

Schumacher-Hellmold, Otto, «Bonn – Eine Entscheidung des Herzens. Warum sie Bonn zur Bundeshauptstadt wählten», in: *Bonner Geschichtsblätter* 26 (1974), S. 193–272.

Schumacher-Hellmold, Otto, «Wenn es die PÄDA nicht gegeben hätte …», in: *Kinderjahre der Bundesrepublik – Von der Trümmerzeit zum Wirtschaftswunder*, hrsg. von Rudolf Pörtner, München 1992, S. 16–47.

Schwarz, Hans-Peter, *Adenauer – Der Aufstieg: 1876–1952*, 3. Aufl., Stuttgart 1986.

Schwarz, Hans-Peter, *Vom Reich zur Bundesrepublik. Deutschland im Widerstreit der außenpolitischen Konzeptionen in den Jahren der Besatzungsherrschaft 1945–1949*, 2. erweiterte Aufl., Stuttgart 1980.

Simons, Gerhard, *Lebensstufen*, Hamburg 2003.

Simons, Hans, «The Bonn Constitution and its Government», in: *Germany and the Future of Europe*, hrsg. von Hans J. Morgenthau, Chicago 1951, S. 114–130.

Simons, Hans, «Transcending the Cold War», in: *Social Research* 17 (1950), S. 143–156.

Sitzungsprotokolle der Landesversammlungen, der Landesausschüsse und der Landesarbeitsausschüsse der CSU 1945–1950. (Archiv der CSU-Landesleitung München)

Sörgel, Werner, *Konsensus und Interessen. Eine Studie zur Entstehung des Grundgesetzes für die Bundesrepublik Deutschland*, Stuttgart 1969.

Spender, Stephen, *Deutschland in Ruinen. Ein Bericht*, Heidelberg 1995.

Spevack, Edmund, «Ein Emigrant in amerikanischen Diensten. Zur Rolle des Politikwissenschaftlers Hans Simons in Deutschland nach 1945», in: *Rückkehr und Aufbau nach 1945. Deutsche Remigranten im öffentlichen Leben Nachkriegsdeutschlands*, hrsg. von Claus-Dieter Krohn und Patrick von zur Mühlen, Marburg 1997, S. 321–338.

Steininger, Rolf, *Deutsche Geschichte. Darstellung und Dokumente in vier Bänden*, Frankfurt am Main 2002.

Steltzle, Walter, *Föderalismus und Eigenstaatlichkeit – Aspekte der bayerischen Innen- und Außenpolitik 1945–1947. Ein Beitrag zur Staatsideologie*, München 1980.

Stenographische Berichte über die Sitzungen des Landtages Nordrhein-Westfalen, Düsseldorf 1947–1950.

Stenographische Berichte über die Verhandlungen des Verfassungsausschusses der Verfassungsberatenden Landesversammlung Groß-Hessen, Wiesbaden 1946.

Stern, Klaus, *Das Staatsrecht der Bundesrepublik Deutschland,* Bd. IV / 1 (Die einzelnen Grundrechte), München 2006.

Süsterhenn, Adolf, «Ein- oder Zweikammersystem?», in: *Rheinischer Merkur,* 15. Oktober 1946.

Tucholsky, Kurt, «Verfassungstag», in: Ders., *Gesammelte Werke,* Bd. 3 (1921–1924), Reinbek 1975, S. 259–261.

Tüngel, Richard / Hans Rudolf Berndorff, *Stunde Null. Deutschland unter den Besatzungsmächten,* Berlin 2004.

Uexküll, Gösta von, *Konrad Adenauer in Selbstzeugnissen und Dokumenten,* Reinbek 1976.

Verhandlungen des Reichstages (Elektronische Ausgabe), hrsg. von der Bayerischen Staatsbibliothek, Digitale Bibliothek – Münchener Digitalisierungszentrum (MDZ).

Vogt, Helmut, «Bonn in Kriegs- und Krisenzeiten», in: *Geschichte der Stadt Bonn,* Bd. 4 (Von einer französischen Bezirksstadt zur Bundeshauptstadt), hrsg. von Dietrich Höroldt, Bonn 1989, S. 437–638.

Vorpahl, Dietrich, «Die Segeberger Flüchtlingskonferenz», in: *Zeitschrift der Gesellschaft für Schleswig-Holsteinische Geschichte* 107 (1982), S. 291–326.

Weber, Petra, *Carlo Schmid 1896–1979. Eine Biographie,* München 1996.

Welchert, Hans-Heinrich, *Theodor Heuss – Ein Lebensbild,* Bonn 1959.

Wengst, Udo, *Thomas Dehler 1897–1967. Eine politische Biographie,* München 1997.

Wesel, Uwe, *Der Gang nach Karlsruhe. Das Bundesverfassungsgericht in der Geschichte der Bundesrepublik,* München 2004.

Zacher, Hans F., «Hans Nawiasky (1880–1961). Ein Leben für Bundesstaat, Rechtsstaat und Demokratie», in: *Deutsche Juristen jüdischer Herkunft,* hrsg. von Helmut Heinrichs, Harald Franzki, Klaus Schmalz, Michael Stolleis, München 1993, S. 677–692.

Zeller, Eberhard, *Geist der Freiheit. Der zwanzigste Juli,* München 1963.

Personenregister

Dank

Ohne die Anregung Arno Widmanns hätte ich das Buch nicht begonnen. Kritik und Ermunterung von Mareke Aden, Hartmut Bäumer, Eberhard Bommarius, Dr. Bernd Brunn, Eberhard Carl, Wolfgang Kaleck, Dr. Marita Rödszus-Hecker, Dr. Stephan Speicher und meinem Bruder Alexander haben die Arbeit erheblich befördert. Ihnen allen schulde ich Dank, wie auch Bernd Klöckener, meinem Lektor, für sein Engagement und seine Geduld. Geschrieben ist das Buch für meine Tochter Hannah.